Volker Resing

FRIEDRICH MERZ

Volker Resing

FRIEDRICH MERZ

Sein Weg zur Macht

Die Biografie

HERDER

FREIBURG · BASEL · WIEN

Verlag Herder GmbH, Freiburg im Breisgau 2025
Alle Rechte vorbehalten
www.herder.de

Satz: Daniel Förster, Belgern
Herstellung: GGP Media GmbH, Pößneck
Printed in Germany

ISBN (Print): 978-3-451-07241-3
ISBN (EPUB): 978-3-451-83614-5

Inhalt

Einführung:
»Gute Nacht, Friedrich!«

Die grüne Krawatte mit den Punkten sieht für heutige Augen schon etwas retro aus. Das blau gestreifte Hemd mit dem erdfarbenen Sakko soll uns den Politiker auf seinem Waldspaziergang als lockerer vorstellen und zumindest farblich passend gekleidet zu den grünen Tannen und sanften Höhenzügen im Hintergrund. Friedrich Merz hat 1994, als er nach dem Ausflug ins Europaparlament zum ersten Mal in den Bundestag wollte, einen kleinen Videofilm für seinen Wahlkampf in seiner Heimat aufgenommen. Der Clip versucht, mit den Vorurteilen über das Sauerland humorvoll umzugehen.

»In Bonn sagen sie, im Sauerland gebe es nur Jäger und Förster«, so steigt der Film ein. Dann ziehen eben solche in Waidmannskluft an dem Bundestagskandidaten vorbei. »Hallo Friedrich«, rufen sie ihm zu. Am Schluss des Filmchens bittet der damals 38-jährige Merz darum, bei der Bundestagswahl die CDU und ihn als Spitzenkandidaten zu wählen. Vor diesem Abspann aber gibt es noch die Schlusspointe. »In Bonn heißt es, im Sauerland sagen sich Fuchs und Hase Gute Nacht.« Dann lugt im Video ein Fuchs hinter einem Baumstamm hervor und sagt: »Gute Nacht, Friedrich!« Er spricht mit der Stimme von Helmut Kohl.

Wer heute diesen Clip im Internet sucht, findet die ergänzte Version von 2021. Darin taucht am Schluss plötzlich der neue Merz auf, oder besser gesagt, der alte. Zum zurückliegenden Bundestagswahlkampf hat er den Film erneut aufgelegt und um seinen heutigen Aufruf erweitert. »Seit 1994 hat sich viel verändert«, erklärt uns nun der leicht ergraute und lächelnde Kandidat im blauem Hemd

7

und ohne Krawatte. Er bittet um erneute Zustimmung zu seiner Person und der CDU. Das Schlussbild: Merz mit fünf Jägerinnen statt mit fünf Jägern wie 1994.

Ist das nun Selbstironie oder doch auch etwas peinlich? Es ist vor allem sehr offensiv, und damit vielleicht typisch Merz. Er weiß, er kann seine Vergangenheit nicht abstreifen. Bei Merz existiert so viel an Biografie, die Ballast und Antrieb zugleich sein kann. Tatsächlich gibt es Friedrich Merz nicht ohne diese Botschaft: Ein fast 70-Jähriger glaubt, mehr zur Zukunft beitragen zu können als alle jüngeren Bewerber. Allein darin liegt schon eine gewisse Provokation, eine Ansage. Dabei schwingt natürlich auch die Frage mit, ob er denn nicht schon 2002 der bessere Kanzlerkandidat gewesen wäre, oder 2005 – oder eben 2021. Denn Merz war schon immer auf jeweils eigene Weise mit dabei. Und am liebsten vorn.

Die erste Erwähnung von Friedrich Merz in der *Frankfurter Allgemeinen Zeitung (FAZ)* datiert auf den 29. Juli 1989. Da stand die Mauer noch, Helmut Kohl war Bundeskanzler und Steffi Graf und Boris Becker hatten gerade wieder Wimbledon gewonnen. Die chinesische Demokratiebewegung war im Juni brutal niedergeschlagen worden. Der sowjetische Machthaber Michail Gorbatschow hatte Bonn besucht und in Leipzig gab es nach den Friedensgebeten in der Nikolaikirche erste Festnahmen durch das DDR-Regime.

Am 18. Juni 1989 hatten die Wahlen zum Europäischen Parlament stattgefunden, doch offenbar waren sie angesichts der anderen Ereignisse nicht so wichtig, denn erst Ende Juli vermeldete die *FAZ* in einer Spalte auf Seite 5, welche Abgeordnete aus Deutschland in das dritte direkt gewählte Parlament in Straßburg einziehen würden.

Unter den 32 Parlamentariern, die die CDU entsenden konnte, war auch der junge, noch weitgehend unbekannte 33-jährige Jurist Friedrich Merz, der bereits als Amtsrichter in Saarbrücken und im vorpolitischen Raum in Bonn als Syndikus beim Verband der Chemischen Industrie gearbeitet hatte. In der Liste der Abgeordneten finden sich nur zwei weitere Namen, die später auch Bekanntheit erlangten. Keiner von ihnen ist mehr aktiv in der Politik.

Friedrich Merz hingegen will 36 Jahre später, im Jahr 2025, der nächste Kanzler der Bundesrepublik Deutschland werden. In dieser Zeitspanne fand nicht nur die Wiedervereinigung statt, sondern auch der Anschlag auf das World Trade Center und der Aufstieg Chinas zur zweitgrößten Wirtschaftsmacht. Klimawandel, Digitalisierung und Globalisierung verändern die Welt. Zwischen seinem Einstieg in die Politik und der kommenden Bundestagswahl hat Merz in seiner eigenen aktiven Zeit neben Helmut Kohl mit Gerhard Schröder, Angela Merkel und Olaf Scholz vier Kanzler in unterschiedlichen Funktionen und in unterschiedlicher Nähe und Distanz erlebt.

Eine vergleichbar lange und zugleich unerwartbare politische Karriere, die am Ende mindestens bis zur Kanzlerkandidatur reicht, hat es zumindest in der Bundesrepublik so noch nicht gegeben. Sie gewinnt zudem ihr besonderes Charakteristikum dadurch, dass Merz – je nach Rechnung – rund zehn Jahre der Politik, der politischen Öffentlichkeit und politischen Mandaten weitgehend den Rücken zugekehrt hat. Unter anderem war er in dieser Zeit bei BlackRock, einem amerikanischen Unternehmen, das seinem Namen entsprechend bei manchem düstere Fantasien hervorruft.

Merz bezeichnet die Zeit als eine der schönsten Erfahrungen seiner beruflichen Laufbahn. In den zwölf Jahren als Wirtschaftsanwalt habe er ein Drittel seiner Zeit nicht in Deutschland verbracht und die Hälfte der Zeit nicht Deutsch gesprochen, erklärt er im Gespräch mit dem Autor dieses Buches. Das habe auch seinen Blick auf Deutschland verändert. Maximale Entfremdung also von der Berliner Blase. Seit 2018 versucht Friedrich Merz ein Comeback auf der bundespolitischen Bühne, ein Vorgang, der ebenfalls seinesgleichen sucht.

Wer ist dieser Friedrich Merz, der einerseits schon so lange in der Politik ist, dass er ins Geschichtsbuch passt, der andererseits aber erst seit rund sechs Jahren auf der politischen Bühne zurück ist, sodass er als Neuling noch Lernkurven drehen muss und Jüngeren wie ein Unbekannter aus einer fremden Welt erscheinen mag? Es gibt kaum einen Politiker, der seit so langer Zeit so unmittelbar Reaktionen und Emotionen auslösen kann, so viel Zustimmung und Ablehnung erfährt, der in vergleichbarer Weise zu einer Projektionsfläche geworden ist für bestimmte politische Inhalte und Ideen. Was ist der Mythos Merz und inwieweit entspricht die reale Person ihrem eigenen Klischee?

Zu den Zuschreibungen gehören grob zusammengefasst: die des Provinzlers aus dem Sauerland, die des spießigen Konservativen, der – was Frauen- und Familienbild angeht – hinterm Mond lebe, und vor allem – irgendwie entgegengesetzt – die des Globalisten und Wirtschaftsliberalen, der weltweit unterwegs ist, bei großen Unternehmen Millionen gemacht hat und für das Soziale und die normalen Menschen kein Gefühl habe. Friedrich Merz hat ein Buch mit dem Titel *Mehr Kapitalismus wagen* geschrieben, auf dem Cover posiert er wie ein Wirtschaftsboss. Der Pilot Merz, der mit seiner Privatmaschine zur Hochzeit von Christian Lindner nach Sylt fliegt, ist dafür ein anderes Abziehbildchen. Doch ist er wirklich die späte Rache der Kohl-Ära, die aus den 1980er-Jahren nun plötzlich in der Gegenwart auftaucht? Und wie viel Anti-Merkel steckt in Merz?

Wenn Friedrich Merz Kanzler werden sollte, durchkreuzt er die Generationenfolge. Helmut Kohl war Jahrgang 1930, er wurde abgelöst von Gerhard Schröder, Jahrgang 1944, gefolgt von Angela Merkel, Jahrgang 1954, dann Olaf Scholz, Jahrgang 1958. Und nun Friedrich Merz? Zurück zum Jahrgang 1955? Wir werden die Boomer nicht los, sie würden das Land weiter prägen, beklagt sich der *taz*-Journalist Matthias Kalle in einem Beitrag mit einer besonderen Kohortenanalyse. In der Boomer-Generation werden in etwa die besonders großen Jahrgänge 1955 bis 1969 zusammengefasst. Danach kommt die sogenannte Generation X, gefolgt von den Millennials.

Friedrich Merz sei, so schreibt Kalle, »ein Boomer, wie er im Buche steht«. Es seien diese omnipräsenten Boomer, immer mit einer Spur Arroganz der Macht am Leib, die der Generation X den Weg nach oben versperrten. Als politischen Vertreter der angeblich zu langweiligen, zu milden und braven Generation X macht Kalle CDU-Politiker Hendrik Wüst (Jahrgang 1975) aus, der zwar auch Kanzler werden wolle, es aber nicht laut genug sage, geschweige denn kämpfe. Friedrich Merz hingegen wäre schon seit 30 Jahren gern Kanzler – und das wissen auch alle. Und nun sei er schon Kanzlerkandidat, man müsse davon ausgehen, dass er Kanzler werde, wahrscheinlich sogar mindestens zwei Legislaturperioden lang.

Der Soziologe Heinz Bude hat das Buch *Abschied von den Boomern* geschrieben, dabei ist es in Wahrheit eine Anzeige von Präsenz. Bude ist Jahrgang 1954, natürlich selbst Boomer, wie Merz, Merkel, und Scholz. »Sie sind geschult, mit einer unklaren Situation umzugehen«, sagt er über seine Generation und gibt eine Art analytische Klammer für die drei, die eben genau das verbindet. Die jeweils unklare Situation hat sie ins Kanzleramt gebracht – und Merz bislang zumindest an die Schwelle. Merkel wäre ohne die tiefe CDU-Krise nach 16 Jahren Helmut Kohl und die Spendenaffäre nicht ins Amt gekommen, Olaf Scholz wäre nicht Kanzler geworden, wäre die Union in der Folge von 16 Jahren Angela Merkel nicht unsortiert gewesen. Und Merz? Auch er kann nur als Krisengewinner ins Amt kommen, als Ordner einer zutiefst unklaren und wirtschaftlich dramatischen Situation; nach einer gescheiterten Ampelkoalition, die versucht hatte, »Fortschritt« als dubiose Bindekraft einer neuen Regierung zu formulieren, die über gravierende unterschiedliche politische Vorstellungen und Ideologeme hinweg zusammenfinden wollte.

Im Festsaal der Brauerei in der schmucken Kleinstadt Apolda herrschte das, was man gemeinhin nicht in Südthüringen, sondern in Bayern vermutet: Bierzeltstimmung. Das Volk hockte auf Bänken, eine Blaskapelle spielte auf. Und weil Aschermittwoch war, im Frühjahr 2024, servierten Kellnerinnen zum Gerstensaft schmackhaftes Matjesfilet mit Kartoffeln. Katholische Vorschrift und religiöser Brauch im ansonsten doch recht atheistisch geprägten Osten. Den politischen Aschermittwoch hatte sich die Freistaat-Union vom großen süddeutschen Vorbild abgeschaut, in einer Zeit, als Thüringen noch fest in CDU-Hand war. Lang ist es her.

Friedrich Merz trat auf die Bühne, nachdem die Kreisvorsitzenden und der Landesvorsitzende Mario Voigt gesprochen hatten. Im Herbst würden Landtagswahlen sein. Es war offenbar eine Steigerung der rhetorischen Kanonade vorgesehen, eine christdemokratische Stimmungseskalation schien sich anzubahnen. Doch was passierte, war etwas anderes. Nachdem Voigt gegen die Ampel argumentiert, gegen die Grünen gegiftet und gegen die Linken-Regierung unter Bodo Ramelow ausgeteilt, aber auch im AfD-Schreckgespenst Björn Höcke den Hauptfeind ausgemacht hatte, trat ein anderer Merz auf, als viele im Saal es erwartet hatten.

Im thüringischen Apolda hatte CDU-Chef Friedrich Merz drei zentrale Botschaften für sein Publikum: Die AfD ist des Teufels, zur Not muss man auch mit den Grünen regieren. Und schließlich: Die Zukunft wird hart. Alle werden mehr arbeiten müssen, es gebe weniger Geld zu verteilen, und für die Sicherheit Deutschlands brauche es enorme Investitionen. Das sind die unbequemen Formulierungen des eigentlich vom Volk so geliebten Klartext-Merz. Mancher im Saal hätte doch gern das Gegenteil gehört: Die Grünen sind des Teufels, die AfD ist nicht ganz so schlimm, und es wird schon alles gut, wenn die CDU regiert.

Stattdessen aber diese Merz'schen Zumutungen – nur garniert mit wenigen Schenkelklopfern. Es war eine Art Test für einen möglichen Merz-Wahlkampf. Die grundsätzliche Sympathie für seine Person trug ihn durch den Abend in Apolda. Nur bei seiner Milde mit den Grünen gab es Buhrufe. Er nehme das in Kauf, sagte Merz seinem Publikum. Aber mit ihm gebe es keine falschen Versprechungen, dabei bleibe er, auch wenn das die Stimmung drücke. Es war wirklich eine Fastenpredigt, die Merz da in Apolda am Aschermittwoch hielt. Mancher verschluckte sich fast beim Matjes. Es gibt immer wieder kleine und größere Veranstaltungen mit ihm, bei denen er eben nicht genau das serviert, was manche sich als Menü wünschen. Auch das ist Merz.

»Einen wie Friedrich Merz wählen die Deutschen bei schönem Wetter nicht zum Kanzler.« Das sagt ein enger Wegbegleiter des CDU-Vorsitzenden, der ihn lange und gut kennt. Merz' wirtschaftlicher Erfolg löst Skepsis statt Bewunderung aus, typisch deutsch vielleicht. Seine geschliffene Rede und Schlagfertigkeit, im Prinzip bewundernswert, sorgen aber für Distanz und Abstand. Sein bürgerlich-korrektes Auftreten ist kein unmittelbarer Sympathiebringer, wirkt auf manche eher arrogant. Doch, so sagt es der Merz-Kenner, wenn die Krise groß ist, wenn die Menschen Sorge um Wohlstand und Sicherheit haben und die Alternative unmöglich erscheint, wenn dieses »Doch« groß genug ist, dann könnte es anders kommen. Dann könnten die Deutschen im Unbequemen das Notwendige sehen und so jemanden wie Merz wählen.

Mensch Merz:
Das »Gesamtkunstwerk«

In der elterlichen Familie von Friedrich Merz gibt es eine besondere Sortierung. Die Mutter hat braune Augen, so wie ihr ältester Sohn Friedrich und die jüngste Tochter. Der Vater hingegen hat blaue Augen, so wie die beiden anderen Kinder. Diese Ähnlichkeiten seien aber nicht nur äußerlich gewesen, so erzählt es der heutige CDU-Vorsitzende und Kanzlerkandidat einmal. Vielmehr habe es auch eine innere Verbundenheit gegeben.

Friedrich Merz wurde 1955 in Brilon als ältestes von vier Kindern geboren. Sein Vater Joachim Merz kam aus Breslau und war Richter am Landgericht in Arnsberg. Seine Mutter Paula Merz entstammte einer bekannten Briloner Familie. Ihr Vater war der Briloner Bürgermeister Josef Paul Sauvigny. »Wir waren die Kinder unserer Mutter«, beschreibt er das familiäre Verhältnis für sich und seine bereits verstorbene Schwester. Die beiden anderen seien Kinder des Vaters gewesen.

Das sei keine Spaltung zwischen den Braunäugigen und den Blauäugigen gewesen, sondern nur eine Unterscheidung, die sich immer mal wieder im Alltag gezeigt habe, berichtet Merz im Podcast mit Matze Hielscher. »Die Braunäugigen haben bei uns vielleicht ein bisschen mehr gefeiert als die Blauäugigen.« Auch seien die Braunäugigen zufälligerweise Linkshänder gewesen. Die Mutter sei immer für die Kinder da gewesen. Es habe die klassische Rollenverteilung gegeben. Der Vater habe viel gearbeitet, nur am Wochenende war er richtig präsent, ein rationaler und auch etwas nüchterner Typ.

Wer ist Friedrich Merz? Was hat ihn geprägt? Welche Persönlichkeit und welchen Charakter hat der Mann, der vielleicht bald Kanzler der Bundesrepublik Deutschland wird? Er selbst sagt, dass man die Prägekraft des Elternhauses gar nicht überschätzen könne. Friedrich Merz ist ein Familienmensch und die Tatsache, dass die Öffentlichkeit gar nicht allzu viel darüber weiß, unterstreicht dies. Merz ist nicht nur eine öffentliche Figur, sondern auch eine Privatperson mit ausgeprägtem Privatleben. Das hört sich selbstverständlich an, ist es aber im heutigen Politikbetrieb keineswegs mehr. Bei vielen Jüngeren verschwindet die Grenze sehr viel stärker. Auch enge Vertraute waren noch nicht zu Besuch im Haus im Sauerland, Merz bemüht sich, die Welten auseinanderzuhalten.

Als er sich gleich zu Beginn der Coronapandemie zusammen mit seiner Frau und seiner Tochter mit dem Virus infizierte, war seine größte Sorge, dass er seine Eltern nicht besuchen konnte. Am 7. Januar 2024 wurde Joachim Merz 100 Jahre alt, zur gleichen Zeit fand im bayerischen Seon die traditionelle Klausurtagung der CSU-Landesgruppe statt. Kein unwichtiger Termin, immerhin galt es, im Jahr vor der Bundestagswahl noch den Unions-Kanzlerkandidaten zu bestimmen. Hier gleich zum Jahresauftakt mit dem Mitbewerber Markus Söder schöne Bilder zu produzieren und mit den Akteuren zu reden, wäre nicht unklug gewesen. Doch Merz sagt ab.

»Mein Vater wird 100 Jahre alt. Die ganze Familie ist zu Besuch. Die Familie geht in diesem Jahr vor«, erklärte er dem *Münchner Merkur*. Allerdings hat seine eigene Familie über die Jahre hinweg durchaus auch unter dem Beruf des Vaters und vielen Abwesenheiten gelitten. Besonders der Sohn habe mit der Rolle gehadert, das haben die Eltern immer mal wieder berichtet. Eine Pendelbeziehung nach Berlin war auch nicht geplant, denn als die Kinder geboren wurden, war die Hauptstadt noch der Wohnort der Familie, nämlich Bonn.

Der Vater Joachim Merz entstammt einer evangelischen Soldatenfamilie aus Breslau. Er wurde mit 17 Jahren in die Wehrmacht eingezogen und verbrachte viereinhalb Jahre in Georgien in sowjetischer Kriegsgefangenschaft. Nach dem Krieg sei der Jurist als einer der ersten in der amerikanischen Besatzungszone als Richter eingesetzt worden, um in Arnsberg NS-Prozesse durchzuführen, berichtet *ZEIT*-Journalistin Mariam Lau. Merz habe als junger Mann die Akten des Vaters studiert und sei auch deswegen Jurist geworden, schreibt sie.

Die Geschichte von Fritz Bauer, dem hessischen Generalstaatsanwalt der Frankfurter Auschwitzprozesse, habe Friedrich Merz fasziniert. Und Lau resümiert die Bedeutung der persönlichen Geschichte für das politische Leben. Der CDU-Chef findet alles, was ihm wichtig sei, »schon in seiner Familiengeschichte angelegt«. Später verlässt Vater Merz aus Verärgerung über die Politik von Angela Merkel die CDU, sein Sohn bleibt.

In der Familie der Mutter gibt es auch die andere Seite der Geschichte, den Großvater mit Nazivergangenheit. Josef Paul Sauvigny war von 1917 bis 1933 als Mitglied der Zentrumspartei Bürgermeister der Stadt. Laut Briloner Heimatbuch soll er 1931 ein Friedenstreffen mit dem katholischen Geistlichen Franz Stock davor bewahrt haben, von Nazigruppen gestört zu werden. Stock gehörte der katholischen Jugendbewegung an und hat später als Gefängnisseelsorger im besetzten Paris Verfolgte vor dem sicheren Tod bewahrt.

Nach 1933 passte Josef Paul Sauvigny sich an und wurde zu einem Unterstützer und Beförderer der Naziideologie. Er trat der SA, der NSDAP und weiteren Naziorganisationen bei. Patrik Schwarz schreibt 2004 in der *taz*, Sauvigny sei Täter, nicht nur Mitläufer gewesen. Dem Enkel wird damals vorgeworfen, sich nicht ausreichend von seinem Großvater distanziert zu haben. Es kursieren wohlwollende Zitate von ihm über Großvater und Bürgermeister. Doch waren Merz zunächst nicht alle Fakten über den Vater seiner Mutter bekannt. »Für seinen Opa kann keiner was«, schreibt Schwarz.

Die Kindheit und Jugendzeit von Friedrich Merz waren keineswegs so unbeschwert, wie es sich vermuten ließe. Der erste schwere Einbruch war eine leichte Tuberkulose-Erkrankung. Zur Behand-

17

lung wurde der Zehnjährige für sechs Monate in ein Internat gegeben, eine Zeit, die er als »ganz schrecklich« beschreibt. Er habe um die Ereignisse einen »Kokon« gesponnen, um die Erinnerung nicht mehr so nah an sich heranzulassen, sagt er in dem Podcast. Doch die Zeit in dem von Nonnen geführten Kinderheim sei »nicht schön« gewesen, auch an die dort gefeierte Erstkommunion denke er nicht gern zurück. Wenn man die Fotos von damals anschaue, sehe man, dass es ihm nicht gut ging.

In der Pubertät taten sich wieder gravierende Probleme auf. Merz war ein schlechter Schüler, blieb sitzen, musste die Schule wechseln und war als Störer bekannt. Früh fing er das Rauchen an, auch Alkohol sei damals wichtig gewesen. In der letzten Reihe im Klassenzimmer spielte der Pennäler Merz während des Unterrichts Karten.

Erst waren es Streiche, dann auch eine trotzige Antihaltung gegen Autoritäten. Es sei eine große gesellschaftliche Umbruchszeit gewesen, berichtete Merz später in einem Interview. Im Kielwasser der städtischen Protestbewegungen habe auch auf dem Land eine antiautoritäre Stimmung geherrscht. »Verspätet und diffus« sei das, was man 68er nennt, im Sauerland angekommen. »Wir wollten uns nicht mehr alles von den Alten sagen lassen«, so Merz. Der Schüler arbeitete auf dem Bau, den Vater hat das geärgert. Dann solle der Friedrich doch eine Maurerlehre machen, habe er gesagt. Doch die Mutter setzte durch, dass er es noch mal auf einer anderen Schule versuchen sollte.

Mit Mühe und Not habe er Abitur gemacht, berichtet er. Es habe damals bei ihm und seinem Freundeskreis eine »große Gleichgültigkeit« geherrscht, kein Leistungswillen. »Wir wollten Spaß haben und unsere Partys feiern.« Mehr nicht. Auch vom Weltgeschehen habe er wenig mitbekommen. Die Familie habe erst spät einen Fernseher gehabt und die Zeitung habe er nicht gelesen. Er beneide seine Frau darum, dass sie aus ihrer Schulzeit mehr herausgeholt habe, sagt Friedrich Merz heute. »Ich bin froh, dass meine Kinder anders zur Schule gegangen sind, als ich das getan habe.« Es ist also eine durchaus gebrochene erste Lebensphase, die vielleicht schon den späteren Lebenshunger und auch vielleicht einen nachholenden Ehrgeiz erklärt. »Bürgerlich bin ich erst geworden, als ich Vater wurde«, sagt Merz.

Nur langsam begann er, sich für Politik zu interessieren. Der Wahlkampf 1972 mit Willy Brandt habe ihn politisiert, er sei in die CDU eingetreten, berichtet er im »Hotel Matze«-Gespräch. Die Kritik an den Ostverträgen und die Aufgabe des Gedankens der Wiedervereinigung haben ihn umgetrieben. Zusammen mit Freunden gründete Merz die Junge Union im neu geschaffenen Hochsauerlandkreis. Vor allem habe er Freude an der Debatte gehabt und daran, Leute zu überzeugen. Schon am Anfang seiner politischen Betätigung stand der hervorragende Redner Merz. Auf einem Kreisparteitag hält er eine Kandidatenrede für einen Bewerber der Jungen Union und verdrängt damit den Alteingesessenen. Die Freundschaft zu den Mitstreitern von damals hält bis heute an.

Vor dem Studium absolviert Friedrich Merz noch den Wehrdienst. Eine Zeit, die er auch für sich persönlich nicht nur positiv bewertet. Jahre später bekennt er in einer eher lustig gemeinten Anfrage der *WELT*, der Beginn des Wehrdienstes am 30. Juni 1975 sei ein »einschneidendes Erlebnis« gewesen, immerhin habe er seine damals halbwegs langen Haare zum Dienstbeginn kürzen müssen. Erst vor Kurzem hat er schon als CDU-Chef die Artillerieschule in Idar-Oberstein besucht. Es sei »ein bisschen wie nach Hause kommen«, schrieb er auf Instagram. Denn fast 50 Jahren zuvor sei er dort auf einem Fahnenjunker-Lehrgang gewesen.

Seit 1981 ist Friedrich Merz mit Charlotte Merz, geborene Gass, (Jahrgang 1961) verheiratet. Charlotte Merz ist die Tochter eines saarländischen Rechtsanwalts. Sie lernte ihren künftigen Mann während des Studiums kennen. Als sie schwanger wird, ist sie noch unverheiratet und hat ihr Studium nicht abgeschlossen. Ganz so bürgerlich geht es schon damals auch in bürgerlichen Familien nicht mehr zu. Der gesellschaftliche Wandel, den die Politik und insbesondere auch die CDU dann in den späten Kohl-Jahren verarbeiten und adaptieren musste, war im Hause Merz längst angekommen.

Ihr Jurastudium schließt Charlotte Merz mit Kind ab und wird immer auch berufstätig sein. Später zieht die Familie zurück ins Sauerland, dort wird sie Direktorin des Amtsgerichts. »Kind – Examen – Kind – Examen – Kind«, so beschreibt Friedrich Merz Mariam Lau seine erste Zeit mit der jungen Familie. In diesen frühen Jahren gibt Ehefrau Merz ihrem Mann den Freiraum für die politische Karriere, indem sie sich mehr um die Familie kümmert. »Sie hätte auch ›Nein‹ sagen können, hat sie aber nicht«, sagt Merz im Podcast »Hotel Matze« zum innerfamiliären Entscheidungsprozess, um das damals schon partnerschaftliche Verhältnis der beiden zueinander zu beschreiben.

Das Kennenlernen war eine feucht-fröhliche Angelegenheit. Sie erinnere sich noch an jede Sekunde dieser entscheidenden Party, berichtet Charlotte Merz in einem Interview in der *WELT* im Jahr 2000. Auf dem Balkon habe sie Friedrich Merz neben einer Frau sitzen gesehen und gedacht, schade, dass der schon vergeben ist. Später stellte sich heraus, der Friedrich war noch zu haben. Liebe auf den ersten Blick sei es gewesen. Sie seien beide Romantiker, sagt sie. »Ich liebe meinen Mann als Gesamtkunstwerk.«

Im Jahr 2000 ist Friedrich Merz gerade zum Fraktionsvorsitzenden gewählt worden und seine Frau gibt noch einen unbeschwerten Einblick in das Familienleben. Es gebe viel Nähe und Gemeinsamkeiten. Der ähnliche Humor würde sie verbinden. Tennis, Konzerte, Theater, Oper und gemeinsame Tanzkurse nennt sie. Doch zeichnet sie keineswegs nur das Bild einer Heile-Welt-Familie. »Wir haben es auch schon geschafft, uns mehrere Tage zu streiten«, berichtet Charlotte Merz. Den größeren Dickkopf habe ihr Mann. Bei Streit mit den Kindern sei es aber Vater Friedrich, der eher ausgleichend wirke. Sie hingegen sei die Strengere und für das Unangenehme zuständig. Als Erziehungsziel gibt sie die Selbstständigkeit der Kinder an. Die drei Kinder stehen alle auf eigenen Füßen, sind erfolgreich und haben eigene Familien. Charlotte und Friedrich haben inzwischen sieben Enkel und genießen das Großelterndasein.

Charlotte Merz ist die wichtigste Beraterin des Politikers Merz, so wird es immer wieder auch von Wegbegleitern gesagt. Er selbst betont, sie hätten auch eigene Themen, seien nicht nur auf die Politik fixiert. Wo auch immer er ist, beide telefonieren jeden Abend um zirka 23 Uhr miteinander. Das sei in den Jahrzehnten ihrer Ehe höchstens 20 Mal ausgefallen, wird er später einmal gegenüber der Chefredakteurin von *BILD*, Marion Horn, berichten.

Charlotte Merz stammt aus einem evangelischen Elternhaus. Doch für das Paar sei das unerheblich gewesen, berichtet sie. Geheiratet habe man »ökumenisch« in der Stiftskirche St. Arnual in Saarbrücken, die seit der Reformation evangelisch ist. »Wir streiten nicht über Glaubensfragen«, sagt sie. Auch die Ehe von Friedrich Merz' Eltern war gemischt-konfessionell, was damals durchaus noch ungewöhnlich war. Der Vater konvertierte spät noch, nachdem seine streng protestantischen Eltern gestorben waren, zum katholischen Glauben. Begleitet hat ihn der damalige Propst der Pfarrei St. Petrus und Andreas in Brilon, Karl-Heinz Wiesemann, der spätere Bischof von Speyer.

Die Kinder von Charlotte und Friedrich Merz wachsen evangelisch auf. »Wir sprechen über Gott und unseren Glauben«, erzählt die Mutter. Sie sei ein gläubiger Mensch. In der Gemeinde hat sie sich als stellvertretende Vorsitzende des Presbyteriums engagiert. Vor dem Essen wird gebetet. Der Pfarrer am Tegernsee erzählt, man sähe den Merz, wenn er da sei, in der Messe. Der gemeinsam geteilte religiöse Horizont sei für sie etwas Verbindendes, sagt Friedrich Merz. »Es wäre mir schwer gefallen, eine Frau ganz ohne kirchlichen Hintergrund zu heiraten.« Im Interview mit *BUNTE* erklärt er auch, dass ihn der Zustand der katholischen Kirche sehr beschwere. Das sei als Vorsitzender der CDU, die tief verwurzelt sei im christlichen Menschenbild, auch eine politische Sorge. Er beklagt die fehlende Reformbereitschaft und die mangelnde Aufarbeitung der Missbrauchsfälle. Der Synodale Weg sei eine »verpasste Chance« gewesen.

Friedrich Merz spricht nicht so häufig über das »C«, er gehört nicht zu denen, die öffentlich auch über ihren persönlichen Glauben viele Worte verlieren. Beim Katholikentag in Erfurt 2024 war er als Vorsitzender der CDU nicht zu einer inhaltlichen Veranstaltung eingeladen und somit nicht Teil des offiziellen Programms. Das untermalt auch einen Entfremdungsprozess von Kirche und Politik. Aber auf Einladung der Konrad-Adenauer-Stiftung hielt er bei einem Empfang am Rande der kirchlichen Großveranstaltung eine besondere Ansprache, bei der er auch die Differenzen ansprach, die sich aus einer christlichen Verortung für die CDU ergeben. Etwa in der Außenpolitik solle man nicht mehr zwischen »wertegeleiteter« und »interessengeleiteter« Herangehensweise unterscheiden. Unsere Interessen seien vom jüdisch-christlichen Wertefundament durchdrungen, so Merz. »So eine Rede haben wir lange nicht gehört«, sagte ein eher Merz-kritischer Verantwortlicher in der Partei spontan im Saal, nachdem er Merz zugehört hatte.

Wer ist Friedrich Merz jenseits des Politikers? Verschiedene Klischees machen die Runde. Sein Reichtum mache ihn abgehoben, heißt es. Dass er mit dem eigenen Flugzeug zur Hochzeit von Christian Lindner geflogen ist, wurde zum Symbolbild dieser Charakterisierung. Fliegen, das sei ein Jugendtraum gewesen, erzählt Merz. Doch er konnte den Flugschein erst mit 53 Jahren machen, weil er seiner Frau versprochen hatte, zu warten, bis die Kinder aus dem Haus sind. Und später konnte er es sich auch finanziell leisten. Heute fliegt er mit der eigenen Maschine gern auch morgens zu Terminen nach Berlin. Das sei für ihn die schönste Stunde des Tages.

Er habe viel Glück gehabt im Leben, deswegen wolle er auch etwas zurückgeben, erklärt er. Als er 50 wurde, gründete er mit seiner Frau zusammen eine Stiftung. Das kleine Unternehmen fördert Schulen und Bildungsprojekte in der Region. Der *SPIEGEL*-Journalist Nils Minkmar hat sich das vor Ort angeschaut. In Arnsberg-Neheim, im sogenannten Möhneturm, ist der Sitz der Friedrich und Charlotte Merz Stiftung. Der Fokus ihrer Arbeit sei örtlich begrenzt, erklärt ihm die Geschäftsführerin Anne Plett. Das Ehepaar Merz würde die Arbeit aufmerksam begleiten. Termine der Stiftung hätten Vorrang bei beiden. Die Stiftung sei »klein und fein«. Und Minkmar resümiert, der Spott sei zu einfach. Nicht besonders viele deutsche Politiker würden einem einfallen, die, nachdem sie zu Vermögen gekommen sind, so etwas machten.

Wer auf der Suche ist nach den Orten, an denen sich Friedrich Merz richtig wohlfühlt, außerhalb des Sauerlands, der muss nach Bayern fahren, ins Tegernseer Tal in die Gemeinde Gmund. Dort gibt es einen Platz mit einer Büste des zweiten Kanzlers der Republik, Ludwig Erhard. Der Wirtschaftsminister des Wirtschaftswunders hatte am Ackerberg eine Villa, in der er bis zu seinem Tod 1977 zeitweise wohnte. Auf dem Bergfriedhof in Gmund liegt Erhard begraben. Auch Friedrich Merz und seine Familie haben ein verstecktes Haus in der Gemeinde am Tegernsee. Der *Münchner Merkur* will dazu wissen, dass es schon länger in Familienbesitz sei. Man freue sich in Gmund, wenn man bald möglicherweise zwei Kanzler als Mitbürger verzeichnen könne, heißt es.

Der Rückzugsort hat eine wichtigere Bedeutung für Merz. Immer wieder gibt es dort Treffen mit Freunden und Weggefährten, um über die aktuelle politische Lage zu sprechen. Ein langjähriger Tegernseer Nachbar und Freund ist Tom Enders, früherer Vorstandschef von Airbus und heute Präsident der Deutschen Gesellschaft für Auswärtige Politik. Er teilt mit Merz die Leidenschaft fürs Fliegen und das Interesse für die transatlantischen Beziehungen. Ein anderer Vertrauter erzählt, dass es im »kleinen Ferienhaus« war, wo Friedrich Merz immer wieder fast schon bedrängt worden sei, erneut aktiv in die Politik einzusteigen. »Merz war lange abwehrend«, berichtet ein ihm nahestehender Wirtschaftsmann. Man traf sich zum Grillen im Garten oder auch auf dem nächstgelegenen Golfplatz, immer wieder kam das Gespräch auf das Thema. »Es gab nicht das eine Gespräch, den einen Moment, sondern es war ein Prozess, an dessen Ende dann aber die Erkenntnis stand, er muss zurückkommen, zurück in die erste Reihe der Politik.« Nur privat ist also das Tegernseer Domizil in gewisser Weise dann doch nicht.

Was ist mit dem Vorwurf, Merz habe ein Frauenproblem? Charlotte Merz weist ihn zurück, sie ärgere sich über solche Zuschreibungen, weil sie schlicht nicht stimmen würden. »Er hat nie auf Frauen herabgeschaut und legt Wert auf Augenhöhe.« Dies würde auch ihre Ehe und das gemeinsame Leben belegen, sagt sie. Er habe ihre Karriere zunächst als Richterin und dann als Direktorin immer gefördert. »Eine Hausfrauenehe war für uns nie ein Thema«, so erklärt sie der *BUNTEN*. Als Belege für das »Frauenproblem« werden wahlweise relativ schlechte Umfragewerte in der Gruppe junger Frauen angeführt oder vermeintlich unbedachte Äußerungen, die sein veraltetes Rollenbild belegen sollen. So hat er etwa im Herbst 2024 erklärt, Frauen müssten sich bei einem Taxifahrer mit Palästinenser-Tuch mehr Sorgen machen als Männer. Diese könnten mit mehr Respekt rechnen als Frauen. Kritiker sehen hier eine frauen- und ausländerfeindliche Konnotation, andere sagen, er würde schlicht beschreiben, was viele Frauen tagtäglich erlebten.

In der CDU hat Friedrich Merz 2023 gegen den erbitterten Widerstand etwa von Ex-Ministerin Kristina Schröder (CDU) vom Thinktank R21 die Frauenquote durchgesetzt, was sie als falsch verstandene »Gleichstellungspolitik« ansah. Viele Frauen in der Partei hingegen, wie etwa die frühere Ministerin Julia Klöckner (CDU), verteidigten die Frauenquote und waren Merz für seinen Einsatz dankbar. Zuletzt hat der CDU-Vorsitzende eine paritätische Verteilung der Kabinettsposten abgelehnt. »Wir tun damit auch den Frauen keinen Gefallen.« Auch der Satz rief Kritikerinnen wie Skeptiker auf den Plan.

Der schärfste Angriff, der in dieser Sache im Netz kursiert und unter anderem auch von einer SPD-Bundestagsabgeordneten und den Jungsozialisten (Jusos) verbreitet wurde, lautet, Merz habe zusammen mit anderen im Bundestag gegen ein Gesetz gestimmt, das Vergewaltigung in der Ehe unter Strafe stellt. In einem »Faktencheck« des nicht der Unionsnähe verdächtigen Portals »Correctiv.org« wird diese Behauptung als falsch entlarvt und die Hintergründe werden erläutert. Merz habe nicht gegen die Strafbarkeit der

Vergewaltigung in der Ehe gestimmt, vielmehr habe er, so »Correctiv«, 1996 für ein entsprechendes Gesetz gestimmt, welches Vergewaltigung in der Ehe unter Strafe stellen sollte. Doch dieses Gesetz scheiterte im Bundesrat am Widerstand der SPD-Länder wegen der darin enthaltenen Widerspruchsklausel. Eine Gesetzesvariante ohne diese Klausel lehnte Merz zusammen mit anderen 1997 ab. Das Gesetz trat dennoch in Kraft. Er habe die Gefahr durch Falschbeschuldigungen »zerstrittener Eheleute« gesehen, so erklärte es Merz laut »Correctiv«. Heute würde er dennoch anders entscheiden.

Die Kieler Bildungsministerin und stellvertretende CDU-Parteivorsitzende Karin Prien muss Friedrich Merz immer wieder verteidigen. Sie gilt als prominente Vertreterin des liberalen Flügels ihrer Partei und Merz als ihr Gegenüber. »Er ist sicher konservativ, aber eben nicht rückwärtsgewandt. Politisch inhaltlich sehe ich kein ›Frauenproblem‹, es wird ihm aber immer wieder zugeschrieben«, so Prien im Interview für dieses Buch. »Die politische Debatte leidet heute an einer persönlich diffamierenden und moralisierenden Polarisierung, die sachliche Differenz nicht zulässt«, so Prien, da gebe es nur noch schwarz und weiß, gut und böse. Das führe dann zu derart überzogenen Zuschreibungen und Klischees.

Prien kennt Merz schon lange. Als die Studentin den bereits erfolgreichen jungen Juristen erstmals traf, waren sie beide schon in der CDU und hatten dennoch in einigen Fragen unterschiedliche Auffassungen. Gestört hat das nicht. Gemeinsam waren sie Teilnehmer einer Bildungsreise nach Washington. »Ich war beeindruckt von seinem schon damals ausgeprägten geopolitischen Verständnis und seiner Weltgewandtheit«, erzählt sie. Sie erinnert sich an lange Gespräche an der Hotelbar mit Cocktail Margarita. »Vielleicht war er aus meiner Sicht damals schon sehr selbstgewiss, aber er hatte Stil.« Und das gelte bis heute.

Am schwierigsten ist es vielleicht, sich dem Vorwurf der Arroganz zu nähern. Manche beschreiben die Körpergröße von Merz (1,98 Meter) als Grund dafür, dass es manchmal wirke, er spreche »von oben

herab« mit einem. Andere sagen, er sei mehr an Themen und Sachfragen interessiert als an Menschen, deswegen wirke er bisweilen auch
mal empathielos. Andere wiederum sagen, sein Interesse und seine
Aufmerksamkeit auch für das Persönliche seien auffällig. Wenn bei
Mitarbeitern ein privates Lebensschicksal passiere, wenn es Sorgen
in den Familien gebe, sei er höchst sensibel, erinnere sich daran und
melde sich auch und frage nach. Charlotte Merz sagt, was sie besonders an ihrem Mann schätze, sei, dass er mit allen Menschen gut aus-
komme, »von unserem Postboten bis zum Vorstandsvorsitzenden«.

Vielleicht zeichnet Friedrich Merz sich durch eine ungewöhnliche Mischung aus hoher Professionalität und auch kühler Orga-
nisiertheit aus und zugleich durch eine große Emotionalität, zu
der auch mehr oder weniger intensive Gefühlsausbrüche gehören.
Im Gespräch mit Giovanni di Lorenzo in der Talkshow »drei nach
neun« erklärte er sein Verhalten nach der Veröffentlichung eines
Artikels durch den nordrhein-westfälischen Ministerpräsidenten
Hendrik Wüst in der *FAZ* im Juni 2023. Wüst hatte in seinem Beitrag für eine klare Verortung der CDU in der politischen Mitte ge-
worben. Merz verstand das als Kritik an seinem Führungsanspruch
und einer konservativeren Ausrichtung der CDU und wollte wohl
spontan hinschmeißen und alles aufgeben. Ihm sei eben auch im
Arbeitsumfeld Loyalität sehr wichtig, er selbst sei loyal und er wünsche sich das in der Partei auch von anderen. Alles andere würde die
Arbeit unnötig erschweren. Ob diese große Empfindlichkeit eine
Stärke oder eine Schwäche sei, wolle er gar nicht bewerten.

Friedrich Merz sagt im Gespräch mit dem Autor dieses Buches
über sich: »Ich bin in meiner Arbeit, in allem, was ich tue, sehr angewiesen auf gute persönliche Beziehungen. Ich brauche einen emotionalen Zugang zu den Menschen, mit denen ich gerne arbeiten
möchte. Ich kann mit reiner Rationalität, mit dem kompletten Abtrennen der Beziehungsebene, schwer umgehen.«

Da ist Friedrich Merz eben doch mehr wie seine Mutter und nicht
wie der Vater, der strenge Richter. Er ist zumindest in seiner zweiten
Lebenshälfte »viel harmoniebedürftiger«, als viele das vermuten.

Der Aufstieg: »Eine andere Liga«

Der Neuling: Mit Kohl im Bundestag

Bundespräsident Richard von Weizsäcker prägte 1992 den Begriff der »Parteienverdrossenheit«. Nach der Euphorie ergriff in den Jahren nach der Wiedervereinigung eine Lähmung das Land, eine Mischung aus Triumph, Katerstimmung und Saturiertheit nach den zurückliegenden welthistorischen Großereignissen. Viele notwendige innere Reformen blieben liegen und die Politik hätte sich neu erfinden müssen, stattdessen verlor man sich im Klein-Klein und im Gezänk.

Prominente Persönlichkeiten verfassten ein Manifest mit dem Titel »Weil das Land sich ändern muss«, unter anderem war es von Altkanzler Helmut Schmidt und dem Ökonomen Meinhard Miegel, aber auch der *ZEIT*-Herausgeberin Marion Gräfin Dönhoff unterzeichnet worden. In seinen Erinnerungen beschreibt der damalige Fraktionsvorsitzende von CDU und CSU im Bundestag, Wolfgang Schäuble, die Stimmungslage: »Der Ton wurde rauer.« Zur »Atmosphäre giftiger Auseinandersetzung« mit der Oppositionspartei SPD sei eine objektive Krisensituation im Land hinzugekommen. Das Ansteigen von Staatsverschuldung und Erwerbslosenquote habe die allgemeine Nervosität verstärkt. »In der Mitte der Legislaturperiode zwischen 1990 und 1994 gingen daher nur wenige davon aus, dass die Regierung Kohl noch einmal bestätigt werden würde.«

In dieser Situation entschied sich Friedrich Merz, von Brüssel nach Bonn zu wechseln. Seit 1989 war er Abgeordneter im Europaparlament, die Legislaturperiode auf EU-Ebene dauert fünf Jahre. Eine erneute Kandidatur wäre in das Jahr 1994 gefallen, in dem auch die Bundestagswahl stattfand. Der Zeitpunkt für einen Wechsel war also günstig. Der Bundestagsabgeordnete im Hochsauerlandkreis, Ferdinand Tillmann, der den Wahlkreis seit 1972, sechs Wahlperioden lang, im Bundestag vertreten hatte, wollte aufhören. Das war die Chance für Friedrich Merz. Tillmann selbst hätte Merz nie herausgefordert. Er war bei ihm studentische Hilfskraft gewesen, ihm also verbunden. Durch die Tätigkeit für Tillmann hatte er schon sehr früh einen Einblick in den parlamentarischen Betrieb und das Abgeordnetendasein gewonnen. In einer Kampfabstimmung gegen einen anderen Neuling entschied er die Nominierung für sich. Merz habe »den Saal gerockt«, wie Zeitzeugen dem Autor Daniel Goffart berichteten.

Für Merz hatte der angestrebte Wechsel nach Bonn nicht nur das Ziel, seinen politischen Aktionsradius zu verschieben, auch privat sprach vieles für eine Bundestagskandidatur. 1986 war er mit seiner Familie nach Bonn gezogen, als er dort Syndikus beim Verband der chemischen Industrie wurde. Von Bonn aus bespielte der Europaabgeordnete Merz das Dreieck Wahlkreis in Südwestfalen, Brüssel und Straßburg. Das war zwar logistisch gesehen noch vergleichsweise günstig, doch für die junge Familie mit zwei Töchtern und einem Sohn war ein politisches Mandat in Bonn und somit die Berufstätigkeit des Vaters vor Ort deutlich verträglicher. Viel Zeit hatte Vater Friedrich allerdings auch im weiteren Verlauf nicht für seine Kinder. In dem Podcast »Hotel Matze« sagt Merz 30 Jahre später, das größte Versäumnis seines Lebens sei, nicht genug Zeit mit seinen Kindern und insbesondere mit seinem Sohn verbracht zu haben.

Mit seiner Frau hatte Merz sowieso das Maximum von zwei Wahlperioden in Europa vereinbart, alles andere wäre familiär nicht vertretbar gewesen, so berichtet er selbst. Zum Zeitpunkt der Absprache mit seiner Frau war ein Umzug des Parlaments von Bonn nach Berlin nicht absehbar, was dann ab 1999 die Belastung wieder vergrößerte.

1994 war ein entscheidendes Wahljahr für Merz und für den Kanzler. Für die Bundesvorstandssitzung am 14. Januar hatte sich der Parteivorsitzende und Regierungschef Helmut Kohl neun Seiten handschriftliche Notizen gemacht. Wer sich die Stichpunkte anschaut und dann das Wortprotokoll danebenlegt, merkt, mit welcher Energie sich der Kanzler der Einheit, der seit 1973 an der Spitze der Partei stand, noch einmal in die politische Schlacht begeben wollte. Gegen die Miesmacher, gegen die Verzagten, vor allem auch in den eigenen Reihen, wendete er sich. »Ich will die Wahl gewinnen. Ich sehe gute Chancen. Ich werde kämpfen«, stand auf dem Spickzettel. Er polterte auch in die Runde des führenden Parteigremiums: »Wollen wir die Wahl überhaupt gewinnen?« Er spürte den Gegenwind in der CDU, den aufkeimenden Defätismus, und er hatte durchaus auch ein Empfinden für Wandel und Erneuerungsbedarf. Nur zu einem echten personellem Aufbruch war er nicht bereit, der etwa darin bestanden hätte, Wolfgang Schäuble von der seit 1982 bestehenden schwarz-gelben Koalition zum Regierungschef wählen zu lassen und ihn mit dem Kanzlerbonus in die Wahlauseinandersetzung 1994 zu schicken.

Am 16. Oktober 1994 siegte die Union mit dem Spitzenkandidaten Kohl trotz Verlusten. Er hatte es tatsächlich noch mal geschafft. Wie sehr er auch in seiner Spätphase versuchte, Gestalter und Taktgeber zu bleiben, zeigt sich nach der Wahl. Kohl wollte beim anstehenden Bundesparteitag eine neue Aufstellung und neue Strukturen durchsetzen. Es gehe ihm auch um die Frage der »Präsenz von Frauen«, erklärte er in der Bundesvorstandssitzung vom 7. November 1994. Er wolle zwar keine Frauenquote nach sozialdemokratischem Vorbild, aber die weitere Untätigkeit sei nicht hinnehmbar. Was die Themen des gesellschaftlichen Wandels anging, hatte »der Alte« durchaus noch seine berühmte Spürnase für die Zeitläufte.

Bei den Wahlen habe die CDU wieder, insbesondere bei jüngeren Frauen, schlecht abgeschnitten, das gehe so nicht weiter, es brauche Fortschritte in dieser Frage, das würde er mit »äußerster Entschiedenheit« vorantreiben. Auch die »Besserungsgelübde« der männlichen Funktionsebene sei er nicht mehr bereit hinzunehmen. Kohl kritisierte explizit »patriarchalische Verhaltensmuster«, die sich sogar bei der Jungen Union fortpflanzen würden. Kritisch beschrieb er auch »römische Äußerungen«, die sich die CDU zwar nicht zu eigen mache, die aber auf sie zurückfallen würden. Der Chef der deutschen Christdemokraten betrachtete das vatikanische Beharren auf einem klassischen Frauen- und Rollenverständnis offenbar als schädlich.

Gegen Widerstände setzte Helmut Kohl dann auf dem Parteitag 1996 die Einführung eines sogenannten Frauenquorums in der CDU durch, in dem entsprechenden Beschluss wurde die »Gleichstellung« von Frauen und Männern in der CDU« noch einmal betont. Für die CDU und Friedrich Merz steht das Thema im Jahr 2024 noch immer auf dem Aufgabenzettel. Gegen den Begriff »Gleichstellung« gibt es auch 30 Jahre später noch Bedenken in der Partei. An den Zahlen hat sich ebenfalls nicht viel geändert. Seit 25 Jahren liegt der Frauenanteil bei rund einem Viertel der Mitglieder. Darüber hinaus schafft es die CDU bislang noch nicht. Und in absoluten Zahlen ist die Zahl der CDU-Frauen 2024 erstmals unter die 100 000er-Marke gerutscht. Bereits 1975 hatte Kohl stolz die 100 000. Frau in der CDU begrüßt. Doch damals hatte die Partei noch deutlich mehr Mitglieder als heute, sodass der weibliche Anteil vor 50 Jahren noch unter dem heutigen Viertel lag.

Der gesellschaftliche Wandel sollte bei der CDU ankommen, das wollte auch Kohl. Er selbst hatte nach 1990 eine Neuformulierung des CDU-Grundsatzprogramms angeregt. Zum Vorsitzenden einer entsprechenden Kommission hat er Lothar de Maizière bestimmt. Der feinsinnige Gegenpart zu Kohl im Einigungsprozess, Musiker und Jurist, der als letzter Ministerpräsident der DDR sein demokratisch gewordenes Land in die deutsche Einheit führte, konnte seine Aufgabe aber nicht zu Ende bringen. Wegen Stasi-Vorwürfen legte er das Amt des Kommissionsvorsitzenden 1991 nieder. In der Folge fehlte auch die östliche Perspektive in der sich fortsetzenden Programmarbeit.

De Maizière wurde in der Programmkommission von Kohl durch den weitgehend unbekannten Staatssekretär im Justizministerium Reinhard Göhner ersetzt, der als Abgeordneter, Wirtschaftsfunktionär und Strippenzieher eine durchaus einflussreiche CDU-Größe der zweiten Reihe wurde. Göhner, Jahrgang 1953 und bereits seit 1983 Mitglied des Bundestages, war von 1978 bis 1986 Landesvorsitzender der Jungen Union in Westfalen-Lippe, also dem Verband, dem auch Friedrich Merz angehörte.

Vergleicht man Kohls Vorgehen in den 1990er-Jahren mit seinem Agieren in den 1970er-Jahren, wird allerdings seine Zaghaftigkeit sichtbar. Damals hatte er Richard von Weizsäcker, Kurt Biedenkopf und Heiner Geißler mit der Neuformulierung eines Programms beauftragt. Das Ergebnis war das Ludwigshafener Grundsatzprogramm von 1978, das den entschiedenen Modernisierungsimpuls für die Partei setzte und eine Grundlage für die lange CDU-Kanzlerschaft war. Kohl war damals der Reformer seiner Partei gewesen, strukturell und programmatisch, doch obwohl er am Ende seiner Zeit wusste, dass ein ähnlicher Neustart nötig war, vermochte er ihn nicht mehr selbst zu initiieren.

Friedrich Merz knüpfte als Nachwuchspolitiker sehr schnell in Bonn erste Kontakte und Netzwerke, von denen manche bis heute bestehen. Teil der großen Auseinandersetzungen auf der großen Bühne war er noch nicht, doch immerhin wurde er als Europaabgeordneter zur Mitarbeit am neuen Programm in die Kommission berufen. Es war die Gelegenheit, näher an den politischen CDU-Kosmos in Bonn heranzurücken. Es war für ihn auch ein erster Kontakt mit übergreifender Parteiarbeit.

Geleitet wurde die Geschäftsstelle der Programmkommission von Thomas Gauly (Jahrgang 1960), der auch der Stabsstelle »Politische Beratung« im Konrad-Adenauer-Haus vorstand. Gauly war später Generalbevollmächtigter der Altana AG und zuvor Sprecher der Familie Quandt. Er gründete seine eigene Beratungsfirma. Fachmedien nennen ihn den begnadetsten Kommunikationsberater seiner Generation. Als er sich 2024 aus dem operativen Geschäft zurückzieht, nennt die *FAZ* seine Firma Gauly Advisors eines der »einflussreichsten Kommunikationsunternehmen Deutschlands«. Der Kontakt von Merz zu Gauly rührt aus der Zeit der Programmarbeit Anfang/Mitte der 1990er-Jahre, er sollte anhalten. Bei Merz' Comeback 2018 wird er auf die Beratungsleistung von Gaulys Firma zurückgreifen, im ersten Anlauf allerdings ohne Erfolg.

Das neue Grundsatzprogramm mit dem Titel »Freiheit in Verantwortung« wurde auf dem Hamburger Parteitag im Februar 1994 verabschiedet. Es war kein großer Wurf, wenngleich einige inhaltliche Punkte die allgemeinen Entwicklungen aufnahmen. So wurde »die Bewahrung der Schöpfung«, auch von Göhner, zu einem der Hauptthemen erkoren und im Vorfeld heftig diskutiert. Schließlich fand die Begrifflichkeit der »ökologischen und sozialen Marktwirtschaft« Einzug in die Schrift. Das war insofern schon eine kleine Revolution, weil die Notwendigkeit, den von Ludwig Erhard begründeten und geradezu sakrosankten Markenkern der CDU, die soziale Marktwirtschaft, um ein Adjektiv zu ergänzen, damals durchaus als Schwächung eben dieser Grundfeste angesehen wurde.

Der Historiker Frank Bösch beschreibt Kohl in dieser Zeit als mutlos und bereits im Herbst seiner Karriere. Er habe den Rahmen der Programm- und Erneuerungsdiskussionen so eng abgesteckt, dass »sich die CDU im Unterschied zu den siebziger Jahren nicht in eine diskutierende Partei« verwandelte. Dennoch habe es auch in den 1990er-Jahren durchaus das Bedürfnis nach mehr Beteiligung der Parteibasis gegeben. Inhaltliche Debatten zu den Themen Gleichberechtigung, Zuwanderung, demografischer Wandel und einigen anderen wären notwendig gewesen. Schließlich war aber 1994 Wahljahr, und eine allzu breite Diskussionslage hätte die Kampfkraft der Partei wohl geschwächt, so die Logik des Vorsitzenden. »Das Grundsatzprogramm dokumentierte auf unterschiedlichen Ebenen den Spagat zwischen traditionellen Werten und neuer Zielgruppenansprache«, schreibt Bösch. Kohl gewann zwar die Wahl noch einmal, doch politisch blieb einiges liegen.

Friedrich Merz zog mit fast 39 Jahren, kurz vor seinem Geburtstag im November, in den Deutschen Bundestag ein. Für ihn war es ein Neuanfang, für Helmut Kohl die letzte Legislaturperiode im Kanzleramt. Auch wenn Kohl dies zunächst nicht wahrhaben wollte und 1998 noch mal antrat: Es war klar, dass sich die Ära Kohl dem Ende zuneigte. Für Friedrich Merz war viel entscheidender, diese Schlussphase noch erleben zu können, in der die CDU regierte, er also der Regierungsfraktion angehörte. Der Fraktionsvorsitzende Wolfgang Schäuble erkannte schnell das Talent des jungen Sauerländers. Merz wurde Mitglied im Finanzausschuss und sogar Obmann seiner Fraktion. Damit war klar, dass er schon die politische Linie in diesem Bereich mitbestimmte. Die Wirtschafts-, Finanz- und Steuerpolitik sollte sein Markenzeichen werden.

Helmut Kohl letztes großes Projekt, sein Herzensanliegen, war die gemeinsame europäische Währung. Die Realisierung der sogenannten Europäischen Wirtschafts- und Währungsunion (EWWU) war nach harten Debatten in den 1980er-Jahren nun nach der deutschen Wiedervereinigung fest vereinbart und im Werden. Dennoch gab es weiter viele politische Hürden zu überwinden, so etwa stieg Großbritannien unterwegs aus dem Fahrplan aus. Helmut Kohl und sein Finanzminister Theo Waigel (CSU) und Frankreichs Premierminister François Mitterrand waren die Euro-Begeisterten. Die erste Stufe der EWWU-Rakete war bereits 1990 gezündet worden, die zweite Stufe war für den 1. Januar 1994 vorgesehen, doch die technische Einführung des Euro, der 1994 diesen Namen noch gar nicht hatte, war erst für 1999 geplant. Kohl musste also Kanzler bleiben, um Euro-Kanzler zu werden, so seine Sicht der Dinge.

Nach der Wiederwahl 1994 richtete er im Kanzleramt eine kleine Arbeitsgruppe ein, um die innenpolitischen Fragen und die Kommunikation der Währungsumstellung zu erörtern. Diesem vertrauten Kreis gehörten neben Kohl und Schäuble auch Kanzleramtsminister Friedrich Bohl und weitere Funktionsträger an. Der einzige einfache Abgeordnete, der zu der trauten Runde im Kanzleramt zugelassen war und der noch kein wichtiges Amt bekleidete, war Friedrich Merz. Die Runde tagte einmal im Monat und war für den Neuling eine große und ungewöhnliche Chance. »In der Zeit habe ich Helmut Kohl aus der Nähe kennengelernt, mit allen seinen guten und auch seinen - wenigen - weniger guten Seiten«, berichtet Merz heute. Der Kanzler habe durchaus gut zuhören können. »Aber wenn jemand ihm widersprach, konnte seine Reaktion schon sehr heftig sein.«

Normalerweise werden Abgeordnete nach Fraktionen, also nach Parteizugehörigkeit, sortiert. Im Bundestag der 13. Wahlperiode, der vom 10. November 1994 bis zum 26. Oktober 1998 bestand, gab es 295 Abgeordnete von CDU und CSU. Eine weitere Sortierungslogik sind die Sachbereiche, mit denen sich die Politiker beschäftigen, etwa die Finanzpolitiker, die Familienpolitiker oder die Verteidigungsexperten. Die landsmannschaftliche Zuordnung spielt ebenfalls eine große Rolle, die Fraktionen teilen sich in Landesgruppen auf und bilden so oft unterschätzte Machtzentren. Merz gehörte der nordrhein-westfälischen Landesgruppe seiner Partei an; deren Vorsitzender war seit 1996 der Bochumer Abgeordnete und spätere Parlamentspräsident Norbert Lammert. Ohne Unterstützung des Landesgruppen-Vorsitzenden wird man im Bundestag nichts, erst recht nicht als Greenhorn.

Für Norbert Lammert war Merz kein Unbekannter. Lammert war seit 1986 im nordrhein-westfälischen CDU-Landesvorstand in Düsseldorf und zugleich Chef des mächtigen Bezirksverbandes Ruhrgebiet, auch hatte er dem Landesvorstand der Jungen Union angehört. In der Parteiarbeit gab es keine Berührungspunkte, da tauchte Merz kaum auf. Von dem aufstrebenden Sauerländer, »der durch sein Auftreten und seine Rhetorik auffälliger war als mancher andere«, hatte er aber schon gehört, berichtet Lammert dem Autor. Spätestens als es 1988/1989 um die Listenaufstellung für die Europawahl ging, habe er mit ihm in der Verhandlungsrunde der Bezirksvorsitzenden zu tun gehabt. Als Merz dann in den Bundestag kam, habe man ihn bereits »mit ausgeprägteren Erwartungen empfangen, als das üblicherweise bei Neulingen der Fall war«.

Ein eher unwichtiges, aber doch vorhandenes Zugehörigkeitsge-
fühl entsteht bei Bundestagsabgeordneten noch durch eine andere
Ordnung, nämlich durch die Jahrgänge. Es stiftet eine emotionale
Verbindung, wenn man sich gemeinsam daran erinnert, wann man
das erste Mal im Plenarrund des Hohen Hauses gesessen hat. Der
gleiche Wahlkampf, die gleichen Konstellationen, die gleichen ersten Schritte als Abgeordnete – das bleibt auch bei ganz unterschiedlichen Karrieren, die dann folgen. Merz gehört den 1994ern an. Er
hat noch eine zweite Zugehörigkeit als 2021er, als er nach seiner
Abstinenz erneut in den Bundestag einzog und sozusagen wieder einem Neulingsjahrgang angehörte.

Der 1994er-Jahrgang ist eine besondere Zwischengeneration.
Ihre Angehörigen sind nicht die 1990er, die Veteranen des ersten gesamtdeutschen Parlaments, die im Provisorium des Bonner
Wasserwerks die ersten Schritte des wiedervereinigten Deutschlands
zusammen mit den neuen Kollegen aus dem Osten unternommen
haben. Aber die 1994er sind die Letzten, die ihre erste Wahlperiode
komplett in Bonn getagt haben, und es sind zugleich die Ersten und
Einzigen, die sich nur im neuen Plenarsaal des Architekten Günter
Behnisch versammelten, der nur von 1992 bis 1999 genutzt wurde.
1991 war der Umzug von Parlament und Regierung nach Berlin beschlossen worden, der dann 1999 vollzogen wurde.

Zu den 1994er-Novizen gehören viele Köpfe, die im weiteren
Geschehen der Bundespolitik und auch im Werdegang von Merz
eine besondere Rolle spielen. Mit ihm zogen 1994 unter anderen
erstmals in den Bundestag ein: Peter Altmaier, Wolfgang Bosbach,
Hermann Gröhe, Armin Laschet, Ruprecht Polenz und Norbert
Röttgen. Auch Annegret Kramp-Karrenbauer, die spätere Ministerin und Merkel-Nachfolgerin im CDU-Vorsitz, gehörte dem
13. Deutschen Bundestag an, allerdings nur für wenige Monate als
Nachrückerin im Wahljahr 1998.

Armin Laschet erinnert sich an diese Zeit. Die Jungen aus Nordrhein-Westfalen hätten zusammen in der hinteren Reihe im Frakti-
onssitzungssaal gesessen. »Wir hatten schnell einen Draht zueinan-

der«, berichtet er über den Kontakt zu Friedrich Merz. »Wir gehörten beide katholischen Studentenverbindungen an, wenn auch unterschiedlichen«, das schaffte eine gewisse Nähe. Merz ist Mitglied von Bavaria Bonn, der ältesten, 1844 gegen die Preußen gegründeten katholischen Studentenverbindung in Deutschland. Laschet hingegen ist Aenane, also Mitglied der 1851 gegründeten Münchner Aenania. Beides sind nicht-schlagende und katholische Gruppierungen. »Die Bavaren waren schon etwas konservativer als wir«, erinnert sich Laschet.

Vor allem dienten die Verbindungen der geselligen Zusammenkunft. Es gab gemeinsame Mittagessen während der Vorlesungszeit, aber auch Veranstaltungen mit viel Alkohol. Und die Verbindungen dienten auch als Netzwerke über die Studienzeit hinaus. Merz kennt und schätzt seit den Tagen im Verbindungshaus den Theologen und Psychiater Manfred Lütz und tauscht sich heute noch mit ihm aus. Als 2024 die Unions-Bundestagsfraktion in Bonn ihr 75-jähriges Bestehen feiert, hält Merz' Bonner Bundesbruder aus Studentenzeiten die Festrede.

Merz sei vielen in der Fraktion sofort aufgefallen, durch Auftreten und Rhetorik. Schäuble hatte von Anfang an ein Auge auf ihn geworfen und förderte ihn. »Auch wir merkten, dass Merz in gewisser Weise eine andere Liga war«, sagt Laschet heute. »Das lag vor allem an seiner Erfahrung im Europaparlament, die er uns anderen Jungen voraushatte.« Es ist der Beginn einer ungewöhnlichen Beziehung zwischen Laschet und Merz, die Wendungen nahm, die man sich damals kaum vorstellen konnte. Unterwegs wurden sie sich in wechselseitigen Konstellationen gegenseitig zu Unterstützern und Gegnern. Schließlich war Laschet dann Merz' Vorgänger im Amt des CDU-Vorsitzenden, eine von mehreren Ironien der Geschichte, die in Bonn im Jahr 1994 ihren Anfang nahm.

Politisch bewegten sich beide schon früh in unterschiedliche Richtungen. Laschet ging in den Auswärtigen Ausschuss und beschäftigte sich so mit ganz anderen Themen als Merz. Der Fraktionsvorsitzende Schäuble hatte auch Laschet und eine Gruppe von

jungen Abgeordneten im Blick, die sich damals in der sogenannten Pizza-Connection zusammentaten, um sich mit grünen Abgeordneten zu treffen und erste Bande zu jener politischen Bewegung zu knüpfen, die von Kohl und auch CSU-Übervater Franz
Josef Strauß noch heftig bekämpft worden war. Schäuble billigte
in gewisser Weise die Kontaktaufnahme über den Graben hinweg,
so erinnert sich Laschet. Friedrich Merz gehörte nicht dazu. Unter den Jüngeren war aber ein anderes Thema weitgehend Konsens.
Schäuble sollte statt Kohl 1998 endlich Kanzlerkandidat der Union
werden, um ein Signal der Erneuerung zu setzen. Es kam anders.

Ein auffälliges Merkmal von Merz war seine rhetorische Bega-
bung, daran erinnern sich einige. Seine erste Rede im Deutschen
Bundestag, die im Parlamentsjargon auch »Jungfernrede« genannt
wird, hielt Friedrich Merz am 16. Februar 1995. Thema der Debatte
waren Finanzmittel für die Europäische Union. Noch bevor er selbst
ans Rednerpult trat, verzeichnete das Protokoll ihn als Zwischenrufer. Eine Rede der PDS-Abgeordneten Barbara Höll hatte ihn provoziert. Kritik an der europäischen Einigung in der Kohl'schen Variante kam damals auch von links. Die Rednerin verlangte konkrete
Informationen zu den Nettozahlern und -empfängern in der Europäischen Union, die von der Regierung angeblich nicht herausgege-
ben würden. Daraufhin heißt es im Protokoll: »Friedrich Merz: ›Das
stimmt überhaupt nicht!‹« Ein zweites Mal zitiert der stenografische
Bericht Merz, nachdem Höll kritisiert hatte, die neu zu schaffende
Europäische Zentralbank solle nach Frankfurt kommen: »Wo hätten Sie sie denn gerne gehabt?« Auch bei seinem dann folgenden
Premierenauftritt als Redner im Bundestag ist es erstaunlich, dass er
gleich zwei Zwischenfragen zulässt. Das ist bei einem Debütanten
im Hohen Haus, der vielleicht noch etwas nervös ist, eher selten.

Als letzter Redner in dieser Debatte wird dann Merz vom Vizepräsidenten des Bundestages, dem FDP-Politiker Burkhard Hirsch,
aufgerufen. Im Kern verteidigt der ehemalige CDU-Europaabge-
ordnete in seiner ersten Rede in Bonn die steigenden Nettozahlun-
gen Deutschlands an die Europäische Union. Es sind Bekenntnisse

eines Europäers, die er über die Jahrzehnte durchhalten wird, trotz immer wieder auch kritischer Stimmen in seiner eigenen Partei. Er bemängelt zwar die »Subventionsmentalität« und »Staatswirtschaft« der EU, sieht aber die mangelnde Akzeptanz von europäischen Institutionen eher in einer falschen Ausgaben- statt in der falschen Einnahmenpolitik begründet. In diesem Zusammenhang fordert er eine Reform der europäischen Agrarpolitik.

Der umstrittenste Vorschlag, den Merz schon in seiner ersten Rede im Bundestag macht und den er 2018 immer noch verfolgt, als er seine Rückkehr in die Politik betrieb, ist der zu eigenen europäischen Steuern. Er sagt das in der Debatte im Bundestag »in Klammern«, wie er es ausdrückt, aber führt damit seinen Willen zur Unabhängigkeit vor. Nicht typisch für eine Jungfernrede. Das Thema selbst war in der CDU umstritten und blieb es, nach 2003 wurde es explizit abgelehnt. Angela Merkel hat sich immer, mal klarer, mal weniger klar, dagegen positioniert.

Merz formulierte 1995, man dürfe nicht erwarten, dass »das gesamte System der Haushaltsfinanzierung in der Europäischen Union jemals große Zustimmung finden wird, wenn wir es dabei belassen, dass der überwiegende Teil des Haushalts im Wege einer Umlage finanziert wird«. Für eigene EU-Steuern ist Merz noch immer, natürlich dürfe aber die Belastung insgesamt nicht steigen. Ähnlich sehen es die Grünen, die CSU lehnt direkte EU-Steuern ab. Insofern hat Merz' Antritt von 1995 noch heute Relevanz.

Auch sein Bekenntnis zur stärkeren europäischen Einigung war damals so strittig wie heute. Nach dem Brexit und dem Erstarken europakritischer Parteien ist ein »Mehr Europa« 2025 nicht unbedingt populär. Merz klingt mit seinen Befürchtungen 1995 geradezu erschreckend aktuell. »Wir stehen heute vor der Frage, ob wir die Grundentscheidungen der Gründerjahre der Europäischen Gemeinschaften im Sinne einer vertieften Integration weiter akzeptieren und fortentwickeln oder ob wir unter der Überschrift der intergouvernementalen Zusammenarbeit in die Zeiten des Nationalismus zurückfallen.«

Mit seinem Redetalent fiel Merz nicht nur im Bundestag selbst auf, sondern auch abseits der Plenarsitzungen. Es gab 1996 für die jüngeren Parlamentarier in Bonn erstmals einen Redewettstreit des Bundestages. Eine Rednerschule richtete das rhetorische Kräftemessen aus, im Alten Wasserwerk, in dem der Bundestag von 1986 bis 1993 getagt hatte und das jetzt leer stand. »Man bekam einen Zettel in die Hand gedrückt und musste spontan etwas vortragen«, erzählt Laschet. Auch das Pro-Contra-Format wurde geübt. »Sieger des Wettstreits war natürlich Friedrich Merz«, so Laschet, aber er selbst sei immerhin auch irgendwo im oberen Drittel gelandet.

Der Sieg des politisch natürlich unbedeutenden Redewettbewerbs in Bonn ist ein früher Hinweis auf das Talent und das mögliche größere Potenzial des damals 40-jährigen Sauerländers. Immerhin schaffte es Friedrich Merz ausgerechnet mit dem Rhetorik-Triumph prominent in die *BILD-Zeitung* und wurde in der legendären Rubrik, die es bis heute gibt, zum »Gewinner« des Tages befördert: »Der Bundestagsabgeordnete gewann das ›Goldene Mikrophon‹ beim 1. Redewettstreit des Bundestages«, vermeldet das Springer-Blatt am 18. Januar 1996.

Der »Gewinner« des Tages war sein zweiter Aufschlag als Bundestagsabgeordneter bei *BILD*. Sein erster war eine kleine Erwähnung auf der Titelseite der Boulevardblattes am 2. Dezember 1995. Das Thema Hundesteuer ist sicher auch Mitte der 1990er-Jahre im beschaulichen Bonn am Rhein kein Politikum größerer Natur gewesen, selbst für Finanz- und Steuerpolitiker nicht. Aber vermutlich doch ein Gegenstand mit hoher Reichweite. *BILD* titelte über dem Beitrag: »Hundesteuer vergessen? Bußgeld beim Gassigehen.« Immer mehr »Tierfreunde« würden sich »vor der Hundesteuer drücken«, heißt es da. Weil jeder zweite Hundebesitzer keine Steuern zahle, entstünden Städten und Gemeinden »Millionen-Ausfälle«. Der angehende Steuerexperte Merz wird mit den Worten zitiert: »Mitarbeiter des Ordnungsamtes sollten verstärkt auf die Straße gehen, um Hunde ohne Steuermarke ausfindig zu machen.« An der Wortwahl wird auch deutlich, wie lange diese politische Aktion zu-

rückliegt. »Auch Politessen könnten einen Blick darauf werfen.«
Trotz *BILD* wurde aus der Initiative keine größere Sache.

Erstmals Opposition: Schäubles Zwillinge

Helmut Kohls Tagebucheintrag vom 27. September 1998 geht über
mehrere Seiten. Es ist der Wahlsonntag, an dem er bei seiner sechs-
ten Bundestagswahl als Kanzlerkandidat seine schwerste Niederlage
einfährt. Die SPD wird stärkste Partei, die Kanzlerschaft Kohls en-
det. Er schreibt, dass er Schäuble darüber informiert habe, nun auch
den CDU-Vorsitz niederzulegen, was sich eigentlich von selbst versteht und auch für Schäuble »keine Überraschung« mehr sei. Doch
geht der Parteipatriarch noch auf eine weitere Frage ein. Wäre die
Niederlage vermeidbar gewesen, wenn er selbst nicht mehr kandi-
diert hätte? Er habe ursprünglich die Idee gehabt, 1997 aus dem
Amt zu scheiden und an Schäuble zu übergeben. Dies sei jedoch
nach Beratungen auch mit anderen Spitzenpolitikern verworfen
worden, weil die Kanzlermehrheit zusammen mit der FDP von vier
Stimmen als zu knapp angesehen wurde. Als weiteren Grund gibt er
an, den Prozess der europäischen Einigung unumkehrbar machen zu
wollen, dies vermochte in seinen Augen wohl nur er allein.

Schäuble hatte schon in der vergangenen Legislaturperiode Auf-
bruchsimpulse gesetzt. Seine Rede auf dem Leipziger Parteitag 1997
war so ein Signal. Merkel soll nach dem Vortrag gesagt haben, sie
wisse jetzt wieder, warum sie in der CDU sei. »Eine große Volkspartei ist auf das Nachdenken möglichst vieler angewiesen«, sagte
Schäuble. Das hörten die Delegierten gern, doch das war in seiner
Spätphase nicht mehr Kohls Welt. »Reformstau« wurde zum Wort
des Jahres 1997. Trotz Gegenwind erklärte er eigenmächtig seine erneute Kandidatur für die Bundestagswahl. Bundespräsident Roman
Herzog mahnte in seiner berühmten Rede ebenfalls in diesem Jahr
an, es müsse ein Ruck durch Deutschland gehen. Der spätere Regie-
rungswechsel 1998 hin zur ersten rot-grünen Koalition unter Bun-

deskanzler Gerhard Schröder erhielt eine Art höheren Überbau – und das auch noch mit den Worten des Unions-Mannes Herzog.

Wolfgang Schäuble wurde nach der verlorenen Wahl Parteivorsitzender und blieb Fraktionsvorsitzender. Der letzte Generalsekretär unter Helmut Kohl war der Theologe Peter Hintze, der mit seiner Rote-Socken-Kampagne in der Partei so profiliert wie umstritten war. Er trat wie Kohl nach der Wahlniederlage zurück, um dem neuen Vorsitzenden freie Bahn zu geben. Norbert Lammert berichtet, dass Schäuble ihn gefragt habe, ob er den Posten nicht übernehmen wolle. Das wäre naheliegend gewesen, denn Schäuble musste den großen NRW-Landesverband in die Parteiführung einbinden. Lammert lehnte mit der Begründung ab, er wolle sich die Vereinfachungen und Verkürzungen, die das Amt erfordere, nicht mehr zumuten. Lammert erinnert sich, dass er gegenüber Schäuble Angela Merkel vorgeschlagen habe. Schäuble wiederum hatte zunächst Annette Schavan gefragt, die aber abgesagt hatte. Auch Schavan hatte Schäuble offenbar schon den Namen Merkel genannt. Diese war unter Kohl Ministerin gewesen und nun nach der Wahlniederlage ohne besonderen Posten. Merz spielte in diesen Überlegungen noch keine Rolle. Vielleicht hatte Merz dazu auch zu wenig innerparteiliche Gravitas, was Merkel immerhin als Landesvorsitzende von Mecklenburg-Vorpommern in gewissem Maße vorweisen konnte, so klein der Landesverband auch war. Schäuble machte Angela Merkel zu seiner Generalsekretärin. Und Kohl unterstützte diese Personalie, er sah in »der Frau aus dem Osten« das richtige »Signal des Aufbruchs«. Friedrich Merz rückte aber ebenfalls auf und wurde stellvertretender Fraktionsvorsitzender.

In dieser Phase der beginnenden Oppositionszeit einte Schäuble, Merkel und Merz noch das Bestreben, die CDU erneuern zu wollen. Kohl wurde dabei immer mehr zum Hindernis, erst recht, als 1999 die Parteispendenaffäre ins Rollen kam und die Partei an den Rand ihrer Existenz brachte. Kohl selbst schien diesen Ablösungsprozess von Schäuble zunächst nicht recht zu verstehen. Zur Amtsübergabe schreibt er noch im November 1998 in sein Tagebuch, wie gut die »Freundschaft« immer funktioniert habe, auch deswegen, weil Konflikte immer offen ausgetragen worden seien. Auf dem im April 1999 folgenden Parteitag in Erfurt, wo die Strategie des Neuanfangs besprochen werden sollte, bemerkte Kohl offenbar die Veränderung. In seinem Tagebuch notiert er, es gebe ein »Grundproblem zwischen Wolfgang und mir«, das ihm lange nicht bewusst gewesen sei. Die Anwesenheit Kohls in den Gremien erschwerte den Neuanfang. Kohl schreibt von »Entfremdung« und fragte sich: »Kann es sein, dass meine bloße Existenz für Wolfgang Schäuble zur Belastung wird?« Es sollte erst der Beginn eines endgültigen und bitteren Zerwürfnisses sein.

Das anrollende Beben war zu Beginn der Legislaturperiode 1998 zunächst nicht zu spüren. Es war für Friedrich Merz vielmehr trotz oder gerade wegen des Verlustes der Regierungsmehrheit eine neue Chance, es lag eine Erfolg versprechende neue Legislaturperiode vor ihm, wo er nun in der Funktion als Stellvertreter Schäubles die neue Oppositionsrolle würde mitprägen können. Die *FAZ* brachte am 16. November 1998 erstmals ein Porträt von Merz in der etablierten Rubrik auf der letzten Seite des ersten Buches. Der langjährige Bonn-Korrespondent des Blattes, Karl Feldmeyer, beschrieb den »erstaunlich« schnellen Aufstieg des jungen Abgeordneten. Der Grund für die schnelle Karriere liege vor allem in der Förderung durch den neuen Parteivorsitzenden.

Merz sei »von ähnlicher Prägung« wie Schäuble, analysierte der Journalist. Beide hatten bereits in Gremien trotz ähnlichem Profil überraschend gut zusammengearbeitet. Sie hatten dabei eine mögliche Konkurrenz umgegangen und stattdessen kooperiert, so die *FAZ*. Kohl hatte 1995 eine neue Kommission für eine Steuerreform eingesetzt, deren Vorsitz Schäuble übernahm. Doch eigentlich gab es eine vergleichbare Runde schon. Denn zuvor hatte der Bundesfachausschuss Wirtschaft der Partei eine Arbeitsgruppe Steuerreform gegründet, deren Vorsitz Friedrich Merz innehatte. Kompetenzstreitigkeiten zwischen dem alten Hasen und dem jungen Hund hätten nahegelegen. Stattdessen verhielten sich beide pragmatisch und Schäuble lud Merz ein, auch in seinem Gremium mitzuarbeiten. Es sollte der Beginn einer Nähe sein, die zu einer engen Vertrautheit und Freundschaft führte und ein Leben lang bis zum Tode Schäubles 2023 hielt.

Eine zweite Sache in dem Porträt von 1998 sollte den politischen Lebensweg von Friedrich Merz ebenso bestimmen. Feldmeyer verweist darauf, dass Merz Wert auf seine Unabhängigkeit lege. Er wolle auch als stellvertretender Fraktionsvorsitzender zumindest als Teilzeitbeschäftigung weiter seinen Beruf als Rechtsanwalt ausüben. Die Möglichkeit, jederzeit wieder voll in seine anwaltliche Tätigkeit zurückkehren zu können, bedeute für Merz »ein Stück Freiheit und Sicherheit, die ihm wichtiger ist als der finanzielle Ertrag«, schreibt Feldmeyer. Das sollte sich dann teilweise auch als sehr richtig erweisen.

Die Rolle von Friedrich Merz in den ersten Monaten der Oppositionszeit wird in einer Frage deutlich, die ihm in einem Interview im August 1999 von der Sonntagszeitung *FAS* gestellt wurde: »Es heißt, Sie gehörten zu den wenigen in der Union, die an der Oppositionsrolle richtig Spaß hätten.« Tatsächlich hatten viele noch mit dem Phantomschmerz der verlorenen Regierungsmacht zu kämpfen. Manche Ex-Minister saßen nun in der Fraktion und weinten der alten Zeit nach. Für Merz hingegen war es eine Herausforderung, die wie für ihn gemacht schien. Schnell merkte man auf der Regierungsbank, dass es mit Merz nicht so einfach werden würde. Auf die Frage der *FAS* antwortete Merz dann auch, zu dem Spaß, den er habe, trage die rot-grüne Regierung maßgeblich bei.

Gleich in seiner ersten Rede in der neuen Legislaturperiode am 13. November 1998 nahm Merz sich den neuen Bundesfinanzminister und SPD-Vorsitzenden Oskar Lafontaine vor und die Steuer- und Finanzpolitik der neuen Regierung. Die Themen, die dort vorkommen, beschäftigen ihn Zeit seines Lebens besonders. Es geht schon damals um die Staatsquote, Steuerbelastung, Beschäftigungs- und Sozialpolitik. »Typisch Merz«, ruft der SPD-Abgeordnete Detlev von Larcher dazwischen, der ihn gern mit Zwischenrufen traktiert. Es ging ihm darum, Merz als unsozial darzustellen, als dieser davor warnte, beitragsfinanzierte Leistungen des Sozialstaates zunehmend aus Steuermitteln zu finanzieren.

Doch es sind auch spitze, eher beiläufige Seitenhiebe, die bei Merz-Reden immer wieder für kleine und große Empörungsschübe im Plenarsaal sorgen. So regt er an, das Buch von Kanzleramtsminister Bodo Hombach zu kaufen, damit der sein Haus abbezahlen könne. Oder er verweist auf Positionen der damaligen Ehefrau von Lafontaine, Christa Müller, die selbst SPD-Politikerin war, was ihm dann als frauenfeindlich ausgelegt wurde. Richtig turbulent wird es, als Regierung und Opposition um die Terminierung von Steuerentlastungen streiten.

Allerdings stieß Merz mit seinem konfliktiven Stil auch auf Skepsis, später sollte sich dann für fast zwei Dekaden auch ein eher vermittelnder Ton in der Union durchsetzen, der mit dem Namen Angela Merkel in Verbindung steht.

Bis aus Merkel und Merz Kontrahenten werden, braucht es noch eine gewisse Zeit – und ein politisches Erdbeben. Ende 1998 war davon noch nichts zu spüren. Gewiss war, dass Bundestag und Bundesregierung Mitte des folgenden Jahres nach Berlin umziehen würden, es war also das letzte parlamentarische Weihnachtsfest am Rhein. Merkel-Biograf Ralph Bollmann berichtet von der Weihnachtsfeier der Unionsfraktion in der geschichtsträchtigen Stadthalle von Bonn-Bad Godesberg, in der sich die nach der verlorenen Wahl verbliebenen 245 Unions-Abgeordneten sammelten.

An diesem Abend hätten sich beide lange unterhalten, so heißt es: Die frisch zur CDU-Generalsekretärin erkorene Angela Merkel, die 1998 schon auf die Zeit als Regierungssprecherin von Lothar de Maizière zurückblicken konnte, mit dem sie bis ins Weiße Haus zu Präsident George Bush gekommen war. Sie hatte bereits Regierungserfahrung am Kabinettstisch von Helmut Kohl. Und Friedrich Merz, der zwar nahezu gleichaltrige, aber noch neue Abgeordnete, der gerade erst stellvertretender Fraktionsvorsitzender geworden war. Doch beide verstanden sich offenbar und waren sich darin einig, dass Schäuble nun aber 2002 Kanzler werden müsse. Seit diesem Abend würden sich beide duzen, schreibt Bollmann.

Die Bombe platzte am 4. November 1999. Es sei eine Eilmeldung der Nachrichtenagenturen gewesen, die ihn »zutiefst bestürzt« habe, schreibt Helmut Kohl in seinem Tagebuch. Das Amtsgericht Augsburg hatte Haftbefehl gegen den ehemaligen CDU-Schatzmeister Walther Leisler Kiep erlassen. Er wird verdächtigt, eine Million Mark als Schmiergeld von dem Kaufmann Karlheinz Schreiber erhalten und nicht versteuert zu haben, so Kohls erste Darstellung, die er später in einem Buch mit dem Titel »Mein Tagebuch« veröffentlicht. Er habe noch am Abend mit Wolfgang Schäuble gesprochen. »Es verschlägt uns fast die Sprache.« Kohl erklärt der Öffentlichkeit, er habe von dieser Spende keine Kenntnis gehabt. Es ist der Beginn der Parteispendenaffäre, die die Republik wackeln lässt, die Reputation Kohls irreparabel beschädigt und die schließlich den gerade begonnenen Neuanfang der CDU über den Haufen wirft.

Am 10. April 2000 wird Angela Merkel auf dem CDU-Bundesparteitag in Essen zur neuen Parteivorsitzenden gewählt, es sind nur fünf Monate nach dem Beginn des Skandals, in deren Folge nicht nur Kohl, sondern auch Schäuble in Verdacht geriet und schließlich für die Partei untragbar wurde. Kohl weigerte sich im Verlauf der eskalierenden Affäre, die Namen von Parteispendern zu nennen, denen er versprochen hatte, ihre Identität niemals preiszugeben. Wolfgang Schäuble verstrickte sich in Ungereimtheiten im Zusammenhang mit der Annahme einer weiteren Spende. Erstaunlich bleibt im Rückblick, wie schnell die CDU noch einmal ihre Führungsmannschaft auswechselt und auch Parteigranden der Kohl-Ära wie etwa Volker Rühe, Jürgen Rüttgers und Kurt Biedenkopf abstraft und auf die neue Generation setzt.

Drei Faktoren spielten eine Rolle beim beschleunigten Aufstieg Merkels. Sie hatte mit ihrem Text in der *FAZ* zwei Tage vor Weihnachten 1999 einen Mut bewiesen, der vielen Achtung abverlangte. Schäuble warf ihr Illoyalität vor. Aber sie hatte früher als andere erkannt, dass sich die Partei von Kohl deutlich mehr absetzen musste, als bislang geschehen, und auch, dass Schäuble dazu nicht in der Lage war. Ihre Formulierungen, dass die Partei »laufen lernen« müsse, dass sie »wie jemand in der Pubertät sich von zuhause lösen« und eigene Wege gehen müsse und dabei zu dem stehen könne, was sie »nachhaltig geprägt« hat, traf den Nerv. Sie griff das Parteiestablishment an, obwohl sie selbst schon als Generalsekretärin Teil desselben war, übrigens ein Motiv, das es auch bei Kohl in den 1970er-Jahren und bei Friedrich Merz 2018 gab.

Der zweite Faktor war, dass sich mögliche Gegner Merkels nicht schnell genug formieren konnten. Die Älteren waren zu belastet und nicht in der Lage, eine kritische Masse an Unterstützung zu gewinnen. Die Jüngeren, vor allem auch die eher Konservativen, die sich im sogenannten Andenpakt versammelt hatten (zu dem Merz zu diesem Zeitpunkt nicht gehörte), vermochten ebenfalls nicht, das Machtvakuum zu füllen. Roland Koch etwa, der gerade gewählte Ministerpräsident in Hessen, hatte mit der neuen Generalsekretärin schon früh im Clinch gelegen. Sie hatte seine Wahlkampagne Anfang 1999 gegen den Doppelpass mit einer entsprechenden Unterschriftenaktion zunächst strikt abgelehnt. Doch Koch war Anfang 2000 mit den Ungereimtheiten bei den Finanzen seiner Landespartei befasst, Stichwort »Jüdische Vermächtnisse«, sodass er zu dem Zeitpunkt nicht in der Lage war, bundespolitisch größeren Einfluss aufzubauen.

Und schließlich gewann Merkel überraschend die Herzen der Parteibasis. Das war der dritte Faktor. In sogenannten Regionalkonferenzen, die Schäuble erfand, zog sie durchs Land und war nun nicht mehr »die graue Maus«, sondern die Verkörperung einer neuen CDU, jünger, weiblicher und unprätentiöser als man es von der Politikerzunft gewohnt war. Schäuble war im weiteren Verlauf auf die Merkel-Linie eingeschwenkt, trat zurück und öffnete ihr den Weg. Dem »*FAZ*-Scheidungsbrief« habe er von Anfang an »innerlich nur zustimmen« können, rückblickend habe sie recht gehabt, auch wenn er die Veröffentlichung zunächst als Vertrauensbruch habe sehen müssen, schreibt er in seinen Erinnerungen. Zur Überraschung vieler erfuhr Merkel große Zustimmung. Nobert Lammert erinnert sich, dass er Merkel von einer Kandidatur zunächst abgeraten habe, da er die Erfolgschancen als zu gering ansah und auch ihr Durchsetzungsvermögen in der Partei unterschätzt habe. Bollmann beschreibt Merkels Werbetour in eigener Sache im Frühjahr 2000 als Angie's Roadshow«, bei der die Basis sie »wie eine Erlöserin« feierte.

Friedrich Merz gehörte zu den Unterstützern von Angela Merkel. Jede Zeile des *FAZ*-Briefes könne er unterschreiben, habe er Merkel wissen lassen, so schreibt es Bollmann. Die *Süddeutsche Zeitung (SZ)* zitiert am 9. März 2000 Merz mit dem Satz: »Die Partei ist reif für eine Frau.« Skeptisch blieben neben Rüttgers, Koch und Biedenkopf auch der baden-württembergische Ministerpräsident Erwin Teufel und sein thüringischer Kollege Bernhard Vogel. Verblüffend ist, dass trotz des Widerstandes der Parteigranden Merkel durchmarschieren konnte. Und überraschend ist im Nachhinein, wie sehr sich die Lager in den kommenden Jahren noch durcheinanderwürfeln sollten. Merkel war in dieser eigentümlichen Lage Anfang 2000 die richtige Frau zur richtigen Zeit. Keiner ahnte, was sie aus dieser unerwarteten Chance machen würde – und auch in der Lage war zu machen. Sie wurde zum Liebling der Basis, wie viel später Merz auf seine Weise auch.

In diesem turbulenten Jahrtausendanfang war für Merz zunächst ein anderes, sein eigenes Spielfeld wichtiger. Zwar hatte Schäuble nach seinem Rückzug die Aufgabenteilung von Partei- und Fraktionsführung vorgesehen, doch musste auch dieser Machtwechsel tatsächlich vollzogen werden und gelingen. Am Dienstag, den 29. Februar 2000, wählte die CDU/CSU-Bundestagsfraktion den Abgeordneten, der erst seit sechs Jahren dem Parlament angehörte, zu ihrem neuen Vorsitzenden. 217 von 226 Stimmen votierten für Friedrich Merz, es war ein beeindruckendes Ergebnis, denn in diesen wilden Wochen war nichts gewiss. Die Geschlossenheit wurzelte auch darin, dass Merz sich zuvor der Zustimmung der CSU versichert hatte. Der CSU-Vorsitzende und bayerische Ministerpräsident Edmund Stoiber hatte zusammen mit Schäuble Merz vorgeschlagen. Es gab keinen Gegenkandidaten. Friedrich Merz wurde der achte Vorsitzende der gemeinsamen Unionsfraktion. Es war der bis dahin größte Triumph seiner politischen Karriere – und er sollte es für lange Zeit auch bleiben.

Nur das Erdbeben der Spendenaffäre ermöglichte in der Nach-Kohl-Ära einen derart drastischen Generationswechsel und den Aufstieg des Neulings Merz. Nur die Unterstützung Schäubles, ein ganz besonderer Rückenwind, trug Merz auf seinem Weg voran. Es ist eine bemerkenswerte Doppelzuneigung Schäubles gegenüber Merz und Merkel, die dazu führte, dass er bei beiden die besonderen Talente erkannte und beide als seine möglichen Nachfolger ansah. So unterschiedlich sie auch waren und sich entsprechend auch verhielten, so ähnlich und mit vergleichbarer Energie förderte Schäuble Merz und Merkel. »Beide hatten meine volle Unterstützung«, schreibt er in seinen Memoiren. Von einer Konkurrenz war zunächst nichts zu spüren. Vor allem verlangte die Loyalität zu Schäuble von Merz eine Zustimmung zu Merkel. Noch stachen aber auch inhaltliche oder stilistische Differenzen nicht so hervor. »Das Problem, dass eine Doppelspitze Merkel-Merz von vornherein auf Konfrontation angelegt sein könnte, sah damals noch kaum jemand«, schreibt Ralph Bollmann.

Strukturell war allerdings diese Konfliktlinie schon angelegt. Selbstverständlich lag bei allen, die die Union gut kannten, auf der Hand, dass gerade in Oppositionszeiten die Bündelung von Partei- und Fraktionsvorsitz in einer Person die Schlagkraft erhöhen würde. Merz war nach München gereist, um sich der Unterstützung Stoibers für die Wahl zum Fraktionschef zu vergewissern. Die Skepsis des CSU-Chefs gegenüber Merkel hat er dort vernommen. Im Frühjahr 2000 lag die nächste Bundestagswahl weniger als zwei Jahre entfernt. Zwar strebte Merz in der Nachfolge von Schäuble nicht nach dem Parteivorsitz, weil dies auch unrealistisch gewesen wäre und erst recht unmöglich gegenüber seinem Förderer Schäuble. Aber die Frage stand im Raum, wer Kanzlerkandidat werden würde. Und auch, wer in der neuen Doppelspitze, Merz oder Merkel, künftig den Ton in der CDU angeben würde. Merz' Votum für die Wahl Merkels zur Parteivorsitzenden war für ihn unumgänglich. Tatsächlich hielt er sie unter den Umständen gewiss für besser als jemanden aus der alten Garde. In der Ablehnung des Ancien Régime waren sich Merz und Merkel zu dieser Zeit sehr einig.

Der Fraktionsvorsitz: Erstmals Chef

In seiner letzten Fraktionssitzung, der er vorstand, warb Wolfgang Schäuble noch mal für seinen politischen Ziehsohn. Am 18. Februar 2000 hatten die Gremien von CDU und CSU gemeinsam Friedrich Merz als neuen Fraktionsvorsitzenden nominiert, das teilte Schäuble im Bundestag seinen Fraktionskollegen mit, bevor um 9 Uhr im Plenum die steuerpolitische Debatte beginnen sollte. Darauf nahm Schäuble Bezug, als er sagte: »Und mein Ratschlag an uns wäre, dass wir ihn mit großer Anwesenheit bei seiner Rede auch unterstützen.« Wie wenig die Aufforderung nötig war, hatte sich aber schon vorher gezeigt. Die Reden von Merz erfreuten sich bei seinen Fraktionskollegen großer Beliebtheit, vor allem, weil er es vermochte, die Regierungsfraktionen zu reizen und so für einen lebhaften Schlagabtausch sorgte.

Schon bevor Merz im Plenum sprach, nahmen Vorredner auf ihn und seinen bevorstehenden Karrieresprung Bezug. Der stellvertretende SPD-Fraktionsvorsitzende Joachim Poß warf der Union einen Zickzackkurs vor, Merz sei dabei das »Zack«. Gleichwohl würdigte er den Mut von Merz; diese Aufgabe »angesichts der in Ihren Reihen herrschenden Zustände zu übernehmen«. »Auch Kritiker attestieren Merz rasche Auffassungsgabe und Schlagfertigkeit, aber ebenso Machtbewusstsein und Arroganz«, schrieb Heike Göbel in der *FAZ* zu seiner Wahl.

Mit der Übernahme des Fraktionsvorsitzes verbanden sich für Merz in der Tat mehrere Aufgaben. Neben den politischen und

49

strategischen Fragen bedeutete das neue Amt zunächst auch die organisatorische Herausforderung, eine Art mittelständischen Politikbetrieb zu leiten. Die Fraktion hatte mit ihren damals rund 300 Mitarbeitern deutlich mehr Personal als etwa die CDU-Parteizentrale, sie war mit ihren Referenten eine Maschine, die zu allen möglichen Themen Expertise bereithielt, Papiere, Reden und Anträge produzierte. Gerade in der Zeit der Opposition, in der die Abgeordneten weniger gut auf das Fachwissen in den Ministerien zurückgreifen können, steigt die Bedeutung des Fraktionsapparats noch mal. Zugleich musste Friedrich Merz mit einer deutlich geschrumpften Fraktion umgehen und damit auch mit weniger Finanzmitteln und entsprechend weniger Personal.

In Stil und Form veränderte Friedrich Merz die Arbeitsabläufe nach und nach und schnitt auch das Personal auf sich zu. Sein Büroleiter wurde im Juli 2000 der Politikwissenschaftler Michael Eilfort. Beide kannten sich vorher nicht. Gesucht worden war jemand, der in Bund und Land schon berufliche Erfahrung gesammelt hatte. Er sei aber kein Jurist, wandte Eilfort ein. Doch das war Merz egal. Nach einem 15-minütigen Einstellungsgespräch hatte Merz ihn sofort verpflichtet. Eilfort war schon 1992 Referent im Bundestag gewesen, dann aber nach Stuttgart gewechselt und dort Referatsleiter im baden-württembergischen Staatsministerium von Erwin Teufel geworden. Promoviert wurde er 1993 mit einer Arbeit über die Nichtwähler und deren Wahlenthaltung als Form des Wahlverhaltens. Eilfort sollte einer der wichtigsten und engen Berater in allen Phasen von Merz' politischem Wirken werden.

Die politische Führungsspitze seiner Fraktion war allerdings noch nicht wirklich das Ergebnis von Merz' Gestaltungsanspruch. Seine Stellvertreter sortierten sich erst bei den Wahlen in der Fraktion, einige Kampfabstimmungen gingen anders aus als erwartet. Der schnelle Wechsel in die Chefposition war nicht lange vorbereitet. Nie zuvor sei ein Fraktionschef ohne eigenes Personaltableau in die Wahl gegangen und habe die Zusammensetzung des Fraktionsvorstandes so sehr »augenblicklichen Stimmungen« überlassen, wie Merz dies tat oder auch tun musste, kommentiert *FAZ*-Journalist Georg Paul Hefty. Er sei sich »seines Eigengewichts in der Fraktion« nicht sicher gewesen und habe deswegen niemanden verprellen wollen.

Bemerkenswert war, dass der frühere Verteidigungsminister Kohls, Volker Rühe, nach der Niederlage als CDU-Spitzenkandidat bei den Landtagswahlen am 27. Februar 2000 in Schleswig-Holstein es doch noch geschafft hatte, wenn auch knapp, zum stellvertretenden Fraktionsvorsitzenden gewählt zu werden. Rühe sah sich als den kommenden Mann. Wäre der Wechsel nicht so spontan gekommen, hätte er vielleicht auch nach dem Fraktionsvorsitz gegriffen, den er schon früher von Schäuble hatte erben wollen. Tatsächlich machte er sich im Februar 2000 noch Hoffnungen auf den Parteivorsitz und galt als möglicher Anwärter auf die Kanzlerkandidatur 2002.

Heike Göbel hatte in ihrem Porträt zur Merz' Wahl mit dem Satz geendet: »Mit Merz als Oppositionsführer könnte es für die rot-grüne Koalition leichter werden, zu Kompromissen zu kommen.« Tatsächlich entwickelte sich das erste Jahr der Doppelspitze Merz-Merkel dann ganz anders und führte zu einer ersten großen Niederlage des ungleichen Duos – und damit auch zu einem schmerzhaften Tiefpunkt für Merz.

Merz hatte sich in seiner neuen Rolle die Zuständigkeit für Europa gesichert, um in großen Debatten direkt auf den sozialdemokratischen Kanzler Gerhard Schröder zu antworten. Doch ausgerechnet sein angestammtes Themenfeld der Steuer- und Finanzpolitik bestimmte diese ersten Monate seiner Amtszeit als Fraktionschef. Der Finanzminister der rot-grünen Regierung war nun der ehemalige hessische Ministerpräsident Hans Eichel. Er ging deutlich pragmatischer vor als sein Vorgänger Oskar Lafontaine. Während Merz in dem roten Saarländer ein passendes Gegenüber im Parlament fand, den er mit reichlich spitzen Formulierungen ärgern konnte, funktionierte dies beim bodenständigeren Eichel nicht mehr. Auch seine finanzpolitischen Vorstellungen waren zumindest in der Zielrichtung nicht mehr so fern von denen der Union und von Merz.

Im Ergebnis brachte die rot-grüne Steuerreform, die im Mai 2000 verabschiedet wurde, erhebliche Entlastungen für Unternehmen und auch private Haushalte sowie eine Liberalisierung des Aktienhandels. Sie wurde als größte Steuerreform der Geschichte bezeichnet, Kritiker nannten sie »neoliberal«. Für Schröder und seine Regierung passte sie in das erklärte Selbstverständnis von einer neuen Sozialdemokratie, die sich – wenn man so will – entideologisierte und wirtschaftsfreundlich zeigte. Der *SPIEGEL* widmete gleich zwei Titelgeschichten der rot-grünen Großtat. Auf dem einen Cover wurde der »Kanzler der Bosse« als strahlender Baumeister einer strahlenden Zukunft gezeigt und die Union der Blockade verdächtigt. Das zweite Cover spricht noch direkter den Nutzen der Reform an und titelt: »Wer kriegt was?«

Es war die letzte Sitzung des Bundesrates in Bonn vor dem Umzug nach Berlin, in der die Steuerreform von der Länderkammer gebilligt wurde. Obwohl CDU und CSU eigentlich eine Mehrheit zum Stopp des Gesetzesvorhabens im Bundesrat hatten, wurde das Reformpaket doch verabschiedet. Grund war, dass mehrere CDU-geführte Landesregierungen aus der Riege ausscherten und so den Weg für Eichels Steuergesetz frei machten. Das Unions-Führungstrio Merz–Merkel–Stoiber habe zu hoch gepokert, hieß es. Von Führungskrise war schnell die Rede. Dass sich die Länder Bremen, Brandenburg und Berlin die Zustimmung sozusagen bezahlen ließen, spielte dann nur noch eine Nebenrolle. Der *SPIEGEL* kommentierte den Schröder-Triumph mit einem bemerkenswerten Satz, der die Stimmung im Regierungslager jener Tage besonders gut wiedergibt. »Was zählt, ist weder Kohl'scher Stillstand noch Lafontaine'scher Klassenkampf, sondern endgültig das – auch international konkurrenzfähige – Primat des Pragmatismus.«

Für Merz war die rot-grüne Steuerreform eine dreifache Niederlage. Zum einen hatte die Regierung auf seinem ureigenen Terrain gepunktet und auch noch mit einem Aufschlag, nämlich Steuersenkungen, den er gewiss lieber für sich reklamiert hätte. Zum zweiten beschädigte die Niederlage seine Autorität als noch junger Fraktionschef und auch den Glauben an sein strategisches Geschick. Vor allem im Umfeld von Kohl, der noch immer im Parlament saß, wurde nun gegen ihn gestänkert. »Wer sich aus dem Fenster lehnt, kann auch herausfallen«, ließ sich Ex-Kanzlersprecher Friedhelm Ost zitieren. Und schließlich beschädigte diese Niederlage die ganze strategische Aufstellung der Partei. »Wir sind mit unserem Bemühen um einen Neuanfang zurückgeworfen«, kommentierte es Merz selbst. Im Rückblick ist es die »Konsensstrategie« (Bollmann) von Schröder, auf die der Kanzler in der zweiten Hälfte der Legislaturperiode umschaltete, die die CDU bei diesem Thema und auch bei folgenden anderen Projekten in eine Dilemmasituation brachte. Merz besondere Fähigkeit, Unterschiede herauszuarbeiten und pointiert das Eigene zu erklären, wurde so von Rot-Grün unterlaufen. Ein Politikstil, den Angela Merkel später zur Perfektion trieb.

In diesem Rückschlag allerdings gab es einen Trost für Merz: Die neue Parteivorsitzende Angela Merkel saß mit ihm im selben Boot. Sie hatte sich seiner Blockadehaltung angeschlossen und war nun, auch zusammen mit Stoiber, gescheitert. Im Gesprächsbuch »Mein Weg« aus dem Jahr 2004 mit dem Journalisten Hugo Müller-Vogg sagte Merkel mit Blick auf Merz: »Keiner von uns wollte das Weichei sein.« Beide hatten von sich selbst abverlangt, eine harte Oppositionsarbeit hinzulegen, auch wenn dies in der Sache schwer zu argumentieren war. Deswegen seien andere »Mitspieler etwas aus dem Blick geraten«, erklärt sie im Rückblick. Gemeint sind die Länderchefs, bei denen sie und Merz hätten ahnen müssen, dass sie mit finanziellen Geschenken zur Zustimmung gebracht werden könnten. Von einem reinen Showkampf im Bundestag konnten die sich nichts kaufen. Sie habe sich dann auch nicht von den Parteifreunden »hereingelegt gefühlt«, so Merkel. Vielmehr habe sie gedacht: »Warum warst du so naiv?«

In jedem Fall war das Debakel um die Steuerreform für beide eine Lehre und es nährte auch die Skepsis dem jeweils anderen gegenüber. Der Politologe Frank Bösch sieht hier den Keim des Zerwürfnisses. Das Verhältnis der beiden »blieb abgekühlt«, schreibt er. Auch in der offenen Kanzlerkandidatenfrage umkreisten sie sich. Vor allem im politischen Stil unterschieden sie sich zunehmend. »Während Angela Merkel moderiert, provoziert Friedrich Merz«, schrieb der Politologe und CDU-Kenner Gerd Langguth schon 2001, als der endgültige Bruch noch nicht besiegelt war.

Wann genau eigentlich zerbricht das von Schäuble erschaffene Duo Merz–Merkel, bis es zur Scheidung 2002 kommt? Wann sind zuvor schon die Haarrisse sichtbar oder tun sich auch schon Gräben auf, die zuvor nicht zu erahnen waren? Und wo sind inhaltliche Differenzen und wo machtpolitische Opportunitäten, die diese beiden Nachwuchstalente auseinanderbringen? Zumindest ist die Bruchlinie keineswegs so simpel, wie sie manchem im Rückblick erscheinen mag. Merkel und Merz konnten sich auch noch nützlich sein, das wird sich immer wieder zeigen, aber die Distanz wurde vorherrschend.

Was ist konservativ? Der Leitkulturkampf

Am 11. Oktober 2000 trat Friedrich Merz zusammen mit seinem Stellvertreter Michael Glos von der CSU vor die Presse. In Berlin war parlamentarische Sitzungswoche, die mündlichen Aufsager vor der Fraktionssitzungen gegenüber Journalisten sind eigentlich ein Routinetermin. Angekündigt war lediglich, dass Merz und Glos eine »Halbzeitbilanz« der Regierung Schröder ziehen würden. In den Akten der Fraktion finden sich nach erster Durchsicht keine großen strategischen Vorüberlegungen oder Redemanuskripte für diesen Tag. In der *tagesschau* am Abend und in den meisten Tageszeitungen am nächsten Tag tauchen Merz' Äußerungen noch gar nicht auf.

Doch die Ruhe hält nicht lange an, die Aussagen von Merz schlagen Wellen, das politische Berlin hat ein neues Thema – und einen neuen Begriff: »die deutsche Leitkultur«. Der Begriff ist seit diesem Tag so bekannt wie umstritten und Teil des allgemeinen deutschen Politikvokabulars geworden. Und er wird fortan unauflöslich mit der Person Friedrich Merz in Verbindung stehen, obwohl er gar nicht seine Erfindung ist. Leitkultur und Merz – an diesem Tag entsteht einer der Merz-Mythen, die schnell ein Eigenleben entwickeln und für den Urheber nicht mehr beherrschbar sind.

Eine »Lösung der Probleme im Bereich der Zuwanderung« sei »überfällig«, zitiert der Journalist Axel Vornbäumen von der *Frankfurter Rundschau* Friedrich Merz. Es sei »unerträglich«, dass Asylverfahren gegenwärtig bis zu fünf oder sechs Jahre dauerten, die Verfahren müssten »nachhaltig verkürzt« werden, heißt es in dem Bericht des Journalisten am nächsten Tag. Es gehe darum, »dass die Ausländer bereit sind, sich einer deutschen Leitkultur anzunehmen«.

Der *Deutsche Depeschendienst* (ddp) gibt den Unionsfraktionschef auch wieder mit der Aussage: Deutsche müssten mehr Toleranz gegenüber Ausländern zeigen. Die *SZ* zitiert ihn wiederum mit der Formulierung: Zuwanderer müssten sich »einer gewachsenen, freiheitlichen deutschen Leitkultur« anpassen. Was genau gesagt wurde, lässt sich kaum mehr rekonstruieren. Und die Feinheiten gehen sowieso in dem dann kommenden Debattentrubel im Oktober 2000 schnell unter.

Merz sagt laut FR-Berichterstattung noch: Das Thema Ausländer werde »wichtiger, als es bisher war«. Kaum vorstellbar, dass ihm damals klar war, in welcher Dimension er recht behalten würde. Im Wahlkampf 2025, ein Vierteljahrhundert später, steht das Thema unter dem Begriff der Migration, ob man will oder nicht, wieder weit oben auf der Agenda. Merz ist wieder dabei, der Begriff der Leitkultur steht inzwischen im Grundsatzprogramm der CDU.

Die Leitkulturdebatte im Jahr 2000 hatte für Merz unterschiedliche Aspekte und auch Risiken. Zwar gab es eine gewisse Sehnsucht danach, dass nach der Verschärfung des Asylrechts 1992 mit einem überparteilichen Konsens nun Ruhe einkehren würde, doch lagen die Themen Integration, legale Zuwanderung und Einwanderungsgesellschaft noch unbearbeitet im politischen Feld. Kanzler Schröder wandte seine Konsensstrategie an. Er ließ von seinem Innenminister Otto Schily (SPD) die Unabhängige Kommission Zuwanderung einberufen. Der Coup war, dass er an die Spitze des Beratungsgremiums die CDU-Politikerin und allseits geachtete frühere Bundestagspräsidentin Rita Süssmuth setzte. Somit sollte die Debatte der parteipolitischen Auseinandersetzung entzogen werden.

Einerseits wollten Merz, aber auch Parteichefin Angela Merkel sich bei so einem wichtigen Thema nicht quasi mundtot machen lassen und zu Zuschauern degradiert werden. Merkel bat den saarländischen Ministerpräsidenten Peter Müller, eine Arbeitsgruppe einzurichten, die ein CDU-eigenes Zuwanderungskonzept vorlegen sollte. Andererseits war die Gefahr der Eskalation und das Potenzial groß, dass die CDU in die ausländerfeindliche und rechte Ecke gestellt würde.

Wie sensibel das Thema war, wie Zuspitzungen in den eigenen Unionsreihen nicht mehr vorbehaltlos akzeptiert wurden, hatte sich schon früher gezeigt. Schäuble und Stoiber hatten Ende 1998 eine Unterschriftenaktion gegen die von der rot-grünen Bundesregierung eingeleiteten Reform des deutschen Staatsbürgerschaftsrechts gestartet, die unter dem Slogan »Ja zur Integration, Nein zur doppelten Staatsangehörigkeit« firmierte. Sie wurde vor allem deswegen relevant, weil der hessische Ministerpräsident Roland Koch sie in seinem Landtagswahlkampf Anfang 1999 massiv einsetzte, damit die Stimmung drehte, und die Wahl gewann.

Die damalige CDU-Generalsekretärin Merkel war zunächst empört, so eine Polarisierung war nicht ihr Stil, das wurde allen Beteiligten deutlich. Und Angela Merkel hatte damals inhaltliche Unterstützung unter den Älteren wie Bernhard Vogel und Rita Süssmuth und auch unter Jüngeren wie Norbert Röttgen, Peter Altmaier und Peter Müller. Es begannen sich schon jene Netzwerke um Merkel zu bilden, die ihr später wichtig werden sollten. Doch mit Parteichef Schäuble konnte sie sich auch als seine Generalsekretärin zu dem Zeitpunkt in der Sache nicht anlegen. Roland Koch, der immer mehr zu ihrem Gegenspieler wurde, war durch die gewonnene Wahl gestärkt. Merkel drehte zunächst bei, lobte in den Gremien sogar den Erfolg der Kampagne. Doch inhaltlich blieb eine Dissonanz. Merz stand hierbei – vielleicht das erste Mal in dieser Deutlichkeit – inhaltlich konträr zu Merkel und sollte es insbesondere bei diesem Thema im Kern bis heute bleiben.

Friedrich Merz betrat also mit seiner migrationspolitischen Ansage an diesem Dienstag im Oktober 2000 nicht nur inhaltlich neues Terrain, nachdem er bislang nur als Finanzpolitiker bekannt gewesen war. Er wagte sich mit einem Sachverhalt vor, der insgesamt besonders heikel war und unter besonderer Beobachtung stand. Auch innerparteilich war die Gefahr groß, durch die Leitkulturdebatte eher an den Rand gedrückt zu werden, anstatt eine Machtbasis auszubauen. Große Teile der CDU wollten sich endlich von dem Klischee der Ausländerfeindlichkeit lösen und die Tatsache der Einwanderungsgesellschaft nicht länger tabuisieren, wie das unter Kohl teilweise noch geschehen war. Es gab viele, die der allgemeinen und von Schröder genutzten »postideologischen Stimmung« auch selbst anhingen.

Merz war anders, er wollte zuspitzen, das war seine Neigung und sein Talent. Auch er hatte schon damals Anhänger in der Union, die ähnlich tickten, doch andere in der Partei sollten in den kommenden Jahren tonangebend werden. Er hielt die kontroverse Auseinandersetzung auch für die bessere demokratische Tugend, doch der Zeitgeist stand gegen ihn. Im Oktober 2000 zeichnete sich dies ab – der gemäßigtere Ton setzte sich, bis auf wenige Ausnahmen, nach und nach als neues christdemokratisches Markenzeichen durch. Merkel lernte schnell und adaptierte diese Stimmung für sich. Später konnte sie sogar den Leitkulturbegriff aufgreifen, da hatte sie nichts mehr zu befürchten.

Der Begriff der Leitkultur kam an diesem Dienstag nicht aus heiterem Himmel, vielmehr lag er in der Luft. Der Islamwissenschaftler Bassam Tibi hatte ihn als »europäische Leitkultur« erstmals verwendet und als Notwendigkeit formuliert, um in den Einwanderungsgesellschaften einen »europäischen Islam« jenseits von autoritären und terroristischen Tendenzen zu etablieren.1996 hatte er in der Beilage »Aus Politik und Zeitgeschichte« der Wochenzeitung *Das Parlament* seinen Beitrag mit dem Titel »Multikultureller Werte-Relativismus und Werte-Verlust« veröffentlicht. In seinem 1998 erschienenen Buch *Europa ohne Identität? Die Krise der multikulturellen Gesellschaft* heißt es: »Die Werte für die erwünschte Leitkultur müssen der kulturellen Moderne entspringen, und sie heißen: Demokratie, Laizismus, Aufklärung, Menschenrechte und Zivilgesellschaft.«

Der bayerische Ministerpräsident war es dann, der den Begriff für das Bierzelt tauglich machte. Beim politischen Aschermittwoch der CSU in Passau Anfang 2000 hatte Edmund Stoiber schon eine Leitkultur angemahnt. »Wir sind letztlich ein Land, das geprägt ist von der abendländisch-christlichen Kultur. Diese Kultur ist sozusagen die Leitkultur in unserem Lande«, so sagte er, die dürfe nicht in einem »Mischmasch« aufgehen. Das war nun schon deutlich mehr im Geiste eines Kulturkampfes, als es Bassam Tibi beschrieben hatte. Doch Stoibers Verwendung löst keine Empörung aus. »Was Stoiber am größten Stammtisch Deutschlands ohne auffälligen Widerspruch sagen konnte, wurde bei Merz nicht akzeptiert«, schreibt Gerd Langguth. Merz hatte allerdings eben auch von »deutscher Leitkultur« gesprochen, und das auch nicht im bayerischen Bierzelt, sondern im politischen Berlin.

Den Begriff der »deutschen Leitkultur« hat Friedrich Merz allerdings auch nicht selbst erfunden, sondern er geht auf den früheren Bundeswehrgeneral und CDU-Politiker Jörg Schönbohm zurück. Er hatte ihn in einem Beitrag am 22. Juni 1998 in der *Berliner Zeitung* erstmals öffentlich verwendet und später auch immer wieder in die Debatte einfließen lassen. Am 26. August 2000, also wenige Wochen vor der Leitkultur-Pressekonferenz von Merz, hatte der Journalist Uwe Rada der *taz* Schönbohms Karriere als die eines »politischen Brandstifters« beschrieben. Die Forderung nach einer »deutschen Leitkultur« galt Rada als eindeutiger Schwenk in Richtung rechts außen.

Schönbohm hatte laut Rada formuliert: »Integration wird umso schwieriger, je höher der Anteil der Ausländer ist. So können bei schnell steigenden Ausländerzahlen Bedrohungs- und Überfremdungsängste wachsen.« Für den *taz*-Autor ein Beispiel eines »unseligen Nationalismus«. Der ehemalige Berliner Innensenator Schönbohm sei kein Politiker, »der a priori zum rechten Rand der CDU« gehöre, aber sein Sprachgebrauch zeige eine Enttabuisierung. Schon habe sich in Berlin die »Union 2000« um Schönbohm gebildet, die solche gefährlichen Thesen vertrete.

Der Begriff der Leitkultur war in Mode, nicht nur von linker Seite wurde er zur Polemik genutzt, auch unter Intellektuellen war er im Gebrauch. Am 16. September 2000 hat der Journalist Christian Geyer in der *FAZ* eine Würdigung des allseits geachteten Rechtsphilosophen und ehemaligen Verfassungsrichters Ernst-Wolfgang Böckenförde veröffentlicht. »Die destruktiven Potentiale einer pluralistischen Gesellschaftsordnung klar vor Augen sucht Böckenförde immer wieder nach haltgebenden Kräften, ohne im Eifer des Ordnungsgefechts der Idee des ›sittlichen Staates‹ zu verfallen.« Auch bei Böckenförde läuft es auf den Begriff der Leitkultur hinaus. Geyer referiert, die Zielperspektive einer relativ homogenen Gesellschaft werde bei Böckenförde nie ganz ausgeleuchtet, aber es gehörten Vorstellungen dazu, zu denen »die Idee einer Leitkultur« gehöre und auch die einer »ethnischen Integration«. Das ist in akademischer Sprache ausgedrückt, was vielleicht auch Merz umgetrieben hat und er in den politischen Alltag übersetzen wollte.

Für Donnerstag, den 12. Oktober 2000, hatten sich die Fraktionen im Deutschen Bundestag auf eine ungewöhnliche Debatte verabredet, die scheinbar gar nicht oder gerade doch zu dem Leitkultur-Statement von Merz vom Dienstag passte: »Jüdisches Leben in Deutschland unterstützen – Anschläge auf Synagogen in Deutschland ächten.« Merz sprach als zweiter Redner und als einziger Fraktionsvorsitzender. Er begann mit einem Verweis auf die jüdische Religionsphilosophin Hannah Arendt. Sie habe, so referiert Merz, im

Deutschland der Nachkriegszeit eine »Flucht aus der Wirklichkeit« wahrgenommen und sich gefragt, wie in dem Land der Täter »jemals wieder ein wirklicher politischer Raum der Freiheit entstehen, wie jemals wieder ein Leben von Juden in Deutschland möglich sein könne«.

In Deutschland hätten aber nun 50 Jahre später wieder Mitbürger jüdischen Glaubens eine Heimat gefunden. Es sei ein Glücksfall, dass es wieder jüdische Gemeinden in Deutschland gebe, und das Vertrauen, das die jüdische Gemeinschaft in Deutschland setze, dürfe »nicht enttäuscht« werden. Merz erhielt viel Zuspruch für diese Rede. Das Wort Leitkultur verwendet er nicht.

Es ist der Grünen-Politiker Cem Özdemir, der – erstmals überhaupt in einer Bundestagsdebatte – den Begriff der Leitkultur verwendet, freilich hier kritisch und gegen Merz gerichtet. »Die Politik muss aufhören, von einem Wir und einem Ihr zu sprechen«, so der spätere Landwirtschaftsminister. »Wer in dieser Republik lebt und wer sich zu den Werten unseres Grundgesetzes bekennt, der gehört zu dieser Gesellschaft«, erklärt Özdemir an diesem Donnerstag im Oktober 2000.

Direkt an Merz gewandt sagt Özdemir, am Applaus habe dieser schon merken können, dass das, was er heute gesagt habe, von allen geteilt werde. »Aber ich möchte Sie schon fragen, was denn die ›deutsche Leitkultur‹ ist, die Sie jüngst wieder bemüht haben.« Wenn man suggeriere, dass es die eine Leitkultur gebe, dürfe man sich nicht wundern, wenn sich die Falschen darauf bezögen. Er forderte Merz auf, »mit dem Zündeln aufzuhören«. Dazu gehöre auch, wenn man etwa von »Überfremdung« spreche.

Doch auch für Özdemir bleibt der Begriff Leitkultur so schön griffig und passend für einen bildreichen Redebeitrag, dass er selbst darauf zurückkommt und eine eigene Definition, wenn auch eine ironische, abliefert. »Deutsche Leitkultur ist im Jahr 2000 auch Currywurst, Döner, koscheres Essen, gefilte Fisch«, erklärt Özdemir. Wie umstritten der Begriff in Merz' eigener Fraktion noch ist, zeigt auch ein Detail, der Zwischenruf des Sozialpolitikers und späteren Familienstaatssekretärs Hermann Kues (CDU). Auf die rhetorische Frage von Özdemir, was denn die Leitkultur sei, ruft er in den Saal hinein: »Das Grundgesetz.« Das war eine Botschaft an seinen Fraktionsvorsitzenden, der mit dem Begriff ja gerade Aspekte der Integration, die jenseits eines gesetzlichen Rahmens liegen, thematisieren wollte.

Der politische Herbst des Jahres 2000 hatte sein Thema. Die Leitkultur wurde in allen Medien breit debattiert. Der politische Aufschlag wurde auch in Zusammenhang gesetzt mit dem NPD-Verbotsverfahren, das die Union in Teilen unterstützte. Vor allem die Grünen gingen nun auf Merz los. Es sei ein »Feuerwerk des Rassismus zu befürchten«, zitiert die *FAZ* den rechtspolitischen Sprecher der grünen Bundestagfraktion, Volker Beck. »Mit dem Gefasel von der deutschen Leitkultur« habe Merz »die ersten Raketen« gezündet. Besonders polemisch ging der Journalist Christian Bommarius in der *Berliner Zeitung* auf Merz los. Als »Heuchler« bezeichnet er Politiker wie Merz. Seine Ankündigungen seien wie die Drohungen eines Feuerwehrmannes, der einen Brand mit Öl bekämpfen wolle.

Merz verteidigte sich in mehreren Interviews. »Leitbild für Integration ist dieser Verfassungsstaat, ist die deutsche Kultur im weitesten Sinne«, so beschreibt er in der *Frankfurter Allgemeinen Sonntagszeitung* seine Vorstellungen. Es gehe darum, Parallelgesellschaften zu verhindern und auch Anforderungen an Zuwanderer zu stellen. Zugleich wehrte er sich dagegen, in eine ausländerfeindliche Ecke gestellt zu werden. Einwanderung sei durchaus notwendig. »Zuwanderung kann nicht nur Belastung, sondern auch Bereicherung für das Aufnahmeland sein.« Der Unions-Fraktionsvorsitzende mahnte, die Debatte um Integration und Zuwanderung müsse in der Mitte diskutiert werden, damit sie nicht von Radikalen ausgenutzt würde. Es gehe nicht um kurzfristige Stimmungslagen oder Provokation, sondern darum, die Sorgen und Nöte der Menschen zu beherzigen und Lösungen anzubieten. Schließlich erklärte er, es wäre gut, das Problem vor der nächsten Bundestagswahl zu lösen.

Die inhaltliche Debatte im Jahr 2000 ähnelt in verblüffender Weise der von heute. Es geht um die Begrenzung von Asylmigration, es geht um die Ermöglichung von legaler Migration. Schon damals wurde debattiert, ob Zuwanderung die demografische Lücke schließen könne. Und schließlich waren schon damals die Integrationsprobleme präsent, die sich heute noch schärfer zeigen. Damals wie heute ging es um eine Art Vollzugsdefizit der Politik. Damals wie heute ging es auch darum, wie offen und wie deutlich die Probleme angesprochen werden und inwieweit radikale Parteien von der Lücke, die die anderen lassen, profitieren. Tatsächlich sollte Kanzler Gerhard Schröder mit seinem umfassenden Zuwanderungsgesetz, das er 2001 vorlegte, der Opposition wieder den Wind aus den Segeln nehmen. Die Union lehnte es ab. Nach der Bundestagswahl 2002 konnte die wiedergewählte rot-grüne Regierung jedoch das Gesetz, das das alte Ausländerrecht ablöste, 2005 in Kraft setzen. Die neue Merkel-Regierung nach 2005 profitierte davon. Doch viele Probleme wurden damit noch nicht gelöst.

Merkel war von dem Vorstoß von Friedrich Merz zunächst überrascht. Es war wieder vor allem der unterschiedliche Stil, die unterschiedliche Tonlage, die beide trennten. »Es schien zunächst so, als wollte sie durch ihr anfängliches Schweigen eine Distanzierung zum Ausdruck bringen«, so Gerd Langguth. Dies führte aber erst recht dazu, dass sich die Stimmung in der Unionsfraktion zugunsten von Merz wendete. Merkel akzeptierte schließlich den Begriff der Leitkultur. Aus ihrer Sicht hatte er nur Streit und fruchtlose Debatten angezettelt, obwohl sich ein gesellschaftlicher Konsens doch anbahnte. Die Parteivorsitzende verteidigte den Fraktionsvorsitzenden. Doch ihr Duktus wahrte zugleich Distanz. Die *WELT* zitierte sie damals mit den Worten: »Die Politik muss die Sorgen, Ängste und Probleme der Menschen ernst nehmen. Dabei kommt es darauf an, dass man verantwortungsbewusst über Themen spricht und nicht auf dem Rücken von Minderheiten Probleme diskutiert.« Man dürfe sich aber auch von der Regierung das Debattieren nicht verbieten lassen.

Tatsächlich gab es in der Sache kaum wahrnehmbare, explizit formulierte Differenzen. Auf einer Klausurtagung der Fraktion im Juni 2000 hatte man sich schon mit der Zuwanderungsfrage beschäftigt. In dem damaligen Beschluss hieß es: »Keine Gesellschaft kann unbegrenzte Zuwanderung verkraften, will sie nicht ihre innere Stabilität und Identität aufs Spiel setzen.« Dem hatte auch Merkel zugestimmt. Jahre später sagt sie gegenüber Hugo Müller-Vogg: »Ich habe mich mit dem Begriff Leitkultur schwergetan, weil er missverständlich sein kann und Politik Missverständnisse tunlichst vermeiden soll.«

Bassam Tibi selbst, der sich im weiteren Verlauf immer wieder abwägend mit der Frage beschäftigt, verteidigt im Dezember 2000 seinen Begriff der Leitkultur und geht seine Kritiker durchaus scharf an. »Meine Schriften über den Islam werden nicht nur von Islamisten, sondern auch von Europäern mit schwach ausgeprägtem Zivilisationsbewusstsein verfemt, deren Wertebeliebigkeit sie jeden Einsatz für eine Leitkultur als ›umstritten‹ abqualifizieren lässt.«

Mit dem Leitkulturbegriff war die Debatte endgültig eröffnet, wie das konservative Profil der Union in Zukunft aussehen sollte – und wie weit nach rechts es reichen sollte. Und Friedrich Merz war immer ein Teil dieser Auseinandersetzung – manchmal als konservative Symbolfigur, manchmal aber auch als einer, der die Abgrenzung nach rechts außen unterstützte.

»Wider die braune Jauche«: Die Rechte in der Union

Martin Hohmann steht mit seiner Person und Biografie für die nachlassende Integrationskraft der CDU/CSU am rechten Rand. Das Diktum von Franz Josef Strauß, wonach rechts von der Union nur noch die Mauer sei, verlor zur Jahrtausendwende immer mehr seine Gültigkeit. Die Neusortierung der rechtskonservativen Anteile innerhalb der CDU hat mit Geschichtspolitik und mit Begriffsbildung zu tun. Die jüngere Generation innerhalb der Partei der Nach-Kohl-Ära wollte sich zwar noch als »rechts« und »konservativ« bezeichnen lassen, doch unterschieden sie sich von der Vorgeneration in Wortwahl und Position teilweise deutlich.

Die Affäre um den hessischen CDU-Bundestagsabgeordneten Martin Hohmann nahm 2003 ihr vorläufiges Ende mit seinem Ausschluss aus der Unionsfraktion und der CDU. Doch die Geschichte reicht mindestens vier Jahre zurück. Am 25. Juni 1999 wurde im Bundestag über die Planung eines zentralen Holocaust-Mahnmals in Berlins Mitte debattiert. Es gab grundsätzliche Bedenken und unterschiedliche Auffassungen bei der Gestaltung. Die Rede Hohmanns dokumentiert eine Denkungsart, die heute in dieser Weise in der Union nicht mehr zu finden ist, und sie ist damit Zeugnis eines Wandels, was als »rechts« und was als »rechtsextrem« empfunden und bezeichnet wird.

Nach einem etwas skurrilen Vergleich mit der Situation im Balkankrieg der Gegenwart fragt Hohmann rhetorisch: »Ist unsere Vergegenwärtigung der zwölf NS-Jahre nicht ein Stück weit folgenloses Moralisieren gewesen?« Nach dem »riesigen Verbrechen« sollten sich die Deutschen jetzt »resozialisiert« fühlen, erklärt der CDU-Abgeordnete. Das Mahnmal wäre ein »monumentaler Ausdruck der Unfähigkeit, uns selbst zu verzeihen« und weiter, es sei ein »Kainsmal« und »Ausdruck der Selbstächtung«. So wie er würde eine »schweigende Mehrheit« denken. Das Protokoll verzeichnet »Beifall bei Abgeordneten der CDU/CSU«.

Der Bundestag beschloss schließlich nach jahrelangem Hin und Her die Errichtung des Mahnmals mit einer Mehrheit von 312 gegen 207 Stimmen. Zustimmung und Ablehnung gab es quer durch alle Fraktionen. Merz und Merkel stimmten für das Holocaust-Mahnmal, Hohmann und andere aus der Union dagegen. Nach Hohmann sprach der CDU-Abgeordnete Eckart von Klaeden, einer der Jüngeren, der für Aufbruch stand: Die Deportationen hätten aus der Mitte unserer Gesellschaft stattgefunden, deswegen müssten auch die Mahnmale in der Mitte unserer Städte stehen. Er bekam Beifall aus der Union, aber auch von SPD und Grünen.

Merz hatte 2000 die Leitkulturdebatte angestoßen, sie sollte Integrationsprobleme von Zugewanderten in den Blick nehmen und einen Konsens des Zusammenlebens definieren. Dabei diente der Begriff auch als Hebel in der politischen Mitte, denn Leitkultur war zwar der Gegenbegriff zu Multikulti, bezeichnete aber nicht die Ablehnung von Einwanderung generell. Es zeigte sich immer mehr, dass für die Union und die Parteienlandschaft insgesamt viel mehr auf dem Spiel stand. Es begann sich die große politische Frage zu entwickeln, wo die Grenzen zwischen »konservativ«, »rechts« und »rechtsextrem« zu ziehen wären. Schon in der bereits erwähnten Rede zu jüdischem Leben in Deutschland spricht Merz im Herbst 2000 das Thema Rechtsextremismus an.

Merz zeigte sich dabei skeptisch gegenüber einem Parteiverbot der NPD, die in einige Landtage eingezogen war und deren Bekämpfung nun auf der Agenda stand. Ein solches Verbot müsse gründlich geprüft werden, denn Fehleinschätzungen könnten zu »fatalen Konsequenzen« führen. Ein Scheitern eines Verbots beim Bundesverfassungsgericht würde die Rechtsextremen nur stärken. Zudem sei diese Prüfung Aufgabe der Regierung, nicht des Parlaments. Merz' Rede aus dem Jahr 2000 liest sich wie ein Kommentar zur AfD-Verbotsdebatte im Jahr 2024.

Noch deutlicher wurde Merz in seiner Kampfansage gegen den Außenrand des politischen Spektrums. »Antisemitismus, Rassismus und Fremdenhass bilden oft einen Zusammenhang im Denken und Handeln, vor allem von Rechtsextremisten«, erklärte er, deswegen sei dem Vorsitzenden des Zentralrats der Juden in Deutschland, damals Paul Spiegel, zuzustimmen. Merz zitierte ihn in seiner Bundestagsrede wörtlich: »Es müssen überzeugende Zeichen gegeben werden, dass die Mehrheit der Gesellschaft Schulter an Schulter steht mit den jüdischen Gemeinden im Kampf gegen Rechtsextremismus.« Merz bekannte sich zudem zu einer offensiven historischen Aufklärungsarbeit, die Erinnerung an den Holocaust dürfe nicht verblassen, so Merz. »Es ist wichtig, geistigen Entwurzelungen durch geistige Orientierung zu begegnen.«

Doch nicht alle in seiner Fraktion denken bzw. reden wie er. Es wird nicht immer öffentlich, aber es rumort in der CDU. Konservative alten Schlags fremdeln mit dem neuen Duktus. In der Debatte um die Leitkultur bekommt Merz zwar Unterstützung von der »rechten« Seite, doch unklar ist noch, wie viel ihm gerade diese Rückendeckung helfen wird. Als der gerade noch von Merz gelobte Paul Spiegel bei einer Kundgebung zum 9. November 2000 angesichts von Überfällen und Anschlägen den Merz'schen Begriff kritisierte, stellt sich ausgerechnet Martin Hohmann schützend vor seinen Fraktionsvorsitzenden.

Spiegel hatte formuliert: »Ist es etwa deutsche Leitkultur, Fremde zu jagen, Synagogen anzuzünden, Obdachlose zu töten?« Martin Hohmann bezeichnete Spiegels Äußerung daraufhin als eine »schlimme Entgleisung« und eine »unangemessene und bösartige Unterstellung«. Mehr noch, er nutzte die Kontroverse, um seinerseits den Konflikt zu schüren. Die *Berliner Zeitung* zitiert ihn mit der Entgegnung, Spiegel müsse sich überlegen, ob er »das Klima zwischen den Juden und Nichtjuden in Deutschland nicht nachhaltig schädige«. Außerdem brachte Hohmann den Vorgang in einen Zusammenhang mit der Politik Israels, Spiegel sei ja auch nicht verantwortlich für »Racheakte der israelischen Armee« an unschuldigen Frauen.

Auch bei einer anderen Debatte war Martin Hohmann schon unangenehm aufgefallen. Er war zunächst Berichterstatter der CDU/CSU-Bundestagsfraktion für das Thema Zwangsarbeiterentschädigung. Schon bei der Expertenanhörung war es zu einer Auseinandersetzung mit der Jewish Claims Conference gekommen. Am 30. Mai 2001 wurde das Thema schließlich im Bundestag debattiert. Als Berichterstatter war Hohmann da schon abgesetzt. Doch stellte er im Plenum seine Sicht dar. Alle wüssten, welch unsägliches Leid jüdischen Menschen durch Deutsche beigebracht worden sei, erklärte Hohmann. »Aber dieses gute Argument braucht kein wahrheitswidriges Übertreiben und kein übermäßiges Moralisieren«, führte er weiter aus. Auch das Leid und die Menschenrechte deutscher Zwangsarbeiter dürfe man nicht »schweigend übergehen«. Besonderen Anstoß erregten Hohmanns verschwurbelte Überlegungen zu einer Art »Erpressung« der Deutschen durch die Amerikaner und in Amerika angesiedelte jüdische Organisationen. »Das ist voll daneben«, ruft der Grüne Volker Beck laut Protokoll dazwischen.

Später berichtete die *ZEIT*, dass Karl Brozik, Vertreter der Claims Concerence und selbst Überlebender des Holocaust, auf der Besuchertribüne die Rede Hohmanns verfolgt hatte. Er habe aus Verärgerung den Plenarsaal verlassen und dem Fraktionsvorsitzenden Merz einen vierseitigen Brief geschrieben. Merz habe mit einem Schreiben vom 24. Juli ausweichend geantwortet, so wird berichtet. Die Union als Ganzes vertrete eine eindeutige Position, so Merz. Und er verwies auf seine Bundestagsrede zum jüdischen Leben vom Oktober 2000. Doch eine klare Distanzierung vom »Kollegen Martin Hohmann« blieb noch aus.

Die Sensibilität für Antisemitismus war in der deutschen Öffentlichkeit noch nicht so stark ausgeprägt wie heute. Die Äußerungen Hohmanns hatten noch keine Konsequenzen. Zugleich waren aber schon diese Debatten eigentlich Aushandlungsprozesse, bei denen sich in der CDU ein Konsens durchsetzte, der konservatives Denken von revanchistischem und nationalistischem Gedankengut trennte. So ein Prozess verläuft nicht schmerzfrei. Hohmann warnte davor, alles, was nur in den Verdacht gebracht werden könne, national oder patriotisch zu sein, mit »brauner Jauche zu übergießen«. Merz und Merkel gehörten zusammen zu denen, die an der Neujustierung arbeiteten und die »braune Jauche« von der Union fernhalten wollten.

Martin Hohmann galt im Jahr 2000 (noch) nicht als Extremist, er war im Großen und Ganzen (noch) christdemokratischer Mainstream. Als im Januar 2001 Hohmann gegen den Bundesumweltminister Jürgen Trittin polterte, sein politisches Engagement sei die Vorstufe des Terrorismus gewesen, da passte das ins Bild. Im Oktober 2001 war der Wirbel schon etwas größer, als Martin Hohmann forderte, künftig das arabische »Allah« nicht mehr mit »Gott« zu übersetzen, es handele sich bei Allah »um eine von vielen altarabischen Naturgottheiten«. Die Gleichsetzung mit dem christlichen Gott sei falsch und »geeignet, die christliche Religion zu diskreditieren«. Doch neben der Katholischen Nachrichten-Agentur greifen nur wenige die Posse auf. Die *FAS* vermerkt lediglich etwas süffisant: »Sein Fraktionsvorsitzender Friedrich Merz soll wenig Freude an dieser zugespitzten Auslegung des Islam gezeigt haben.«

Zum endgültigen Eklat kommt es erst 2003, als schon Angela Merkel Fraktionsvorsitzende ist. In seinem hessischen Heimatort Neuhof hatte Martin Hohmann zum 3. Oktober 2003 eine Festrede gehalten. Es ist ein Vortrag durchsetzt mit zahlreichen rechtsnationalen Klischees. Der Sozialstaat müsse Deutsche als Deutsche privilegieren, erklärte er. Die »Mutzerstörung im nationalen Bewusstsein« beklagte er. Die nun folgende Auseinandersetzung machte sich am Begriff des »Tätervolkes« fest. Ob man nicht nur die Deutschen, sondern auch die Juden als Tätervolk bezeichnen könne, soll er gefragt haben. Das antisemitische Stereotyp des »jüdischen Bolschewismus« wurde von ihm bedient. Um den Wortlaut der Rede gibt es Auseinandersetzungen. Erst später wird der Vorfall medial aufgegriffen und diskutiert.

Angela Merkel zögerte eine Reaktion hinaus. Zunächst wird Hohmann vom Innenausschuss in den Umweltausschuss versetzt. Eine Rüge wird ausgesprochen. Schon diese Entscheidung gefiel nicht allen. Selbst liberale Mitglieder der Fraktion meinten, man solle nicht so rigoros mit einem Kollegen umgehen. Friedrich Merz soll laut Medienberichten im Parteipräsidium anderes gesprochen haben. »Hohmann ist ein Rechtsradikaler«, erklärte er knapp und bündig. Niemand widersprach. Doch es dauerte noch, bis sich diese Überzeugung durchsetzte. Norbert Lammert, Roland Koch und andere waren skeptisch, zu schärferen Schwertern zu greifen. Doch da Hohmann selbst durch eigene Medienauftritte die Lage nicht beruhigte und die Berichterstattung an Fahrt aufnahm, änderte Merkel ihre Meinung.

Martin Hohmann wurde mit 195 von 248 Stimmen, mehr als den notwendigen zwei Dritteln, aus der Fraktion ausgeschlossen. Doch es gab auch eine Anzahl von Gegnern, die sich enthielten oder nicht mit abstimmten. 2004 schloss der hessische Landesverband unter Führung von Koch Hohmann auch aus der Partei aus. Merkel habe sich später ihr Zögern zum Vorwurf gemacht, schreibt Biograf Bollmann. Erstmals sei ein Grundkonflikt »zwischen Merkel und dem konservativen Flügel« offen ausgebrochen. Doch so einfach war es nicht. Es gab viele Konservative, die durchaus einen Wandel weg von den ressentimentgeladenen Reden eines Hohmann wollten, aber wussten, dass dieser Wandel auch bis zur Basis hin durchdringen müsste.

Denn die Parteibasis kam nicht mit, dort gab es Unruhe. Es schien manch einem so, als hätte Merkel erst aufgrund der öffentlichen Meinung so hart reagiert. Ihr wurde vorgeworfen, zu stark dem medialen Druck nachzugeben, die Sachargumente fielen dann hinter solchen Stilfragen zurück. »Sie entpuppte sich für den konservativen Parteiflügel als die falsche Vorsitzende«, schreibt der Politikwissenschaftler Franz Walter. Ihr Image sei ihr wichtiger als die Förderung der »Parteigemeinschaft«, argwöhnten die Kritiker. Der Fall Hohmann im Jahr 2003 war aber in der Neujustierung der Partei eher ein unvermeidlicher Prozess, der mit Merkel noch gar nicht so viel zu tun hatte.

Zwischen Merz und Merkel gab es in der Sache hier keinen Dissens. Wenn später von Merz das Bild des konservativen Gegenspielers zu Merkel gemalt wird, dann gerät das Gemälde oft zu simpel und unterkomplex. Er gehört in seinen ersten zwei Legislaturperioden im Bundestag nicht zu jener Clique und hängt nicht jener Denkungsart an, die schon unter Kohl das Konservative unterrepräsentiert sah. Mariam Lau schreibt, Hohmann sei der Schlüsselmoment gewesen zur Schwächung des rechtskonservativen Flügels in der Union. Doch der Flügel war schon lahm, bevor Merkel ihn stutzte. Und auch unter den gewichtigeren Merkel-Kritikern war kaum einer, der den Rechtskonservativismus eines Martin Hohmann in der CDU bewahren wollte. Merz gewiss nicht. Ob das wiederum strategisch richtig oder falsch war, ist eine andere Frage. Die rechte Flanke – und damit die Lücke für eine Partei rechts der Union – wurde jedenfalls schon vor der Kanzlerschaft Merkels geöffnet. Martin Hohmann sollte dann als Abgeordneter der ersten AfD-Fraktion 2017 wieder in den Bundestag zurückkehren.

Was ist modern? Das Hase-und-Igel-Spiel

Die Suche nach einem neuen Profil der CDU in der Nach-Kohl-Ära war eine komplizierte Angelegenheit. Merz und Merkel einte zunächst das gleiche Ziel. Doch wie sollten Modernität und Erneuerung zusammengehen mit dem Anspruch nach Profil und konservativen Werten? Besonders wird das deutlich bei den Konflikten mit der katholischen Kirche, die sich in diesen Jahren häuften. Katholische Jugendarbeit und katholische Verbände waren der vorpolitische Raum, der seit den 1950er-Jahren Heimat und Rekrutierungsfeld vieler CDU-Politiker war. Helmut Kohl war von seinem Kaplan angesprochen worden, ob er, weil er so gern diskutiere, nicht mal bei der Jungen Union vorbeischauen wolle. Auch Friedrich Merz hat in einem kirchlichen Umfeld erste außerschulische Erfahrungen mit Politik und Debatte gemacht.

Das Alfred-Delp-Haus in Brilon bot zu Merz' Jugendzeit Seminare und Diskussionsrunden an. Die Themen reichten von der katholischen Soziallehre und Oswald von Nell-Breuning bis zur betrieblichen Mitbestimmung, berichten Daniel Goffart und Jutta Falke-Ischinger in ihrer Biografie. Das Publikum sei auch noch nicht so sortiert gewesen. Mädchen und Jungen seien dabei gewesen und auch Jungsozialisten und Kommunisten traf man an. Vielleicht schaute deswegen Vater Merz auch kritisch auf diesen Treffpunkt. Zeitzeugen erinnern sich an Merz' rhetorisches Talent, bei einer Rednerschulung sei er in der Lage gewesen, auch über ein Streichholz eine packende Rede zu halten.

Doch genauso wie schon Adenauer seinen antiklerikalen Affekt pflegte, blieb auch Kohl trotz seiner Freundschaft zu Kardinal Karl Lehmann skeptisch ob einer allzu großen Nähe zum Kirchlichen. Das Duo Merz-Merkel bot nun eine besondere Schwierigkeit beim Andocken ans kirchliche Milieu. Während Merkel zwar stark christlich geprägt war und einem evangelischen Pfarrhaus in der DDR entstammte, gab es bei ihr ein Fremdeln mit dem katholischen Umfeld, das doch für die rheinisch verwurzelte CDU so prägend und konstitutiv gewesen war. Merz wiederum gehörte nicht den sozial-katholischen Netzwerken an, die in den katholischen Akademien ihre Heimat hatten und sich mehr an Norbert Blüm und Heiner Geißler orientierten als an Kohl.

So fremd wie unter Merkel/Merz war also die CDU-Führung den Kirchen lange nicht. Doch waren Union und Kirche noch viel stärker aufeinander bezogen, als sich das dann mit zunehmender Entkirchlichung in der langen Kanzlerschaft Merkels entwickelte. Es gab zur Jahrtausendwende noch eine größere Relevanz der Kirchen, eine noch viel gefestigtere Kirchenmitgliedschaft und Kirchentreue in der Bevölkerung als heute, nach den dramatischen Abbrüchen der letzten 20 Jahre. Die Frage nach dem Verhältnis von Politik und Kirche war gerade durch den wachsenden Bedeutungsverlust von Religion Thema der öffentlichen Auseinandersetzung. Die CDU interessierte sich zunehmend weniger für die Inhalte bischöflicher Äußerungen, doch zugleich bemühte man sich weiterhin umeinander.

Die neue Gemengelage war spürbar, als am 22. März 2000 Kardinal Lehmann das neue »Katholische Büro«, die Hauptstadtvertretung der deutschen Bischöfe, an der Hannoverschen Straße einweihte. Der junge und dynamische Prälat Karl Jüsten verkörperte den Neuanfang, während der ausscheidende Amtsinhaber Paul Bocklet für die alte Welt der Bonner Republik stand. Jüsten sei »eine rheinische Frohnatur mit einer soliden theologischen Ausbildung«, der sich auf die »Kunst der Menschenführung« verstehe, meldete die Katholische Nachrichten-Agentur (KNA). Doch vor allem hatte er keine Berührungsängste. An der Eröffnung des Katholischen Büros nahmen unter anderem auch Bundesgesundheitsministerin Andrea Fischer (Grüne), der Fraktionsvorsitzende der Bündnisgrünen Rezzo Schlauch, der Unionsfraktionsvorsitzende Friedrich Merz, die Generalsekretärin der CDU Angela Merkel und der ehemalige Außenminister Klaus Kinkel (FDP) teil.

Friedrich Merz bemühte sich um das Christliche im Parteinamen, zu einer Neuaufstellung der CDU gehörte seiner Meinung nach eine Art »Überbau«, eine Wertorientierung, die sich zwar nicht nur an Kirchenbindung messen lasse, aber doch den Bezug zur Kirche nicht verliere. Doch diese Verknüpfung ließ sich gar nicht mehr so einfach herstellen.

Der Kölner Kardinal Joachim Meisner hatte Merz zwei »geharnischte Briefe« geschrieben, nachdem Merz einen Vortrag zu den christlichen Wurzeln der Partei gehalten hatte. Die CDU müsse auf das C im Namen verzichten, forderte der streitbare Kirchenmann laut Berichterstattung des *SPIEGEL*. Eine Partei, die Schwulen quasieheliche Rechte einräumen wolle, habe ihr Recht auf den Zusatz »christlich« verwirkt, so soll es Meisner formuliert haben. Auch Merkel hat immer wieder den Unmut des Kölner Kardinals zu spüren bekommen. Im Wahlkampf 2002 warf der aus Schlesien stammende Geistliche sogar Edmund Stoiber vor, mit der Berufung der unverheirateten Mutter Katherina Reiche in sein Kompetenzteam für das Thema Familie einen schweren Fehler gemacht zu haben.

Für Merz war das Dilemma besonders schmerzlich, weil er die Risse zwischen seiner Kirche und seiner Partei, aber auch den unterschiedlichen Milieus im Katholizismus und der Christdemokratie wahrnahm und diese Spaltung kaum zu überwinden war. Beim Thema Homosexualität hatte er im politischen Raum die konservative Position eingenommen. Das von der Schröder-Regierung im Jahr 2000 im Bundestag verabschiedete Gesetz zur Einführung der eingetragenen Lebenspartnerschaft hatte die Union abgelehnt. Die Neuregelung beabsichtige »ganz offensichtlich eine grundlegende Umwälzung gesellschaftlicher Strukturen«, hatte Merz in einem

Zeitungsbeitrag geschrieben, das widerspreche dem Grundgesetz. Unbestritten seien die gesellschaftlichen Veränderungen in der Vielfalt der Erscheinungsbilder des menschlichen Zusammenlebens, so Merz. Dennoch gebe es keinen Grund, den im Grundgesetz festgeschriebenen besonderen Rang von Ehe und Familie »auszuhöhlen«. Selbst Merkel lehnte noch als Kanzlerin offiziell lange die Homo-Ehe ab. Die konservativen Bischöfe dankten es der Union nicht.

Auf der anderen Seite eckte Merz mit seinen Vorstößen zur Migrationspolitik an. Hier hatte er nun bei seiner Forderung nach der Begrenzung des Asylrechts oder Forderungen nach der Leitkultur mit Gegenwind aus den Kirchen zu rechnen. Der Berliner Kardinal Georg Sterzinsky und auch der evangelische Berliner Bischof Wolfgang Huber griffen Merz scharf an. Die Abschaffung des individuellen Grundrechts auf Asyl wiesen sie zurück. Dies wäre ein »ethischer Dammbruch in Politik und Gesellschaft«, sagte Sterzinsky und eine »weitere Abkehr von der politischen Ethik«.

Schließlich gab es noch einen dritten Themenkomplex, bei dem die katholische Kirche in Konflikt mit der ihr einst so nahen Partei geriet. Bei Fragen der Bioethik und der Fortpflanzungsmedizin kam insbesondere hinzu, dass die Konfliktlinien auch mitten durch die CDU hindurch gingen. Der CDU-Chef in NRW, Jürgen Rüttgers, hatte sich beispielsweise in einem Papier für einen liberaleren Umgang mit der vorgeburtlichen Untersuchung von Embryonen und deren Selektion ausgesprochen. Auch in der Bundestagsfraktion waren die Meinungen bei diesem Thema gespalten. Anfang 2002 ging es um die Stammzellforschung, die immer wieder für Diskussionen sorgte. Die Bundestagsfraktion hatte Kardinal Lehmann zu ihrer Klausurtagung nach Magdeburg eingeladen. Doch Friedrich Merz konnte nicht für ein einheitliches Meinungsbild sorgen. Die Entscheidung sei keine Partei-, sondern eine Gewissensfrage, lautete das Resümee. Doch alle Beteiligten wussten, dass sich eine gewisse Distanz zueinander so fortschreiben würde. Sterzinsky sagte sogar, die Grünen stünden der Kirche in bestimmten Fragen des Lebensschutzes näher als die Union. Das war eine völlig neue Konstellation. Der gesellschaftliche Wandel ließ sich in der CDU nicht einfach mit einer »Modernisierung« einfangen, vielmehr atomisierten sich Positionierungen, Stimmungen und Konstellationen. Wollte Merz seine Position in der Fraktion festigen, musste er die Bedürfnisse der konservativen Truppenteile berücksichtigen, die ihm ansonsten treu zur Seite standen. Gleichzeitig wusste er, dass es zwar die Stammtischkundschaft freute, wenn die CDU auf Rot-Grün einprügelte, aber dass das allein für die Macht nicht ausreichte. Der *SPIEGEL* zitierte Merz schon damals mit der Aussage: »Das allein bringt uns nur 30 Prozent.«

Die Erneuerung der CDU drohte zu einem Hase-und-Igel-Spiel zu werden. Die Modernisierer in der Union, zu denen zunächst Merkel und Merz gleichermaßen gehörten, versuchten, die Partei auf Augenhöhe mit der gesellschaftlichen Entwicklung zu bringen. Doch der vermeintliche Fortschritt war immer schon eher da. Kanzler Schröder nutzte dies bei den Themen Zuwanderung, Homosexualität und Antidiskriminierung und sogar beim Ausstieg aus der Kernenergie. Auch beim Umbau des Sozialstaates mit seiner Agenda 2010 konnte er vermeintliche Modernität und Zeitgenossenschaft für sich verbuchen. Die CDU wirkte, als trottete sie den Entwicklungen nur hinterher, in Wahrheit aber war der Spagat zwischen Erneuerung und einer breiten, durchaus konservativen Wählerschicht schwer zu leisten. Merkel und Merz waren beide keine »Identifikationsfiguren für die christdemokratische Seele«, schreiben die Politologen Franz Walter, Christian Werwath und Oliver D'Antonio. Ihr Habitus und ihre Inszenierung habe damals zu einer immer noch in der Kohl-Ära verhafteten Partei noch nicht gepasst.

Easy Rider und Messdiener: Imagebildung

Die Leitkulturdebatte war Merz' Feuertaufe, nie zuvor hatte er dermaßen in der öffentlichen Kritik gestanden, nie zuvor hatte sich der politische Streit in so zugespitzter Form an seiner Person festgemacht. Das blieb nicht ohne Spuren. In den Jahren 2000 und 2001 werden die Zuschreibungen und Muster geboren, mit denen die Öffentlichkeit teilweise noch heute auf Friedrich Merz blickt. Langsam entsteht ein Bild, das er selbst mit zeichnet, das aber auch von anderen in groben Pinselstrichen gemalt wird. »Wie fühlt man sich, wenn man dauernd missverstanden wird«, fragt der *FAZ*-Journalist Wolfgang Wischmeyer damals. »Ich werde nicht missverstanden. Ich werde von den meisten sehr genau verstanden. Allerdings neigen manche Leute dazu, reflexartig zu reagieren, zu übertreiben und eigene Vorurteile zu pflegen«, entgegnet Merz.

Lange noch ist Merz der Anfänger oder wird so behandelt, der von unterschiedlichster Seite skeptisch betrachtet wird. Zu sehr war der politische Betrieb die Routiniers der Kohl-Ära gewohnt. Wolfgang Schäuble berichtet in seinen Erinnerungen, dass Bundeskanzler Gerhard Schröder ihn noch am 11. September 2001 nach den Anschlägen in New York und Washington angerufen und gefragt habe, ob man denn mit dem Oppositionsführer Merz vertraulich reden könne. Da war dieser schon anderthalb Jahre Chef der Unionsfraktion. »Man konnte Friedrich Merz wirklich nicht vorwerfen, kein guter Debattierer zu sein, trotzdem wurde er von der Regierung als Neuling behandelt«, so Schäuble. Gerd Langguth, der CDU-Insider, schrieb schon 2001 von »Friedrich Merz als Leitfigur«, weil er »schnell im Argumentieren« und ein guter Debattierer sei. Mit seiner Offenheit und Fröhlichkeit sei der Sauerländer in »gewisser Weise ein Gegenbild zu der norddeutsch-protestantischen, liberalen, aber doch eher spröden Angela Merkel«. Und Langguth schreibt schon damals, Merz passe nicht in ein »eindimensionales Schema von ›konservativ‹ oder ›katholisch‹«.

Zunächst hatte Merz in der Fraktion einen lockeren Führungsstil an den Tag gelegt. Er wollte die Alten einbinden und den Jungen Raum lassen. Das wurde ihm dann wiederum als Schwäche ausgelegt und öffnete den Spalt für Spekulationen, ob er nicht doch schnell abgelöst werden müsste. Gesichert war seine Stellung zunächst auf keinen Fall. Zudem kamen die Abstimmungsprobleme mit der Parteivorsitzenden hinzu. Merkel war Teil der Fraktion und auch Kohl und Schäuble saßen noch da. So stand der neue Fraktionsvorsitzende unter Beobachtung anderer Alphatiere. Seine wichtigste Stütze wurde der Erste Parlamentarische Geschäftsführer Hans-Peter Repnik, der allerdings aus der Ära Schäuble stammte und selbst in der Öffentlichkeit kaum mehr groß auftrat.

Die Leitkulturdebatte hatte ihm Profil gebracht, aber eben auch ein Etikett verfestigt, das ihm seine Gegner nur zu gern vorhielten: Merz, der konservative, rückwärtsgewandte Hardliner, der mit seinen Vorstellungen eher die alte CDU repräsentierte. Dazu kam die Kritik an seiner Persönlichkeit: »zu groß, zu klug, zu schnell«. Er reagiert mit Unverständnis, zu allen drei Eigenschaften stehe er. »Zu klug, dazu will ich nichts sagen, ist mir jedenfalls lieber als zu dumm.« Damals beginnt sich auch in den eigenen Reihen ein Bild zu verbreiten, das ihn als arrogant, besserwisserisch, dozierend oder wahlweise auch als zu impulsiv darstellt. Langguth spricht von der »jungenhaften Lust am Provozieren«. Wie immer bei solchen Klischees mischt sich politische Gegnerschaft, Neid, Konkurrenzdenken, persönliche Antipathie und die Wahrheit. Damit hat Merz bis heute zu kämpfen.

Einen ungewöhnlichen Schritt wagt er mit einem groß angelegten Interview im *Tagesspiegel*, mit dem er umfänglich Einblick in sein persönliches und privates Vorleben gibt. Es soll der Imagepflege dienen, aber vor allem der Irritation derer, die allzu bequeme Schablonen nutzen. »Es gab auch einmal einen anderen Friedrich Merz«, sagt Merz über sich. Schäubles Musterschüler stellt sich als jugendlichen Rebell dar, der in der Schule sitzen geblieben ist, seinen Eltern Schwierigkeiten machte und auch offenbar deutlich zu viel Alkohol und Zigaretten zugesprochen hat. Er habe früh Probleme in der Schule bekommen, schulterlanges Haare getragen und sei mit dem Motorrad durch die Stadt gerast. »Mein Stammplatz mit zwei Freunden war die Pommesbude auf dem Marktplatz.«

Der *SPIEGEL* recherchierte nach und machte vermeintliche Fehler in der antibürgerlichen Selbstinszenierung aus. Mit dem Motorrad sei er nur einmal gefahren und die Haare seien nie länger als über die Ohren gewesen. Die Journalisten taten eine Zeitzeugin auf, die frühere Banknachbarin im Briloner Gymnasium Petrinum. Der Friedrich sei tatsächlich »dauernd durch anhaltendes, penetrantes Stören« aufgefallen, aber mit wirklicher Rebellion habe dies wenig zu tun gehabt, zitiert sie der *SPIEGEL*. »Das war einfach nur pubertäres Gehabe. Friedrich wollte halt immer das letzte Wort haben.«

Die Journalisten graben auch noch die biederen Aspekte seiner Jugend aus. »Der Sohn eines Amtsrichters hatte sich in der Katholischen Jungmännergemeinschaft engagiert, die für ihre packenden Bibelkreise bekannt war. Fromm und gottgefällig tat er Dienst als gewissenhafter Messdiener in der Kapelle des Städtischen Krankenhauses Maria Hilf, brillierte als Laiendarsteller auf der Freilichtbühne im Stück ›Till Eulenspiegel und die Katze im Sack‹.« Der Recherche des *SPIEGEL* ist es zu verdanken, dass das Foto von Friedrich Merz als Kind mit Zipfelmütze in einer Laienspielgruppe nun einer breiteren Öffentlichkeit zugänglich ist. Merz leugnete diese Teile seiner Herkunft nicht: »Nein, links waren wir nie«, sagt er über seine 68er-Jugend in der Kleinstadt. »Es blieb trotzdem etwas hängen. Wir wollten uns nicht mehr alles von den Alten sagen lassen. Antiautoritär waren wir.« Einen sich ausschließenden Gegensatz zwischen Marschmusik und Rock ‚n' Roll, den der *SPIEGEL* zugespitzt aufzumachen versuchte, gibt es in der ländlichen Lebenswelt nicht unbedingt, auch nicht im Leben von Friedrich Merz. Zur Verblüffung der Interviewer outet sich Merz nicht etwa als Fan der Beatles, sondern als Anhänger der Stones und der Doors. Der Merz 2024 übrigens kann sich für Konzerte der Boston Symphoniker, Roland Kaiser und Jazz-Legende Diana Krall begeistern.

Inwieweit politische Zuschreibungen und auch ein öffentliches Image aber bis ins Privatleben Folgen haben können, davon erzählt Merz damals dem *Tagesspiegel* auch. Sein Sohn Philippe Merz, 19 Jahre alt, interessiere sich sehr für Politik, berichtet der Vater. »Er hat eine abgrundtiefe Abneigung gegen alles, was mit Rechten, mit Glatzen und mit Stiefeln und so zu tun hat.« Deswegen habe er ein paar Fragen an ihn gehabt. »Er hat mich in Berlin angerufen und mich zum Begriff Leitkultur ausgequetscht. Wir haben dann lange geredet, und ich habe den Begriff Leitkultur mit dem des ›American way of life‹ verglichen.« Er habe gemerkt, dass es »erheblichen Diskussionsbedarf mit seinem Sohn gebe«.

Noch 24 Jahre später kann Merz mit seinen Geschichten aus seiner Jugend für Überraschung sorgen. Seine aufmüpfige Zeit mit Sitzenbleiben und Schulwechsel wolle er keineswegs politisch verstanden wissen, erklärt Merz im Rückblick, mit Fridays for Future oder politischem Engagement habe das noch nichts zu tun gehabt, sagt er heute. Später erst sei er mit Freunden zur Jungen Union gestoßen. Dass er aus seiner Schulzeit so wenig gemacht habe, bedauert er im Rückblick.

Am Ende des Jahres 2000 steht es trotz Interviews und medialer Gegenakzente nicht gut um den öffentlich verbreiteten Ruf von Friedrich Merz. Er ist noch kein Jahr im Amt, hat sich durchaus einen Namen gemacht, doch viele Journalisten bewerten ihn negativ. Als »Pannen-Meister« wird er beschrieben, als jemand, der noch lernen müsse. Dabei variieren die Klischees, mal ist er der Oberlehrer, mal der Provokateur, mal auch nur der brave Streber. Vor allem bleibt der Eindruck, wer laut und lärmend ist, ist angreifbarer als derjenige, der abgewogen und vorsichtig oft im Hintergrund bleibt. Das wiederum ist, so wird in ihrem ersten Jahr als Parteichefin klar, die Strategie von Merkel, die am Ende in dem nun einsetzenden Machtkampf um die Kanzlerkandidatur, aber auch um die langfristige Oberhoheit in der CDU, siegreich bleiben wird.

»Mir kommt es weniger auf den Begriff an, als auf den Inhalt und die Debatte selbst«, hat Merz einmal gesagt. »Man muss verkürzen, um ein Thema zu transportieren«, so Merz, und nennt Heiner Geißler sein Vorbild. Doch letztlich war das wichtigere Spielfeld gar nicht die Öffentlichkeit, sondern die Partei. Und Angela Merkel versteht es, im Windschatten des quirligen Fraktionschefs ihre Netzwerke langsam auszubauen, mit entsprechendem langfristigen

Ertrag. In der gleichen *SPIEGEL*-Ausgabe zu Weihnachten 2000, in der die Journalisten Merz als »Easy Rider« durch den Kakao ziehen, gibt es ein langes und nachdenkliches Gespräch mit Angela Merkel, in dem der Name Merz nicht einmal vorkommt. Und diese Leerstelle scheint wie eine typische Merkel-Antwort auf die Merz-Performance in diesem ersten Jahr ihres Doppelspiels.

»Es gibt zwei Extreme«, erklärt Merkel. »Das eine ist, nur auf Inhalte zu setzen, das andere, nur auf das Image der eigenen Durchsetzungskraft und Stärke zu bauen.« Natürlich ordnet sich Merkel keineswegs auf die eine Seite ein, sondern propagiert den Ausgleich. »Beide alleine werden auf Dauer nicht ausreichen, sie müssen sich verbinden [...] Ohne verantwortungsvolle politische Kommunikation geht es nicht, gerade bei der heutigen Medienvielfalt.« Wer will, kann hier Kritik Merkels an der offensiven Kommunikation von Merz erkennen.

Tatsächlich zeigt sich aber auch, dass Merkel genau weiß, wie groß der ideologische Graben zwischen Teilen der Medien und ihrer CDU-Basis ist. Anders als Merz gibt auch sie hier die Vermittlerin. Als die Journalisten Jürgen Leinemann und Ulrich Deupmann Merkel vorwerfen, die Begriffe »Heimat« und auch »Vaterland« zu benutzen, diese hätten nämlich »ihre Unschuld verloren«, kontert sie, man könne sehr wohl ein emotionales Verhältnis zu Deutschland haben, deswegen würde man das Land nicht überhöhen.

Merkel ist am Ende des Jahres 2000 schon die drittbeliebteste Politikerin Deutschlands, hinter Gerhard Schröder und Joschka Fischer. Friedrich Merz liegt hinter Wolfgang Schäuble auf Platz 15. Was sie so unverwechselbar mache, sei: »Mein Mut zu Zwischentönen«, erklärt sie selbstbewusst. Über die Leitkulturdebatte macht sie sich lustig, sie nimmt die »Provokation« von Merz in der Zuwanderungsfrage inhaltlich gar nicht ernst. Dem *SPIEGEL* sagt Merkel: »Ich habe gerade mit 50 türkischen Unternehmern sehr ausführlich über die Leitkultur in Deutschland gesprochen. Das war ausgesprochen spannend.« Dies sei »ironisch« gemeint gewesen, wie das Blatt erklärend in Klammern hinzufügt. »Und auf der Autobahn gibt's immer noch Leitplanken und auf der Wiese Leithammel«, zieht sie die ganze Aufregung ins Lächerliche.

Die Doppelspitze Merkel-Merz zerbricht. In gewisser Weise gewinnen dabei beide an Kontur. Doch das Image von Merz, das er sich erarbeitet und das ihm auch zugeschrieben wird, erweist sich im Folgenden als weniger gewinnbringend als das von Merkel. Sie habe sich wacker geschlagen, schreibt der Historiker Bösch. »Ähnlich wie der junge Kohl trat sie als Reformerin an, nicht als geborene Kanzlerkandidatin.« Auf lange Sicht hat ihr das nicht geschadet. Merz hat es in dieser Phase nicht geschafft, diesen Erneuerungsgeist, der ihn genauso umgetrieben hat wie Merkel und der ihn noch 1998 zu einem scharfen Kritiker Kohls hatte werden lassen, in die neue Zeit zu überführen. Zumindest was das positive Image anging, das öffentlich gezeichnet wurde, hatte Merkel ihn schon überholt. Volker Zastrow von der *FAS* schreibt viel später, Merz habe in den Jahren im Hintergrund eifrig gegen Merkel gearbeitet, um ihre offensichtliche Unfähigkeit auch gegenüber Journalisten zu thematisieren. Merz war damit nicht allein, doch koordiniert war die Gegnerschaft nicht.

Das erste Mal, dass Friedrich Merz mit seinem Konterfei auf dem Titelbild des *SPIEGEL* zu sehen ist, war die Ausgabe Nr. 9 vom 28. Februar 2000. Die Schlagzeile lautete: »Was ist heute konservativ?« Das Thema: »Richtungsstreit in der CDU«. Zu sehen sind: Otto von Bismarck, Konrad Adenauer, Franz Josef Strauß, Helmut Kohl, Edmund Stoiber und Kurt Biedenkopf. Aus der jüngeren Generation: Volker Rühe, Angela Merkel und Friedrich Merz. In der Außenseiterposition ist der Rechtspopulist aus Österreich, Jörg Haider, zu sehen. Abgesehen davon, dass es damals noch um die Frage des CDU-Vorsitzes ging, umreißt das Cover ein Lebensthema von Merz: Was ist konservativ? Wie konservativ sollte die CDU sein? Und ist er der Konservative und Merkel die Liberale? Es ist die Zeit, als die Kategorien ins Schwimmen geraten. »Die CDU bestand immer aus dem christlich-sozialen, konservativen und liberalen Teil«, zitiert der *SPIEGEL* die damalige stellvertretende Parteivorsitzende Annette Schavan, die dann als enge Vertraute der Kanzlerin und ihre Bildungsministerin im Hintergrund den entpolarisierenden Identitätswandel der Christdemokratie mitprägte, dem aber zugleich die Gefahr der Profilabschleifung innewohnen würde, so sahen es die Kritiker. Friedrich Merz wurde, zumindest was das Image anging, zum Gegenmodell.

Merkel hatte sich schon als Generalsekretärin mit familienpolitischen Fragestellungen beschäftigt, auch wenn sie selbst keine Kinder hat. Wegen ihrer »wilden Ehe« mit Joachim Sauer war sie schon als Ministerin mit dem Kölner Kardinal Joachim Meisner in Konflikt geraten. Durch ihr Eintreten für die Vereinbarkeit von Familie und Beruf, für den Ausbau von Kita-Plätzen geriet sie in der damaligen Logik in den Verdacht, links zu sein. Sie selbst sah es als konservatives Anliegen an, dem oft beschworenen Fundament der Gesellschaft, der Familie, mehr Aufmerksamkeit zu schenken und auch neue Realitäten jenseits der »Hausfrauenehe« anzuerkennen.

Es gibt dieses bilderbuchhafte Foto eines Familienidylls, das inzwischen oft nachdruckt wurde. Friedrich Merz mit roter Krawatte ist im Wohnzimmer seiner Familie mit Frau und Kindern vor Bücherregal und Bauernschrank zu sehen, wie er Klarinette spielt. Seine Tochter begleitet ihn am Klavier, seine Frau Charlotte hört mit der anderen Tochter zu. Als reaktionäres Abziehbild taugt die Merz-Familie mit der Karrierefrau Charlotte in der Mitte zwar eigentlich nicht, aber die CDU hat in ihrer Geschichte oft das Festhalten am mitunter auch klischeehaften Bild einer heilen Familie als Kern ihres Konservativismus beschrieben, während sie zugleich etwa sozialpolitisch, technologisch oder auch außenpolitisch andere Akzente setzte. Sie hätte aber durchaus Familien und das Leben von Eltern mit ihren Kindern als etwas Modernes prägen können. Erst mit der Familienministerin Ursula von der Leyen änderte sich das allmählich.

Merz sagt im Gespräch mit dem Autor dieses Buches, was ihn im Jahr 2024 am meisten von dem Friedrich Merz aus dem Jahr 2000 unterscheide, sei vielleicht, dass er sich damals für Familienpolitik kaum interessiert habe, dass er ihre größere Relevanz nicht erkannt habe. »Ich bin in der ersten Phase meines politischen Lebens vielleicht weniger emotional gewesen bei politischen Themen, die Kinder und Jugendliche und ihre Zukunftschancen betreffen«, sagt Merz. »Damals fühlte ich mich selbst noch zu nah an der jüngeren Generation und habe mich damit nicht beschäftigt.« Das sei heute ganz anders, sagt der Großvater von sieben Enkeln. Junge Familien müssten eine viel stärkere gesellschaftliche Beachtung finden angesichts der Unsicherheiten, die für die junge Generation heute bedrückend seien. »Heute verwende ich dafür das Wort Grundsicherung, das hätte ich wahrscheinlich vor 30 Jahren noch nicht getan.«

Die Scheidung: Merkels Meisterstück

Das Ende der Geschichte ist allgemein bekannt. Doch wann begann dieses Ende? Am 21. Oktober 2002 flog Angela Merkel nach München. Am Vorabend der Bundestagswahl eröffnete sie mit dem Unions-Kanzlerkandidaten und dem bayerischen Ministerpräsidenten Edmund Stoiber das Oktoberfest. Sie sei von der »überschäumenden barocken Lebenslust« durchaus beeindruckt gewesen, schreibt Stoiber in seinen Memoiren. Er war siegesgewiss, sie war vorsichtig – und sollte recht behalten. Beide zogen sich noch zu einem »abgeschotteten« Gespräch in die prächtige Staatskanzlei am Hofgarten zurück. Zu Stoibers Überraschung wollte Merkel Vorkehrungen für die Zeit nach der Wahl treffen.

Sie wolle »in jedem Fall« den Fraktionsvorsitz der gemeinsamen Bundestagsfraktion von CDU und CSU übernehmen, eröffnete Merkel Stoiber. Vor allem dieses »in jedem Fall« ist entscheidend und oft übersehen worden. Sie brauchte die Zustimmung Stoibers, denn die Geschäftsordnung dieser einmaligen Schwesterpartei-Konstruktion sah vor, dass die beiden Parteivorsitzenden einen gemeinsamen Vorschlag unterbreiteten. Das waren nach Lage der Dinge Merkel und er. Stoiber war etwas überrumpelt, hatte er doch seinen vermeintlich nahen Sieg im Kopf und seine Zukunft im Kanzleramt. Doch er stimmte zu, berichtet er in seinen Memoiren.

Tatsächlich hatte diese Entscheidung für Merkel im Fraktionsvorsitz auch auf den ersten Blick gar nichts mit dem Ausgang der Wahl zu tun. Auch wenn Stoiber gewonnen hätte und Bundeskanzler geworden wäre, wäre Merkel als CDU-Vorsitzende nicht in sein Kabinett eingezogen, sondern hätte die unionsgeführte neue Bundesregierung als Mehrheitsführerin im Parlament mit gesteuert. Es wäre eine völlig neue und auch nicht ungefährliche Konstruktion gewesen, denn erstmals wäre ein CSU-Vorsitzender Kanzler gewesen und damit die kleine Schwesterpartei innerhalb der Union am längeren Machthebel. Die CDU hätte aufpassen müssen, dass hier nicht ständig der Schwanz mit dem Hund wedelt. Insofern war es noch wichtiger als in Oppositionszeiten, dass Partei- und Fraktionsvorsitz in eine Hand kamen.

Das Ansinnen Merkels erschien also nachvollziehbar und logisch. Nun, nach der Übergangszeit in der Nachfolge von Schäuble, war es sinnvoll, Partei- und Fraktionsvorsitz wieder auf eine Person zu konzentrieren. Stoiber signalisierte Zustimmung. Bei einem Wahlsieg wäre Friedrich Merz überdies »sicherlich« Bundesfinanzminister geworden, schreibt Stoiber. Dann wäre es also zu einer Auseinandersetzung gar nicht gekommen. Würde aber SPD-Mann Schröder Kanzler bleiben, war der »Konflikt programmiert«. Stoiber entgegnete Merkel bei dem vertraulichen Gespräch in München, dass der Wechsel im Amt des Fraktionsvorsitzes mit Amtsinhaber Merz noch schwierig werden würde. Das solle er mal ihre Sorge sein lassen, soll Merkel entgegnet haben.

Was Stoiber in dieser Situation möglicherweise nicht ganz hat umreißen können, ist, dass er damit de facto in die innere Personenkonstellation seiner Schwesterpartei für die nähere und weitere Zukunft eingegriffen hatte. Er selbst sieht es in seinen Erinnerungen nüchtern. Wenn er nicht zugestimmt hätte, hätte er Merkels Stellung gefährdet, mit der er im Wahlkampf gut zusammengearbeitet habe. Doch das ändert nichts an der Tatsache, dass er mit seiner Entscheidung an diesem Samstag ein deutlich größeres Rad gedreht hat, als es vielleicht unmittelbar klar war. Wenn man bedenkt, dass gerade die Merkel-Kritiker ihn, Stoiber, in die Rolle des Kanz-lerkandidaten gebracht hatten, wäre vielleicht eine Rücksprache mit Koch & Co. naheliegend gewesen, um nicht zu freihändig Merkel den roten Teppich für ihre politische Zukunft auszurollen. Denn nach einer verlorenen Bundestagswahl hätte ja sehr wohl auch die Parteivorsitzende zur Disposition stehen können. Viel wahrschein-licher ist aber, dass das Ende vom Aufstieg von Friedrich Merz noch früher begonnen hat. Auch das Frühstück von Wolfratshausen am 11. Februar 2002 vollzog nur, was doch in der CDU wohl schon ausgemachte Sache war.

Während viele CDU-Landesverbände und ihre Vorsitzenden lange gezögert hatten, waren die Baden-Württemberger schnell sehr klar. Volker Kauder war seit 1990 Bundestagsabgeordneter und zu-gleich Generalsekretär seiner Partei. Zusammen mit dem Vorsitzen-den der Ba-Wü-Landesgruppe im Bundestag, Georg Brunnhuber, bildete er das südwestdeutsche Machtzentrum in Berlin. Beide hat-ten Merkel zusammen in ihrem Büro aufgesucht und erklärt, dass es eine Unterstützung für ihre Kanzlerkandidatur 2002 von ihnen nicht geben werde. Doch schon damals machten die beiden konser-vativen Männer eine überraschende Zusage.

Wenn Stoiber verliert, werden wir deine ersten und treuesten Unterstützer sein, so ihr Tenor. Und genau so kam es. Kauder wurde einer der wichtigsten Stahlträger im Machtgebäude Merkels, erst als ihr Generalsekretär, dann lange als ihr Fraktionsvorsitzender. Brunnhuber soll damals gesagt haben, sie müsse nicht selbst kon-servativ werden, aber sie müsse dafür sorgen, dass die Töchter der Konservativen auch die CDU wählten. Diesen Auftrag hat sie in ge-wisser Weise eingelöst. Mit diesem Dreiergespräch begann auch das Ende vom Aufstieg von Merz. Die Konservativen Brunnhuber und Kauder setzten nicht auf ihn, sondern auf Merkel, die ihnen mehr Zukunft zu versprechen schien.

Dieses machtpolitische Backup hatte Merkel also im Gepäck, als in der Wahlnacht die Niederlage Stoibers Gewissheit wurde. Es sollte nicht ihre Niederlage werden. Durch die Zusage Stoibers konnte Merkel noch in der Wahlnacht Merz den Posten in der Fraktion streitig machen und so nicht nur ihren »Partner« in der leidigen Doppelspitze loswerden, sondern auch andere parteiinterne Kritiker auf Abstand halten und ihre eigene Stellung festigen. Tatsächlich beendete Stoiber mit seiner Zusage an Merkel den Aufstieg von Merz. Aber er reihte sich auch ein in einen Konsens, der sich in der CDU längst gebildet hatte.

Merz' Ärger am Wahlabend darüber, dass Merkel nun in der innerparteilichen Auseinandersetzung gesiegt hatte, war auch für ihn nicht ohne Vorlauf. Dass es auf einen Fraktionsvorsitz Merkels und eine Ablösung seiner Person »in jedem Fall« hinauslaufen würde, hatten ihm vorher schon andere aus dem Umfeld Merkels gesteckt. Wenn sein Streben nach einem politischen Comeback ab 2018 auch in dieser persönlichen Niederlage einen Grund hat, ist es sicher nicht nur ein Groll auf Angela Merkel, sondern auch der Ärger darüber, dass er 2002 an seiner eigenen Partei gescheitert war. Die CDU wollte damals Merkel und nicht Merz, das war die bittere Erkenntnis dieser Tage. Tatsächlich ist es zu einfach, den Abstieg von Merz nur an der einen Person festzumachen, die später Kanzlerin wurde. Die Prozesse in der Union liefen einfach in ihre Richtung. Gewiss allerdings ist, dass die Abwahl als Fraktionsvorsitzender 2002 der Tiefpunkt seines politischen Lebens wurde.

Merz war auch Mitglied in Stoibers sogenanntem Kompetenzteam und unterstützte ihn im Wahlkampf. Als möglicher Finanzminister in einer neuen unionsgeführten Bundesregierung war er gesetzt. Doch nun sah er sich degradiert. Stoiber und auch sein Unterstützer Roland Koch versuchten noch, ihn mit einem neuen Posten eines neuen Ersten Stellvertretenden Fraktionsvorsitzenden zu ködern und an der Spitze der Politik zu halten. Doch Merz winkte ab. (Doppelspitzen, wie bei den Grünen, waren erst recht undenkbar.) Stoiber erinnert sich daran, dass Merz ihm Vertrauensbruch vorwarf, »und ich konnte ihn sogar verstehen«, schreibt er über diese bitteren Stunden. Später hätten sie sich aber ausgesprochen, was bei Merkel und Merz bekanntermaßen für längere Zeit nicht stattgefunden hat.

Das politische Meisterstück von Merkel war, dass sie 2002 aus der Ablehnung gegen ihre Person einen langfristigen strategischen Vorteil generierte. Ihr Verzicht auf die Kanzlerkandidatur, telefonisch angekündigt und beim Frühstück besiegelt, eröffnete ihr die größeren Handlungsmöglichkeiten. Am 11. Januar 2002 war Merkel in einer Nacht-und-Nebel-Aktion ins Privathaus von Stoiber gereist, so spontan, dass Ehefrau Karin noch am frühen Morgen, vor dem Eintreffen Merkels, die letzten Zutaten hatte besorgen müssen, wie Bollmann detailgetreu beschreibt. Bei Semmeln und gekochtem Ei trug Merkel Edmund Stoiber die Kanzlerkandidatur an, weil sie vorher unmissverständlich erklärt bekommen hatte, dass die CDU-Landesvorsitzenden, insbesondere Erwin Teufel und Roland Koch, sie nicht unterstützen würden.

Für den Tag nach dem Frühstück war eine Klausurtagung des CDU-Präsidiums in Magdeburg anberaumt. Als »Herrenkrug«-Sitzung wird sie in die Annalen eingehen. Koch hatte trotz Urlaub sein Kommen angekündigt, alles lief auf einen Showdown hinaus, bei dem Merkel ihr Anspruch auf die Spitzenkandidatur verwehrt werden würde. Doch Merkel erkannte, dass weitaus mehr zu verlieren war. Wenn die CDU-Landesfürsten sie nicht im Kanzleramt sehen wollten, dann würde es auch eng für sie, weiter die Partei zu führen, mithin wäre sie nur Chefin auf Abruf. Deswegen buchte sie kurzfristig einen Flug nach München, nur der engste Kreis war eingeweiht, und fuhr ins ländliche Wolfratshausen zum Frühstück.

Durch ihren offensiven Verzicht blieb sie die Herrin des Geschehens. Nur mit dieser Vorgehensweise konnte sie die Oberhand behalten und sich als Gestalterin präsentieren. So verlor sie die Kanzlerkandidatur, behielt aber den Parteivorsitz und gewann am Ende alles.

Viel später – im Jahr 2024 – räumt Merz ein, dass es tatsächlich richtig gewesen sei, dass Merkel Partei- und Fraktionsführung damals 2002 auf sich vereinen wollte. Er habe schließlich 2022 das Gleiche vollzogen und nach seiner Wahl zum CDU-Parteivorsitzenden und der verlorenen Bundestagswahl 2021 den Fraktionsvorsitz angestrebt und damit seinen Vorgänger Ralph Brinkhaus verdrängt. Doch an einem guten Umgang habe es eben damals in diesem Schicksalsjahr gemangelt, Merkel habe die Sache mit ihm nicht gut besprochen. Das sei der Fehler gewesen.

Schäuble beschreibt den Ablauf in seinen Erinnerungen mit nachsichtigem Blick auf Merz' Stimmung: »Ich konnte seinen Unmut zwar verstehen, versuchte ihm aber noch in der Wahlnacht begreiflich zu machen, dass er mit einer Kampfkandidatur keine Chance haben werde.« Es habe noch einen Tag gedauert, bis Merz dies auch begreifen konnte. Es sei eben die Zeit gewesen, in der einige in der Partei, besonders Männer, haben lernen müssen, dass es nicht gut ist, Merkel zu unterschätzen, so Schäuble. Das beschädigte Verhältnis von Merz und Merkel allerdings, beklagt er, sei eine Belastung für die ganze Partei geblieben.

Tatsächlich hatte Schäuble seine beiden größten Talente im Jahr 2000 in ein Rennen geschickt, das nicht für beide gleichzeitig zu gewinnen war, das nur einen Sieger kennen konnte. Das Drama war vorgezeichnet. Die Trennung der Spitzenämter in Partei und Fraktion musste mehr oder weniger unweigerlich zu einer Konkurrenzsituation der beiden Amtsinhaber führen – und das war durchaus gefährlich für die CDU. Das Duo Merkel-Merz konnte gar nicht funktionieren, selbst wenn beide besser harmoniert hätten und nicht so grundverschieden, was Charakter und Politikstil betrifft, gewesen wären. Schäuble hatte den Fehler gemacht, einen waghalsigen internen Machtkampf zu programmieren, dem beide kaum entrinnen konnten. Wenn sie sich sehr ähnlich gewesen wären, wäre der Kampf ebenso verlaufen und Beobachter hätten geschlossen, sie seien sich zu ähnlich, um einen Ausgleich zu finden.

Die Enttäuschung von Merz wurzelte auch in der Richtungsentscheidung, die seine Partei mit dem Modell Merkel zunächst weniger inhaltlich getroffen hatte, sondern mehr, was den politischen Stil angeht. Es setzte sich eine politische Kultur durch, die Merz fremd war. Das, was man später mal als Merkel'sche Tugenden bezeichnen würde: Ein demonstrativ unprätentiöses Auftreten, ein et-

87

was distanziertes Verhältnis zu Personen und Inhalten. Und ein Verständnis von politischen Positionen und Entscheidungen, das sich mehr über einen nüchternen Auswahlprozess verschiedener Optionen definiert, im vermeintlichen Finden des Richtigen oder sogar des Alternativlosen. Merz ist das Gegenteil: Politik darf und muss vielleicht sogar den starken, auch pointierten Auftritt suchen. Ein emotionales Verhältnis gegenüber Menschen und Fragestellungen ist konstitutiv für seine Art, Politik zu machen. Und schließlich: Leidenschaft in der Sache und die Kunst zu debattieren in einem Wettstreit der Argumente und Abwägungen sind für die Merz'sche Variante elementar, ja sind integraler Bestandteil des demokratischen Wettstreits.

Das Ende des Merz-Aufstiegs begann schon an jenem frühen Februartag 2001, als er sich selbst als möglichen Kanzlerkandidaten ins Spiel brachte. Kurz zuvor hatte Angela Merkel harte Kritik einstecken müssen. Anfang des Monats hatte sie die Präsidiumssitzung im Adenauer-Haus mit der Einladung eröffnet, nun mal alles auszusprechen und die Kritik offen auf den Tisch zu legen. Es kam dick für sie, wurde damals berichtet. Ein Konfliktpunkt war eine Anzeigenkampagne, die Merkel angestoßen hatte. Auf den Plakaten war Gerhard Schröder als Verbrecher in Form von Polizeifotos nach einer Verhaftung abgebildet. Der Slogan lautete: »Vorsicht Falle. Schluss mit dem Rentenbetrug in Serie.« Merkel ließ die Plakate schnell wieder einstampfen.

Und dann Merz' Selbstaufstellung als Kanzlerkandidat. Eigentlich hatte er lediglich gesagt, dass es »in der Natur der Sache« liege, dass der Fraktionsvorsitzende für die Kanzlerkandidatur infrage komme. Die Entrüstung war laut, und der Spott, auch aus den eigenen Reihen, der ihm entgegenschlug, war groß. »Ich bin von dem physikalischen Phänomen überrascht, dass zum ersten Mal in der Weltgeschichte das Echo vor dem Ruf kommt«, lästerte CSU-Generalsekretär Thomas Goppel. Sogar eine Ablösung von Merz stand kurz im Raum. Während sein Stellvertreter in der Fraktion, Wolfgang Bosbach, ihn verteidigte, kamen aus der CSU Gedankenspiele, man könne doch Merz durch Horst Seehofer ersetzen.

Die eigene Ambition, die Freude am Vorpreschen sind für Merz keine negativen Eigenschaften. Doch die Partei dankt es ihm damals nicht. Vielmehr werden die allgemeine Kritik am Duo Merz-Merkel, die Schwäche der Koordination von Partei und Fraktion und auch die Niederlagen der Opposition gegenüber der Regierung nun zunehmend mit dem Namen Merz verknüpft, während Merkel ihre Position langsam und stetig stärken kann. Die rot-grüne Koalition kann später im Laufe des Jahres 2001 wiederum ihre Rentenreform durchbringen, indem sie im Bundesrat Stimmen der CDU-geführten Länder gewinnt. Auch das fällt mehr auf Merz als auf Merkel zurück.

Michael Inacker schreibt in der *WELT* im Februar 2001: »Bei Merz trauen sich viele zu kritisieren, bei Merkel hingegen nicht.« Politik sei ungerecht, urteilt er. Der Fraktionschef ernte jene schlechten Noten, die eigentlich der CDU-Vorsitzenden gelten. Merz kann nicht vom unerklärlichen Merkel-Bonus profitieren. Inacker nennt es den »Angie-Effekt« mit dem die CDU-Chefin in der Lage sei, »kritische Fragen zu ihrer Führungsfähigkeit und programmatischer Klarheit wie in einem Wattemantel« abzufangen.

Merkels Parteiführung wurde als unprofessionell, die Zusammenarbeit mit Merz als zu ungeordnet wahrgenommen. »Wie in einer Art Selbsterfahrungsgruppe«, lästerte damals ein Präsidiumsmitglied. Die CDU sei »nicht regierungsfähig«. Doch der *SPIEGEL* titelte im Februar 2001 »Virus an der Spitze« und meinte Merz. Dieser müsse sich jetzt nach den Turbulenzen mit der Position »als Nummer zwei hinter Angela Merkel bescheiden«. Aus der Doppelspitze wurde ein abgestuftes Verhältnis. Merz fügte sich mehr oder weniger (noch) ein. Von ihm wurde verlangt, dass er sich Merkel unterordnet, damit die »Kakofonie« aufhöre. Die Jahre 2001 und 2002 wurden für ihn zur anstrengenden Prüfung in Selbstdisziplin, die dann nicht mit einer Belohnung, sondern mit dem Rauswurf endete.

Es waren allerdings gar nicht Attacken gegen Angela Merkel oder direkte Auseinandersetzungen mit ihr, die schon 2001 dazu führten, dass Merz Kritik auf sich zog. Es war vielmehr seine Lust an politischer Initiative und Zuspitzung, die ihn zum Magneten für Auseinandersetzung und auch Polemik machten. Er schlug vor, Asylbewerbern politische Aktivitäten zu untersagen, mit Drogen dealende Ausländer müssten abgeschoben werden. Er nannte Joschka Fischer einen linksextremistischen Straftäter. Er sinnierte im Zuge einer Reform der Sozialsysteme über die Besteuerung der Renten. Er äußerte sich pointiert zu Lebensschutzfragen und bioethischen Themen. Alles Anstöße zur Debatte, die eben genau das taten, für Anstoß sorgen und auch sorgen sollten. Merz, das bedeutet: Alles, nur eben kein Wattemantel, der einen vor harten Kontroversen schützen sollte. Er wurde zum »Wortführer der Union im Kampf um die kulturelle Hegemonie gegen die rot-grüne Koalition und ihre publizistischen Fußtruppen«, schreibt der Politikwissenschaftler Hans Jörg Hennecke. Bekannt wird man so, beliebt nicht.

Die Auseinandersetzung um die 68er und konkret die möglichen Verfehlungen des Ex-Spontis Außenminister Joschka Fischer gerieten zu einem kleinen Kulturkampf. Auch Merkel wurde vorgeworfen, als Ex-DDR-Bürgerin die Bedeutung des großen gesellschaftlichen Aufbruchs nicht richtig einordnen zu können. Doch Merz wurde zur reaktionären Gegenfigur stilisiert. Es galt, die großen Errungenschaften von Emanzipation, Offenheit, Liberalität wieder gegen das ewig Konservative und Reaktionäre zu verteidigen. Merz eignete sich scheinbar gut als Lieblingsgegner. Ausgerechnet im neuen und modernen Wirtschaftsmagazin *Brandeins* erschien eine Polemik gegen Merz und seine Welt.

Die Veteranengeschichten der 68er werden dabei zu Heldenmythen umfunktioniert. »Ach ja, Joschka Fischer. Er hat also eine Vergangenheit. Das ist natürlich blöd. Hätte er sich doch bloß ein Vorbild genommen an Friedrich Merz. Der hat keine Vergangenheit, der musste sich sogar seine jugendlichen Saufgelage ausdenken.« So lästert das Magazin vor dem Hintergrund der *SPIEGEL*-Recher-

che, die herausgefunden haben wollte, dass Merz weder viel gesof-
fen habe, noch an einem Anschlag auf eine linke Kneipe beteiligt
war. In gewisser Weise ist Merz selbst in die Falle der Rebellen-Ver-
herrlicher getappt, als er von seiner Jugend berichtete. Nun schlägt
das Milieu zurück. »Der Merz, welch ein Scherz: einer, der Nostal-
gie betreibt, während sich die Welt umkrempelt«, heißt es damals
in *Brandeins*.

Keineswegs eckte Merz mit seinen Aussagen nur in linken Medien oder bei SPD und Grünen an, auch in seiner eigenen Partei und im eigenen Milieu provozierte er zahlreiche und prominente Gegenreaktionen. Viele wollten das »Herumgeholze« nicht
mehr. Die ehemalige Präsidentin des Berliner Abgeordnetenhauses,
die CDU-Politikerin Hanna-Renate Laurien, schrieb einen Brief
an Merz und ließ das auch die Öffentlichkeit wissen. Joschka Fischer als »linksextremistischen Straftäter« zu bezeichnen, sei »mehr
als eine verbale Entgleisung«, so Laurien, mit Spitznamen »Hanna
Granata«. »Es ist beschämend, wenn Christdemokraten sich offenbar mehr Erfolg von schmähenden Aussagen als vom Aufweis eigener Leistung versprechen.«

In der Partei und in der Fraktion wird Merz nicht zu einem Inte-
grator, was Merkel auf ihrem Feld langsam zunehmend gelingt. Als
Merz die Fraktion übernimmt, wollte er einen neuen Stil etablieren.
Anders als der erfahrene Schäuble ließ er mehr Debatte zu, organi-
sierte gemeinsame Abendessen mit dem geschäftsführenden Fraktionsvorstand, um mehr Austausch zu ermöglichen. Doch schnell
wurde ihm die neue Debattenkultur auch als Führungsschwäche
ausgelegt. Der Parlamentarische Geschäftsführer Eckart von Klaeden sagte damals gegenüber Journalisten, die Kritik an Merz sei
häufig widersprüchlich. Wenn Merz führe, dann werde mangelnde
Diskussionsmöglichkeit beklagt, werde diskutiert, dann fordere
man Führung ein.

In gewisser Weise waren Merz und Merkel innerhalb der Partei in
einer ähnlichen Ausgangssituation gestartet. Sie sind beide Solitäre,

Unikate vielleicht. Sie waren nicht – wie viele andere – hervorgegangen aus dem innerparteilichen Urschleim aus Sitzungen, Canvassing-Ständen und JU-Fahrten. Sie sind beide nicht Kinder der Parteiwelt, waren nicht früh in die Junge Union eingetreten, hatten keine Netzwerke in der verzweigten Gremienhierarchie der Partei gebildet, erst die Kreispartei, dann die Bezirke, dann Landes- und die Bundespartei. Merkel kam erst mit 35 Jahren und mit ihrer DDR-Sozialisation in der Bundesrepublik an. Sie blieb in der Partei immer so etwas wie die angeheiratete Stiefmutter und beklagte sich noch bei ihrem Abgang als Kanzlerin, im Westen nie wirklich willkommen gewesen zu sein.

Merkel hatte sich einen CDU-Heimatverband strategisch ausgesucht. Nach ihrem Scheitern in Brandenburg wurde sie Landesvorsitzende in Mecklenburg-Vorpommern, eine Hilfskonstruktion, die auch nur Merkel einfallen konnte. Friedrich Merz trat als Student in die Junge Union ein. Den neu gegründeten Bezirksverband Hochsauerland eroberte und prägte er mit einigen Freunden. Mit einer Kandidatenrede fiel er schon damals auf. Er setzte mit rhetorischem Geschick einen JU-Mann gegen einen alten Hasen durch, der ihm dies noch immer übel nehme, erzählt er heute. Doch die Junge Union wurde nicht Merz' Zuhause, wie dies bei so vielen seiner Generation gewesen ist.

Die CDU ist ein emotionales Gefüge, Familienverband, in dem es viel um Beziehung und Freundschaften geht, um Sympathie und Antipathie, um gemeinsame Erinnerungen und um gemeinsame Fehden. Friedrich Merz hat in diesem Geflecht nie eine wichtige Rolle gespielt. Er hatte nie eine Vorsitzendenposition in einer der höheren Gliederungen der Partei inne. Als er 2022 im dritten Anlauf CDU-Vorsitzender wurde, erreichte er die Position gegen das Establishment durch eine Mitgliederbefragung, ohne großen machtpolitischen Unterbau in der Partei.

Als er 2000 Fraktionsvorsitzender wurde, platzierte ihn Schäuble an die Spitze. Er war der jüngste und, wenn man so will, unerfahrenste Fraktionschef, den die Union je hatte. Er hatte sich nicht durch seine Karriere für eine solche Position aufgedrängt. Merz hatte damals durchaus Unterstützer und auch Fans, aber er hatte nicht das sonst für die CDU so typische Netz aus gewachsenen Vertrauten und Verbündeten in den verschiedenen Gremien der Partei. Auch mit seinem Heimatverband, der nordrhein-westfälischen CDU, pflegte er keinen vertrauten Draht. Vorsitzender war Jürgen Rüttgers, der Zukunftsminister im letzten Kabinett von Kohl, der sich noch keineswegs am Ende seiner Karriere sah und deshalb bereit gewesen wäre, Jüngere zu fördern. Zu Merz verhielt er sich immer wieder auch kritisch.

Merkel fehlte die Verwurzelung in der Partei ebenfalls, sie arbeitete aber an dem Problem. Ihre schärfsten Gegner gehörten zum sogenannten Andenpakt. Eine inzwischen legendäre Gruppe von jungen CDU-Politikern hatte 1979 bei einer Südamerikareise halb feucht-fröhlich, halb ernst eine Vereinbarung getroffen. Sie wollten die CDU erneuern, ihr Idol war der 1976 zum Parteivorsitzenden gewählte Helmut Kohl. Vor allem aber wollten die »Andinos« sich künftig gegenseitig in ihrer politischen Karriere nach Kräften unterstützen und gelobten niemals, gegeneinander antreten oder sich bekämpfen zu wollen.

Aus den Junge-Union-Knaben wurden gestandene Politiker. Der prominenteste war neben dem Niedersachsen Christian Wulff und dem Baden-Württemberger Günther Oettinger der hessische Ministerpräsident Roland Koch, der etwas später zu der verschworenen Truppe dazugestoßen war. Er setzte nach seiner gewonnenen Landtagswahl 1999 alles daran, Merkel als Kanzlerkandidatin zu verhindern, wenn auch zunächst verdeckt. Einen offenen Angriff auf die Parteivorsitzende vermieden er und seine Gesinnungsgenossen.

Koch galt als Unterstützer von Merz, verteidigte ihn auch immer wieder gegen Kritik. Aber auf ihn als Kanzlerkandidat setzte er nicht, vielmehr wollte er seine eigenen Chancen auf den Spitzenposten wahren. Dazu schien ihm der CSU-Chef Stoiber geeignet, der deutlich älter war als er – und der dann auch in den Wahlkampf zog. Merz gehörte dem Andenpakt nicht an, er soll laut Medienberichten zufolge 2005 aufgenommen worden sein, als eine Art Trotzreaktion auf die Wahl Merkels zur Kanzlerin. Doch in den Auseinandersetzungen um das Jahr 2002 herum konnte Merz (noch) nicht wirklich auf dieses Netzwerk zurückgreifen. Die Möglichkeit, in den kommenden Jahren der Opposition Profil zu gewinnen, bestand für Merz auch in der Rückkehr auf sein ureigenes Terrain: die Finanzpolitik.

Eine ungewöhnliche Karriere: Der Bierdeckel

Im Haus der Geschichte in Bonn, unweit des früheren Regierungsviertels, liegt der Bierdeckel von Friedrich Merz. Der Leiter der Sammlung, Manfred Wichmann, ist auf das Stück ausgesprochen stolz, weil es zu der Art von besonderen Exponaten gehört, die nicht nur offizielle Belege des Vergangenen sind. Vor allem in der politischen Geschichte dominieren trockene Akten und Dokumente, die sich nicht so anschaulich präsentieren und verstehen lassen. Ein Bierdeckel ist da mal was anderes. Wichmann nennt den Bierdeckel in einer Reihe mit dem Notizzettel von Ronald Reagan für seine Rede vor dem Brandenburger Tor in Berlin im Jahr 1987 (»Tear down this wall«) und dem Schnipsel von Günter Schabowski, mit dem das Politbüro-Mitglied der SED fast beiläufig die »unverzügliche« Öffnung der Mauer verkündete. Der Bierdeckel von Merz zeigt ein paar Zahlenreihen. Jahre später gibt Merz zu, dass seine spontane Auflistung nicht vollkommen korrekt gewesen sei. Doch da ist der Bierdeckel schon längst Legende.

Bei einer Wahlveranstaltung 2004 in Hamburg skizzierte er auf Nachfrage mit ein paar Ziffern die Berechnung der Steuerlast für eine normale Familie. Dies würde natürlich nur funktionieren, wenn sich sein Steuermodell mit den drei Stufen durchgesetzt hätte, das Merz 2003 vorgeschlagen und die CDU auf ihrem Parteitag im Dezember in großer Einmütigkeit beschlossen hatte. Realität ist dieses radikale Konzept bis heute nicht geworden. Doch der Merz-Mythos Bierdeckel lebt. »Es ist ein schönes Stück, weil es die

Diskussion um die Einkommenssteuerreform oder überhaupt die Bürokratisierung in Deutschland ganz wunderbar zeigt«, sagt der Historiker Wichmann über sein Unikat dem SWR.

In der *tagesschau* vom 1. Dezember 2003 kommt der Bierdeckel nicht vor. Doch der Sprecher berichtet von einem »Kurswechsel in der Sozialpolitik« und einem »radikalen Systemwechsel« in der Gesundheitspolitik, welche die CDU bei ihrem Bundesparteitag in Leipzig (30. November bis 2. Dezember 2003) beschlossen hätte. Die neue Steuerpolitik, die die Zustimmung der Delegierten fand, war nicht weniger grundstürzend. Sie ist auf das Engste mit dem Namen von Friedrich Merz verbunden. Die Berechnung der Steuerlast sollte auf einen Bierdeckel passen, so der griffige Slogan, der dann Karriere machte. Angela Merkel lobte Merz ausdrücklich auf diesem Reformparteitag, der in seiner Art und seiner Drastik seinesgleichen sucht.

Nie zuvor und nie wieder hat die CDU so weitreichende Reformen beschlossen. Es war ein Bruch mit einer sozialpolitischen Tradition, die dem Staat eine starke Rolle beim Ausgleichen sozialer Härten zubilligte, ein Staat, der mithin Gerechtigkeit auch durch das Anwachsen von Sozialleistungen erreichen wollte. »Es war ein schwarzer Tag für die Christ-Sozialen«, sagt der langjährige Vorsitzende der CDU-Sozialausschüsse Karl-Josef Laumann später im Gespräch mit dem Autor. Und es war ein großer Triumph von Friedrich Merz. 30 Jahre später, als Merz als Parteivorsitzender eine Neuausrichtung der CDU und ein neues Programm schreiben ließ, bindet er Laumann mit ein. Das ist die Lehre aus Leipzig 2003.

»Das Deutschlandbild, das hier entstand, hatte keine Strickjacke mehr an«, schreibt Mariam Lau noch enthusiastisch über den Neuanfang der CDU 2003. »Rau, frisch, schnell ging es zu, bei dem, was Merkel den Delegierten da zurief.« Die CDU folgte so stark und so begeistert ihrer wiederentdeckten (wirtschafts-)liberalen Wurzel, dass mäßigende Stimmen kaum Platz hatten. Der Veteran der Kohl-Ära, Norbert Blüm, stieß auf dem Parteitag auf Unwillen und litt noch lange daran, dass ihm so wenig Gehör geschenkt wurde. Merkel hatte jene Aufbruchsstimmung erzeugt, nach der die Partei so sehr lechzte. Sie hatte mit der Kommission, die von dem Ex-Bundespräsidenten Roman Herzog geleitet wurde und das Reformprogramm erarbeitet hatte, einen Rahmen geschaffen, der die neue Programmatik mit der nötigen intellektuellen Überhöhung versah. Und sie hatte ihren langjährigen Widersacher und zeitweiligen Counterpart Merz zurück in die Mitte der Partei geholt. Vorerst und auf Bewährung allerdings. Später nannte sie auch noch im Rückblick die Vorschläge zu einer umfassenden Steuerreform von Merz einen »Befreiungsschlag«.

Tatsächlich muss man sich vor Augen führen, dass Merkel in dieser Zeit eher Merz ähnelt. Ihr Machtzentrum war damals immer noch mehr die Basis als die Parteistrukturen. Auf Regionalkonferenzen wirbt sie für ihre Reformen und gewinnt durchaus auch Zuspruch. »Es hat keinen Zweck, den Kopf in den Sand zu stecken und nur angenehme Dinge zu verkünden«, sagte die Parteichefin. Das hätte auch von Merz kommen können.

Die lange Suche der CDU unter Merkel und Merz nach einem neuen Markenkern der CDU, nach einer neuen Mitte in der Folge des Endes der Ära Kohl hatte mit dem Leipziger Parteitag 2003 nach der Wahrnehmung vieler Zeitgenossen ein gutes Ende gefunden, ein Fanal geradezu. Allerdings fand Merkels Hochamt, sie wurde als »Winterkönigin« bezeichnet, nicht ohne Umfeld statt. Schröder hatte schon in seiner ersten Amtszeit seiner pragmatischen Linie mit dem Spruch Ausdruck verliehen, es gebe keine linke oder rechte Wirtschaftspolitik, sondern nur eine gute oder eine schlechte. Nun hatte ihn die dramatische wirtschaftliche Lage zu einem großen Aufschlag motiviert. Deutschland wurde als »kranker Mann Europas« bezeichnet. Schröder setzte gegen die Krisensituation seine »Agenda 2010« mit einer einschneidenden Reform des Sozialstaats und der Sozialversicherungssysteme.

Im März 2003 hatte Schröder seinen Reformplan im Bundestag angekündigt. Er basierte auf Vorüberlegungen, unter anderem dem »Schröder-Blair-Papier« und der Strategie der »neuen Mitte«.

Konkret lag dem Regierungshandeln ein Programm zugrunde, das eine von Schröder einberufene Kommission zusammen mit der Bertelsmann Stiftung unter Vorsitz des Gewerkschafters und Volkswagen-Vorstands Peter Hartz erarbeitet hatte. Kritiker mahnten, hier finde eine Anpassung der Sozialdemokratie an den neoliberalen Zeitgeist statt. Doch im Oktober wurden die ersten Maßnahmen beschlossen. Trotz anfänglicher Kritik unterstützte die Union die Vorhaben und stimmte ihnen zu. Besonders der Grundsatz des »Förderns und Forderns« und die neue Bezeichnung der Sozialhilfe als »Hartz IV« haben sich ins kollektive Gedächtnis eingenistet.

Am 13. Oktober 2003 erschien eine Ausgabe des *SPIEGEL* mit einem Titel, auf dem in der markanten Schrifttype des Magazins auf roter Fläche lediglich ein Wort stand: »Reformen«. Das Hamburger Blatt markiert damit den allgemeinen Konsens, der damals herrschte, Reformen sind notwendig, die Frage ist nur wie und welche. Merkel könnte mit ihrem radikalen Programm, zu dem das Steuerkonzept von Merz gehört, zu einer deutschen Maggie Thatcher avancieren, wurde damals gemutmaßt. Der *SPIEGEL* nennt sie fast schon anerkennend eine Radikalreformerin und schreibt: »Es sind nicht nur Eckpfeiler von 16 Jahren Unionspolitik unter Helmut Kohl, die sie entsorgen will. Merkel möchte die Sozialsysteme so kräftig umpflügen, dass alle noch auf den Reichskanzler Bismarck zurückgehenden Konzepte nach und nach aus dem Programm der Partei verschwinden würden.«

Doch die Partei folgt ihr nicht ohne Weiteres. In der CSU wächst der Widerstand und macht sich vor allem an der Gesundheitsprämie fest, gegen die Horst Seehofer kämpft. Selbst Roland Koch versucht sich nun als Mann der Mitte und ist um Kompromisse bemüht. »Während Stoiber und Koch ihre soften Seiten entdecken, macht Merkel auf eisernes Mädchen«, schreibt der *SPIEGEL*.

Vor dem Hintergrund der allgemeinen Reformdebatten fand der Leipziger Parteitag statt und in diesem Lichte lässt sich das Reformprogramm Merkels auch als Reaktion auf Schröders Agenda lesen, zumindest diente Schröder als Katalysator für den Eifer der

CDU, nun bloß nicht der Entwicklung, die von der Sozialdemokratie vorgelegt worden war, hinterherzuhinken.

Das Protokoll des Leipziger Parteitags vermerkt die erste Erwähnung des Begriffs Bierdeckel in der Eröffnungsrede von Angela Merkel. Anders als die parteiinterne Legendenbildung es will, zitierte die Parteivorsitzende bereits am Anfang des Parteitags Merz mit seinem Bierdeckelkonzept. Merz hat also nicht auf dem Parteitag spontan in seiner freien und gefeierten Rede die griffige Formel von der Steuererklärung auf dem Bierdeckel erfunden und geprägt. Der Bierdeckel war schon in der Welt, Merz konnte sich nur noch mal selbst zitieren.

Merkel feierte Merz in ihrer Rede geradezu, das war nach den Turbulenzen der letzten Jahre und auch noch nach den Querelen vor dem Parteitag in dieser Weise durchaus erstaunlich. »Die Menschen sagen: Ich will meine Steuererklärung auf einem Zettel machen können, der nicht größer als ein Bierdeckel ist. Das ist mit Friedrich Merz' Steuermodell möglich. Dafür, lieber Friedrich, vielen Dank und alles Gute für deine morgigen Beratungen.« Die CDU-Familie liebt solche emotionalen Momente, die Inhaltliches und Persönliches verschmelzen. Endlich vertragen sich Merkel und Merz wieder, mögen manche da (irrtümlich) gedacht oder zumindest gehofft haben.

Wie schwer sich Merz 2003 immer noch mit der Degradierung tat, die gerade mal ein Jahr zurücklag, dokumentiert eine Geschichte um die Zustimmung zur Gesundheitsreform. Merz lehnte die Vorlage ab, der Konflikt spitzte sich zu und er drohte, sein Amt des Vize-Fraktionsvorsitzenden niederzulegen. Schließlich konnte der Druck von Vertrauten und seine persönliche Kosten-Nutzen-Abwägung ihn von diesem Schritt abhalten. Doch keineswegs war die Konstellation in der Fraktionsführung mit Merkel an der Spitze und ihm in der zweiten Reihe 2003 gänzlich stabil.

Bereits am 28. September, also zwei Monate vor dem Parteitag, verwendet Friedrich Merz den Begriff der Bierdeckel-Steuererklärung in einem Interview mit dem *Tagesspiegel*. Er erläutert den Journalisten darin seine Idee von einem einfacheren Steuersystem. »Einfach« sei für ihn die erste Maxime, führt er aus. »Von der reinen Lehre her gesehen ist der linear-progressive Tarif, also eine gleichmäßig mit der Höhe des Einkommens nach oben steigende Steuerlast richtig, einfacher darstellbar ist ein Stufentarif.« Und um diese Einfachheit zu illustrieren, sagt er dann: »Das ist nun mal jedem auf dem Bierdeckel begreiflich zu machen: Bis zu dem Einkommen zahlst du so viel, danach so viel und von dieser Summe an so viel Steuern in festen einheitlichen Sätzen.«

Tatsächlich legt Merz hier schon in der Erklärung die Spur, die zum Scheitern und Vergessen der radikalen Reformideen geführt hat. Komplizierte Regeln würden meistens nur denen nützen, die sich teure Beratung leisten könnten, meinte Merz – und hatte damit sicher recht. Doch die Einfachheit des Bierdeckels veranschaulichte auch jedem, dass so wenige Steuerstufen natürlich zu Unwucht und zu Ungerechtigkeiten führen. Die Beliebtheit des Merz'schen Bierdeckels speiste sich mehr aus seiner Anschaulichkeit und weniger aus Zuspruch für das konkrete System. Schröder zielte in seinem Wahlkampf 2005 genau darauf, auch im Zusammenhang mit Merkels neuem und politisch unerfahrenen Steuerfachmann Paul Kirchhof, und gewann so Wählerstimmen bei denen, die mit dem radikaleren Steuermodell eher fremdelten und damit die Sorge vor noch mehr Ungerechtigkeit verbanden, nicht die Hoffnung auf Überwindung des komplizierten, aber vertrauten alten Steuersystems.

Der Wahlkampfmanager von Stoiber, Michael Spreng, nennt Merz mal einen »Sachradikalen«. Gegen den Instinktpolitiker Schröder, der genial Stimmungen erkannte und ausnutzte, tat sich der Erfinder der Bierdeckelreform schwer. Und hier ähneln sich Merz und Merkel wieder einmal mehr, als beiden lieb sein mag.

Die Agendareformen bescherten Deutschland nach verbreiteter Auffassung einen Aufschwung und Wohlstandswachstum. Kritiker halten im Rückblick die Bedeutung der Maßnahmen für überschätzt. Sie führten auf jeden Fall zu einer tiefen Zerrüttung der Sozialdemokratie, in deren Folge es 2005 vorgezogene Neuwahlen gab und Gerhard Schröder sein Amt als Kanzler verlor. Merkel folgte ihm nach. In ihrer ersten Regierungserklärung dankte sie Schröder »ganz persönlich« dafür, »mutig und entschlossen eine Tür« hin zu Reformen aufgestoßen zu haben.

Im Nachhinein aber bleibt das Gefühl einer gewissen Täuschung, denn kaum musste Merkel in der Großen Koalition mit der SPD Kompromisse schmieden, schrumpfte ihre Leidenschaft und ihre Durchsetzungskraft, was große Veränderungen anging, schnell. Das lag sicher auch an den gebeutelten Sozialdemokraten, aber auch an ihrem Pragmatismus. Und auch in der CDU hatte sich die Begeisterung für »Leipzig« überraschend schnell verzogen.

Mit Merkel sei erstmals in der Geschichte der Bundesrepublik eine Anwärterin auf die Kanzlerschaft angetreten, die dezidiert liberale Ideen verfolgte, schreibt ihr Biograf Bollmann. Sie habe das gesellschaftspolitisch Liberale mit dem Wirtschaftsliberalen verbunden. Deswegen sei der Vorwurf falsch, sie sei 1990 in die falsche Partei eingetreten. Doch tatsächlich hat »Leipzig« der Seele der CDU zu wenig Rechnung getragen. Auch weil Merkel das merkte, drehte sie die radikalen Ideen zurück und verließ sich fortan mehr auf die christlich-soziale Wurzel der CDU und ihre Protagonisten. Dies ist der Grund, warum im Folgenden der Bierdeckel zum Mythos und Friedrich Merz zur Projektionsfläche von Wirtschaftsliberalen und Konservativen in der Partei werden konnte. Es war die Erfahrung von »Leipzig 2003«, dass die Partei auch mutig und gewagt programmatische Veränderungen beschließen und bejubeln konnte, die manchem 16 Merkel-Jahre lang in sehnsuchtsvoller Erinnerung blieb.

Der Ausstieg: »Der König ist tot, es lebe der König!«

Abschiedsrede: Das vorläufig letzte Wort

Seine für eine lange Zeit letzte Rede im Bundestag hielt Friedrich Merz am 23. November 2004. Thema waren die Beratungen zum Nachtragshaushalt. Noch war nicht abzusehen, dass im folgenden Jahr vorgezogene Neuwahlen stattfinden würden. Doch nach der Reformenergie des Jahres 2003 war die rot-grüne Bundesregierung in schwerem Fahrwasser. Ebenso kämpfte Angela Merkel um Zustimmung für ihre radikalen Reformpläne, es wurde nach »Leipzig« klar, dass die Partei nun mit dem scharfen neuen Profil haderte, obwohl sie sich doch zuvor über das zu unklare Profil beklagt hatte. Wolfgang Schäuble erinnert sich an seine damalige Skepsis gegenüber den Merkel-Reformen und auch gegenüber dem neuen Steuermodell. »Merz' charmante Vereinfachungsvorschläge für ein Steuerkonzept, das auf den sprichwörtlichen Bierdeckel passte, löste bei mir keine Freude aus.« Vielmehr sei die »Liberalisierungseuphorie« der Merkel-Merz-CDU ein zu enger Weg, alle Strömungen der Partei müssten mitgenommen werden.

Friedrich Merz hatte am 12. Oktober 2004 seinen Rücktritt vom stellvertretenden Fraktionsvorsitz zum Ende des Jahres erklärt. Auch auf den Sitz im Parteipräsidium wolle er künftig verzichten und auf dem Parteitag nicht mehr antreten. Damit beendete er seine politische Übergangsphase. Nach dem Verlust der Fraktionsführung 2002 hatte Merz in der nun von Merkel geführten Fraktion noch eine herausgehobene Rolle als Steuer- und Finanzexperte.

Der Rückzug 2004 besiegelte formal das persönliche Missverhältnis von Merkel und Merz. In der Verteidigung der Reformagenda war Merz für Merkel zuvor eine wichtige und vielleicht sogar notwendige Stütze gewesen und zugleich dokumentierte bis dahin seine Anwesenheit auf der politischen Bühne sogar vordergründig eine gewisse Integrationsfähigkeit Merkels gegenüber dem Konkurrenten, die sie später kaum noch zeigte.

Dieses Konstrukt kündigte Merz nun auf, und das ließ sich klar als Misstrauensvotum gegen Merkel deuten. Merz habe diesen »Frontalangriff auf die Chefin« in einer Schwächephase Merkels beabsichtigt, schreibt Merkel-Biograf Bollmann. Doch greift das etwas zu kurz, zunächst war es auch eine Schwächung von Merz, die er sich selbst beibrachte. Er nahm sich aus dem Spiel, man könnte sogar sagen, er kapitulierte und überließ Merkel das Feld. Denn aus dem Rückzug ergab sich für ihn ja unmittelbar keine Machtperspektive oder ein irgendwie anders gearteter Vorteil. Außer vielleicht dem, sich wieder uneingeschränkt seinem Beruf als Anwalt zuwenden zu können.

Es gab damals ein persönliches Gespräch und einen Brief. »Liebe Angela«, heißt es da fast versöhnlich. Unabhängig von dem Rücktritt werde »ich Dich in den kommenden entscheidenden Wochen in Deinem Bemühen nach Kräften unterstützen«, so schreibt Merz, die beschlossenen Reformen »in der Union durchzusetzen«. Er schreibt weiter, er wolle sich stärker der »Umsetzung unseres Steuerkonzeptes in ein Steuergesetzbuch« widmen. Dies werde umso besser gelingen, »je weniger einzelne Sachfragen von Personalfragen überlagert sind«. Der Brief schließt mit dem Satz: »Als Mitglied der Bundestagsfraktion stehe ich Dir in einzelnen Sachfragen auch in Zukunft gerne zur Verfügung.«

Geglaubt haben werden es die wenigsten. Denn welche Personalfragen sollten das schon sein? Tatsächlich waren es persönliche Probleme, die beide miteinander hatten, Kommunikations- und Stilfragen, die nicht allein in der Abwahl von Friedrich Merz 2002 und dem Groll darüber wurzelten, sondern auch in einem generellen Sich-nicht-Verstehen. Er fühlte sich von ihr nicht gehört, nicht eingebunden, obwohl sie beide vordergründig inhaltlich und innerparteilich auf der gleichen Seite standen. Der *SPIEGEL* schreibt, Merz habe in kleinem Kreis gesagt: »Ordnungspolitisch tickt sie sauber«, aber menschlich sei das Verhältnis verkorkst. Das ist natürlich noch schlimmer, als wenn man sich nur inhaltlich streiten würde. Das Dritte neben der inhaltlichen und der persönlichen Ebene ist die Machtperspektive. Trotz inhaltlicher Nähe wurde Merz klar, dass er »unter Merkel« nichts werden würde. Und das wollte er nicht hinnehmen.

Merkel ließ sich öffentlich eine etwaige Antipathie natürlich nicht anmerken. Auf ihren Regionalkonferenzen trat sie wiederum nahezu nie mit ihm gemeinsam auf, obwohl es um »sein« Thema ging. Dem *SPIEGEL* sagte Merkel zu seinem Rücktritt vom Stellvertreteramt: »Er hat sich, obwohl ich es versucht habe, nicht umstimmen lassen.« Seinen Entschluss habe sie »zur Kenntnis« zu nehmen, so ihre bald zum Markenzeichen werdende nüchterne Tonlage. Merkels Würdigung von Merz wird dann in eine doppelte Verneinung gedrechselt: »Aber zu behaupten, er würde keine Lücke reißen, wäre falsch.«

Fortan blieb Merz Beobachter des weiteren Merkel'schen Aufstiegs. 2005 gab es vorgezogene Neuwahlen, Merz blieb im Bundestag. Merkel wurde Kanzlerin, Volker Kauder ihr treuer Fraktionsvorsitzender. Theoretisch hätte man sich Merz als Minister vorstellen können. Praktisch nicht. Schäuble allerdings nahm noch mal am Kabinettstisch Platz und wurde zunächst Innenminister, später Finanzminister unter Merkel.

Merz berichtet heute, er habe sich 2004 zu einem vollständigen Ausstieg aus der Politik entschieden. In einer Merkel-CDU sah er keinen Platz für sich, obwohl – so die Paradoxie – Merkel gerade den konservativen Wirtschaftsmann in ihrer 16-jährigen Kanzlerschaft zur breiten Aufstellung ihres Personaltableaus sehr gut hätte brauchen können. Er hätte der Sachwalter ihrer Reformagenda sein können, die sie in der Großen Koalition mit SPD-Fraktionschef Franz Müntefering nicht durchsetzen konnte – oder wollte. In der

CDU wiederum gab es für den Merz-Rückzug auch nicht nur Lob, er habe zu früh das Handtuch geworfen, meinten manche. »Er will vermisst werden«, wurde gespottet. Seinem viel späteren Wiederaufstieg hat dieser angekündigte Rückzug von 2004 jedenfalls langfristig nicht geschadet.

Der tatsächliche Ausstieg aus der Politik nach der Ankündigung war dann auch weniger klar und abrupt, als dies zunächst schien, sondern hatte noch mehrere retardierende Momente. Nach der für die SPD verlorenen Landtagswahl in Nordrhein-Westfalen im Mai 2005 organisierten Schröder und Müntefering den um ein Jahr vorverlegten Termin für die Bundestagswahl. Merz entschied sich, doch noch mal wieder für den Bundestag zu kandidieren. »Ich hatte vor, bei den regulären Wahlen 2006 nicht mehr anzutreten, doch 2005 wäre dies zu überraschend gewesen, als dass im Wahlkreis ein Nachfolger hätte aufgebaut werden können.« Deswegen und vielleicht nicht nur deswegen zog Merz 2005 für das Hochsauerland erneut in den Bundestag ein. Es sollte seine vierte Wahlperiode sein.

Bei seiner vorläufig letzten Rede 2004 saß noch das Schröder'sche Kabinett auf der Regierungsbank und Merkel führte die Opposition. Vizepräsident Hermann Otto Solms von der FDP leitete die Sitzung. Erster Redner für die Opposition war, wie so oft in den dann zurückliegenden zehn Jahren, Friedrich Merz. Begrüßt wurde er gleich zu Anfang seiner Ansprache mit einem Zwischenruf. Rezzo Schlauch von den Grünen rief in den Plenarsaal hinein: »Der König ist tot, es lebe der König!« Dass sich der Spott viel später in gewisser Weise bewahrheiten würde, hätten weder Schlauch noch Merz wohl damals gedacht. Merz erwiderte: »Ich möchte ja mit vielen verwechselt werden, aber das muss nicht unbedingt sein.« Das Protokoll vermerkt Heiterkeit. Bis Merz das nächste Mal im Bundestag unter der Glaskuppel ans Rednerpult treten sollte, werden knapp 18 Jahre vergehen, bis zum 27. Januar 2022.

Seine (vorläufige) Abschiedsrede kann durchaus als Zusammenfassung seines bisherigen Wirkens gelesen werden und als eine Art

Merkposten für das, was ihm wichtig war und bleiben würde: solide Finanzen, florierende Wirtschaft, Generationengerechtigkeit und europäische Perspektive. Manches liest sich wie ein umgedrehtes Déjà-vu und könnte als Textbaustein auch im Jahr 2024 Verwendung finden. Merz kritisiert vor allem die Schuldenpolitik, die sei mit Blick auf die Kinder »die asozialste Politik, die in Deutschland jemals gemacht worden ist«. Damals gab es die strenge Schuldenbremse des Grundgesetzes noch nicht, doch musste eine »Störung des gesamtwirtschaftlichen Gleichgewichts« festgestellt werden, um über eine bestimmte Grenze hinaus Kredite für den Bundeshaushalt aufnehmen zu können. Merz beklagte für das Jahr 2004 »die höchste Neuverschuldung, die der Bund je hatte«, und das, obwohl es ein gewisses Wirtschaftswachstum gab.

2009 wurde die Schuldenbremse nach den Erfahrungen der Weltfinanzkrise von 2007 und 2008 von Bundestag und Bundesrat ins Grundgesetz geschrieben. Merz regte genau das in seiner Bundestagsrede im November 2004 schon an. »Die Verschuldungspolitik muss institutionelle Grenzen erhalten, die enger als die gegenwärtigen sind, sodass wenigstens die Substanz für die nachfolgenden Generationen erhalten bleibt«, sagte Merz 2004. Selbst eine Kritik am Investitionsbegriff von damals passt noch immer auf die heutigen Auseinandersetzungen um die Schuldenbremse. Die Kritiker wollen auch heute lieber die Schuldenaufnahme an sogenannte Investitionen knüpfen, anstatt an die harte, jetzt geltende Grenze. Schon 2004 warnte Merz davor, dass sich dann durch eine Ausweitung dieses Begriffs die Möglichkeit zur Kreditaufnahme erhöhen ließe. So wurde diskutiert, ob nicht auch Bildungsausgaben zu den Investitionen gerechnet werden könnten. Das würde dann den Kreditrahmen vergrößern. Merz hingegen fordert, den Investitionsbegriff enger zu fassen, damit die Substanz des Staates nicht »für den Konsum der Gegenwart aufgezehrt« werde.

Merz' Rede sorgt für Stimmung im Plenarsaal. Seine Zuspitzungen und auch seine Seitenhiebe provozieren die Regierungsfraktionen. Arroganz wirft Müntefering ihm vor und ruft entsprechende

Begriffe in den Saal hinein. Merz hingegen lästert, die Einkünfte und Pensionen von Finanzminister Hans Eichel (SPD) wären längst alle gepfändet, würden auf ihn seine eigenen Regeln angewandt. Einen direkten Schlagabtausch liefert sich Merz mit dem Grünen-Politiker Fritz Kuhn, der der Union vorwarf, die deutsche Einheit falsch finanziert zu haben. Merz verteidigt das Kohl'sche Vorgehen und klagt vor allem die SPD an, »mit dem Thema [Einheit] doch nie etwas am Hut« gehabt zu haben. Auch die Grünen knüpfte er sich damals vor und kritisierte das aus seiner Sicht überflüssige »Bundesprogramm Ökologischer Landbau«. Genüsslich zitiert er aus dem 100-Millionen-Euro-Vorhaben: »Das Bundesministerium sieht die Notwendigkeit, in einer reizüberfluteten Gesellschaft durch eine vorgeschaltete Sensibilisierungsphase breite Bevölkerungskreise für die Auseinandersetzung mit der Thematik ökologischen Landbaus zu gewinnen.« Merz erklärt, wer für so etwas Geld habe, könne es mit dem Subventionsabbau nicht ernst meinen.

Von seiner Fraktion gibt es »anhaltenden Beifall« für seine Rede. Das Protokoll vermerkt zum Abschluss noch den Zwischenrufer Joachim Poß von der SPD mit dem Zitat: »Dünne Suppe.« Von der grünen Finanzpolitikerin Christine Scheel gibt es später den auf Merz bezogenen fast prophetischen Zwischenruf: »Er haut drauf wie die außerparlamentarische Bewegung.« Aber beachtlich ist dann vor allem die Erwiderung von Bundesfinanzminister Hans Eichel, der über weite Teile seiner Rede überraschend respektvoll mit Merz umgeht und ihn mehrerere Male argumentativ einsammelt mit der Formulierung: »Da haben Sie recht, Herr Merz.« Auch in der SPD gab es Kräfte, die stärker auf eine solidere Haushaltsführung setzen wollten. In der später gebildeten Großen Koalition wurde das mit dem sozialdemokratischen Finanzminister Peer Steinbrück teilweise auch sichtbar.

Merz' Abschiedsrede wurde von vielen Parlamentariern in der Debatte aufgegriffen und kommentiert. Sein Rückzug sei konsequent, schließlich sei er auch mit seiner Steuerreform gescheitert, wurde ihm entgegengehalten. Sein Fraktionskollege Dietrich Austermann, haushaltspolitischer Sprecher, nennt Merz hingegen den »Oppositionsriesen«, den so schnell in Wirkungskraft und Präsenz keiner werde ersetzen könne. Merz' Funktion als Fraktionsvize wurde auf zwei Personen aufgeteilt, auf die damals noch unbekannten Abgeordneten Michael Meister und Ronald Pofalla. »Schon dass es seinerzeit zwei Nachfolger für Merz gab, nährte die Überzeugung, die Union habe für das Echte eigentlich keinen Ersatz«, so schreibt es Mariam Lau in ihrem CDU-Buch.

Die Hinterbank: Merkel ohne Merz

Am 22. November 2005 eröffnet der neu gewählte Bundestagspräsident Norbert Lammert die Sitzung des Bundestages und ruft den Tagungsordnungspunkt »Wahl der Bundeskanzlerin« auf. Das Ergebnis lautet: Mit Ja haben 397 Abgeordnete gestimmt. Mit Nein votierten 202 Parlamentarier. Enthalten haben sich zwölf Abgeordnete. Eine Stimme war ungültig. Damit war Angela Dorothea Merkel, geborene Kasner, zur ersten Kanzlerin der Bundesrepublik Deutschland gewählt worden. Die Abstimmung war, wie es die Geschäftsordnung vorsieht, geheim. Damals rechnete keiner damit, dass sie 16 Jahre im Amt bleiben würde.

Die neu gebildete Große Koalition verfügte über 448 Stimmen, es fehlten also 51 Voten aus den eigenen Reihen für die Kanzlerin. Doch die Mehrheit der Koalition aus CDU/CSU und SPD war so komfortabel wie selten für einen Regierungschef. Die Opposition aus FDP, Grünen und PDS verfügte lediglich über 166 Abgeordnete. Friedrich Merz saß an dem Tag im Parlament, ob er für Merkel gestimmt hat, ist nicht bekannt. Lammert erklärt vom Präsidentenpult aus den Vorgang in seiner typisch werdenden leicht kommentierenden Art: »Liebe Frau Dr. Merkel, Sie sind damit die erste demokratisch gewählte Regierungschefin in Deutschland. Das ist ein starkes Signal für viele Frauen und für manche Männer sicherlich auch.«

Der Wahl war ein turbulentes Jahr vorausgegangen. Merz hatte noch im November 2004 seinen Wechsel zur international tätigen Großkanzlei Mayer, Brown, Rowe & Maw LLP bekannt gegeben. Zuvor war er als Rechtsanwalt bei der Kölner Sozietät CBH Cornelius, Bartenbach, Haesemann & Partner tätig gewesen. Nun war er sogenannter Partner einer Kanzlei mit Stammsitz in Chicago und weltweit 1300 Anwälten. In Deutschland waren es damals immerhin schon 70 Juristen, die für die Amerikaner tätig waren. Zum Vorstellungsgespräch sei er extra ins winterliche Illinois geflogen, berichtet er Journalisten. Alles sah danach aus, dass Merz seinen Ausstieg aus der Politik weiter forcierte und sich neue Betätigungsfelder suchte.

Doch dann kam alles zumindest für eine gewisse Zeit doch noch mal ganz anders. Die vorgezogenen Neuwahlen brachten auch Merz zurück ins politische Geschäft, zumindest zurück in die politische Debatte. Spätestens als der Wahlkampf von Merkel stockte und ihr Kandidat für die Steuerreform, Paul Kirchhof, in der Öffentlichkeit nicht so gut performte wie erhofft, wurde Merz wieder häufiger genannt. Der niedersächsische Ministerpräsident und CDU-Mann Christian Wulff schlug vor, Merz ins Wahlkampfteam zu holen. Dazu kam es freilich nicht. Aber Merz trat wieder öffentlich auf, ging in Talkshows, lieferte sich einen Schlagabtausch mit Oskar Lafontaine. »Friedrich Merz ist zurück«, schrieb die *FAZ*. Er wolle in Berlin »mitarbeiten und auch eine Rolle spielen«, kündigte der CDU-Politiker an. Merkel solle auf Merz nicht verzichten, hieß es. »Merz ist zurück«, das sollte zur oft wiederholten Formel der Zwischenphase werden. Meist stimmte es nicht ganz oder wurde zur Episode wie in diesem Sommer 2005, wo er im Abgang noch mal kurz ins Rampenlicht trat.

Im Wahlkampf hatte zwar der angesehene Jurist und ehemalige Verfassungsrichter Paul Kirchhof die Rolle des steuerpolitischen Vorkämpfers übernommen, doch Merkels Idee, mit ihm Merz zu ersetzen, schlug fehl. Könnte Merz unter einer Kanzlerin Merkel doch Minister werden? Der *BILD*-Kolumnist Franz-Josef Wagner fasst die Gerüchte in seiner typisch-süffisanten Weise zusammen. »Da der Flug der Königin unruhig ist, wird nun SOS gefunkt«, heißt es in seinem täglichen »Brief«. »Merz ins Cockpit!« Dies sei doch eine Genugtuung für einen, der derzeit »nur am Boden Dienst tue«, so Wagner. Ulrich Scharlack von der Deutschen Presse-Agentur schrieb, nicht viele Politiker hätten ein »Charisma wie Merz«. Solche Analysen stießen den Merkel-Leuten übel auf.

Es wurde sogar kolportiert, dass Merkel selbst darüber nachgedacht habe, auf Merz zurückzugreifen. Doch es wird nur kurz gewesen sein. Merkel musste ihr eigenes Ding machen. Im direkten Vergleich konnte sie nicht gewinnen. Immerhin lobte sie öffentlich, dass er sich im Wahlkampf engagiere. Hinter den Kulissen ärgerten sich die Merkel-Treuen und streuten Gegengift. Es wurde auch der Merz-Mannschaft immer deutlicher, dass Merkel gerade ihre Medienstrategie professionalisierte. Mit ihrem Team um Eva Christiansen und Beate Baumann sei nicht zu spaßen, hieß es damals. »Die Randerscheinung« war ein Text über Merz in der *Berliner Zeitung* von Daniela Vates im Juni 2005 überschrieben. Merz sei nicht fähig, im Team zu arbeiten, so wurde dort das Merkel-Umfeld zitiert. »Er ist unberechenbar, eine lose Kanone«, habe eine Vertraute Merkels gesagt. »Er spielt keine Rolle.« Letzteres war dann tatsächlich wahr, aber es war natürlich zunächst auch eine Beschwörungsformel, dass das Gegenteil bloß nicht eintreten möge. Im Büro Merz hat man den Beitrag aus der *Berliner Zeitung* auf jeden Fall nicht so begeistert aufgenommen, die bösesten Zeilen wurden im Pressespiegel für den Chef gelb markiert und mit entsprechenden Randbemerkungen versehen.

Kurz nach der Wahl wurde Friedrich Merz in der amerikanischen Hauptstadt gesichtet, bei der traditionellen Bootspartie der Commerzbank anlässlich der Jahrestagung des Internationalen Währungsfonds (IWF). Die Gäste auf der »Cherry Blossom« am Ufer des Washingtoner Potomac River seien doch überrascht gewesen, heißt es. »Was macht der denn hier?« Ist das nicht der mögliche Nachfolger von Bundesfinanzminister Hans Eichel, der am Vortag noch mit Innenminister Otto Schily im Cafe Einstein Unter den Linden in Berlin gesichtet worden war?

An Bord des Raddampfers hätten damals zwei Interpretationen kursiert, wie sich das Auftauchen des CDU-Politikers in den USA erklären ließe, so ein Bericht von Mark Schieritz in der »Financial Times«. Entweder sei Merz in Washington, um sich als künftiger deutscher Minister schon mal bei der globalen Finanzelite vorzustellen. Oder aber Merz gönne sich die fröhliche Bootsfahrt in Washington, weil er in Berlin ohnehin nichts mehr zu tun und zu melden habe. Die zweite Variante sollte sich im Ergebnis als die richtige erweisen. Merkel verzichtete auf Merz. Und sein kurzer Rückzug vom Rückzug im Wahlkampf ein paar Monate lang blieb ein Zwischenspiel.

Merkel musste nach der Wahl 2005 eine Große Koalition bilden, Finanzminister wurde der Sozialdemokrat Steinbrück. Friedrich Merz blieb von 2005 bis 2009 als einfacher Abgeordneter im Parlament. Als Abgeordneter einer Regierungsfraktion war Merz 1994 in den Bundestag gekommen, als Oppositionsführer hatte er sich einen Namen gemacht. Nun saß er erneut als Teil einer Regierungsfraktion im Bundestag, allerdings dort, wo die Stühle keine Tische mehr haben und von wo der Weg zum Rednerpult nicht nur in Schritten weit ist. In der öffentlichen Wahrnehmung und auch im innerfraktionellen Machtgefüge rückte er nach hinten. Das Bundestagsarchiv verzeichnet für die 16. Wahlperiode keine einzige Rede des einst so geschätzten wie gefürchteten Redners Friedrich Merz. Allerdings sind Dokumente hinterlegt, die Fragen des Abgeordneten oder Anfragen zu Merz behandeln. Etwa will ein Parlamentarier wissen, ob Friedrich Merz als möglicher deutscher EU-Kommissar gehandelt wird. Gernot Erler, Staatsminister im Auswärtigen Amt, verneint die Frage. Außerdem steht Merz mit seinem Namen unter einigen Anträgen. Bioethische Fragen beschäftigen ihn, so setzt er sich gegen embryonale Stammzellforschung ein. Aber auch die Breitbandversorgung im ländlichen Raum ist ihm ein Anliegen. Einen größeren Auftritt hat er nicht mehr.

Das Wahlergebnis 2005 sollte in mehrerlei Hinsicht einschneidend sein. Es führte zu Merkels Kanzlerschaft, doch war es zugleich eine herbe Enttäuschung. Die CDU, die sich in Umfragen auf dem Siegespfad wähnte, stürzte am Wahlabend ab. Mit 34,2 Prozent erreicht die Union weniger als vier Jahre zuvor und insgesamt das drittschlechteste Ergebnis seit 1949. Merkel gelang es dennoch, die noch etwas schwächeren Sozialdemokraten in eine Koalition zu führen. Die Rolle von Noch-Kanzler Gerhard Schröder am Wahlabend ist dazu oft beschrieben worden. Doch die Lehre aus dem Ergebnis sollte für Merkel entscheidend für ihre Politik werden: Mit einer knallharten wirtschaftsliberalen Reformagenda lassen sich keine Wahlen gewinnen. Das Jahr ist deswegen so gravierend, weil Merkel sich wegen der Erfahrung von 2005 davon verabschiedete, im Kern eine Reformerin, eine programmatische Anführerin zu sein. Sie erfand sich neu – und das mit großem Erfolg. Die Merkel 2005 ante kennt heute kaum noch jemand.

2005 ist ein Einschnitt nicht nur für Merkel persönlich. Es endete eine Art Reformdekade. 2005 erschien von heute aus gesehen als eine politische und auch politik-kulturelle Zäsur. 1997 war »Reformstau« das Wort des Jahres. Nach der Phase des Stillstandes war um die Jahrtausendwende unter Rot-Grün eine neue Dynamik ausgebrochen. Dazu gehörten die Einführung des Euro und auch die Reformen der Schröder-Zeit. Doch auch in der politischen Debatte herrschte eine bisweilen sogar euphorische Veränderungsbereitschaft. Die CDU hatte sich mit ihrem Reformparteitag 2003 als fast schon radikal erneuerungshungrig präsentiert. Schließlich war auch die Zustimmung für Merkel in der Folge der Parteikrise von dem Geist geprägt, etwas Neues wagen zu wollen. In der CDU war man bei aller Kritik durchaus stolz, eine junge Frau an der Spitze zu haben. Merkel war nicht nur die erste Kanzlerin, sondern auch verglichen mit ihren männlichen Vorgängern die jüngste Amtsinhaberin. Von Jürgen Rüttgers stammt die Formulierung, die CDU müsse sich von einigen »Lebenslügen« verabschieden, das bezog sich nicht auf den Sozialstaat wie bei Merkel und Merz, sondern auf gesellschaftliche Fragen wie etwa auf die Migrationspolitik, aber auch auf die Familienpolitik.

Weißer Ritter: außerparlamentarische Opposition

Mit dem Regierungsantritt von Merkel erlahmte vor allem die wirtschafts- und steuerpolitische Aufbruchstimmung. Das lag auch an den sich gegenseitig bremsenden Impulsen in der Großen Koalition. Während Müntefering den Heilungsprozess innerhalb der Sozialdemokratie nach den Zerwürfnissen der Hartz-Reformen anstrebte, bemühte sich Merkel, den verprellten CDU-Sozialflügel wieder für sich zu gewinnen. Im Ergebnis war dies Jahr 2005 der Beginn einer Politik, die mehr auf Ausgleich als auf Aufbruch setzte. Es begann nach der Reformphase die Konsensphase der deutschen Politik. Veränderungen, wenn sie denn noch angegangen wurden, wurden nun nicht als Aushandlungsprozess, sondern letztendlich als notwendige Krisenbewältigung, als für alle hilfreich, als vielleicht anstrengend, eben als »alternativlos« proklamiert. Dieser Wandel war nicht Merkels Werk allein, vielmehr war sie die Kanzlerin, die dieser gesellschaftlichen Stimmung und Sehnsucht nach Harmonie einen Kopf und eine Anführerin gab.

Friedrich Merz wurde 2004 von der *FAZ* zum »Reformer des Jahres« gewählt – und er blieb dies gewissermaßen für eine lange Zeit. Mit der Kanzlerschaft von Merkel wandelt sich auch die Rolle von Merz. Er wird nun zu einem personalisierten Sehnsuchtsort all jener, die mit dem Kurs der Kanzlerin unzufrieden waren, auch für diejenigen, die sich die Merkel von 2003 zurückwünschten. Aus dem Schäuble'schen Führungsduo waren zunächst politische Kontrahenten, aber keine inhaltlichen Gegner geworden. Doch nun, nach der Kanzlerwahl, war nicht nur der Machtkampf entschieden, sondern begann die weitere Entfernung voneinander. Merz wurde zu Merkels Antipoden in einer Weise, wie das zunächst nicht absehbar war. Der Name Merz entwickelte sich zur Projektionsfläche der Merkel-Kritiker, die dann tatsächlich auch nur außerhalb der Politik funktionierte, nur außerhalb funktionieren konnte. Merz sollte zur außerparlamentarischen Opposition der CDU werden. Hätte Merkel ihn an den Kabinettstisch geholt, wäre vermutlich ein anderes Merz-Bild entstanden.

In der Wahl von 2005 liegt schon der Keim für die »neue« CDU, die unter Merkel wächst. Sie ist Kanzlerin, auch eine teilweise sehr beliebte Kanzlerin, mit einer aber auf lange Sicht schwächelnden Partei. Merz schreibt dazu schon 2005 während der Koalitionsverhandlungen etwas auf. Er beteuerte, Merkel nicht zu kritisieren, er sei loyal, aber die Probleme wolle er dennoch benennen. In der *WirtschaftsWoche* für die er inzwischen eine regelmäßige Kolumne schrieb, führte er aus, dass die Union bei den Erststimmen auf über 40 Prozent komme. 2,6 Millionen Wählerinnen und Wähler hätten mit der Erststimme für die Union votiert, mit der Zweitstimme aber nicht. »Nach den Gründen werden wir noch sorgfältig suchen müssen«, schreibt Merz. Der Grund, der für ihn auf der Hand lag, war: Merkel. Merz schreibt ziemlich unverhohlen: »Nur 35,2 Prozent bei den Zweitstimmen sind eine überdeutliche Antwort der Wähler auf Wahlprogramm und personelles Angebot der Union.« Der Text ist mit der Überschrift versehen: »Merz: Wähler wollen Merkel offenbar nicht«.

Friedrich Merz wird im November des Regierungswechsels 50 Jahre alt. Mit seiner Frau gründet er aus diesem Anlass eine Stiftung, die Kinder von benachteiligten Familien unterstützen soll. Seine Partei, der er nun rund 30 Jahre angehört, kann mit einer Unterbrechung von nur sieben Jahren wieder das Kanzleramt besetzen. Aber er ist nicht dabei. Sein Rückzug aus der ersten Reihe der Politik verschafft ihm aber nun auch die formale Unabhängigkeit, mit der er die neue Regierung schärfer kritisieren kann, als das alle anderen namhaften Parteifreunde innerhalb von Funktionen und Mandaten konnten. Das beschert ihm Öffentlichkeit – und verständlicherweise keine neuen Freunde im Kanzleramt und drumherum.

Die prinzipielle Loyalität, die er sich zunächst auferlegt hatte, wich nun einer skeptischen bis offensiv ablehnenden Haltung. Merz wird nun zum CDU-eigenen Haus-und-Hof-Kritiker der Kanzlerin. Damals kursierte ein böser Witz in der Fraktion, den Hans-Hermann Tiedje festgehalten hat. »Im Magen von Frau Merkel treffen sich Friedrich Merz und Ronald Pofalla. ›Wie bist du denn hier hereingekommen?‹, fragt Pofalla. Merz: ›Sie hat mich gefressen. Und wie war das bei dir?‹« Pofalla war damals Merkels treuer Generalsekretär. Nicht alle fanden es witzig.

»So viel SPD war nie«, ist ein Interview Ende 2005 in der *FAZ* übertitelt. Merz nimmt sich den Koalitionsvertrag vor – und lässt kaum ein gutes Haar daran. »Die Länge des Textes steht offensichtlich in umgekehrt proportionalem Verhältnis zu seiner Substanz«, sagt er. Zwar räumt er ein, dass es für Merkel zur Großen Koalition keine Alternative gegeben habe, doch unnötigerweise habe man, schon bevor die Verhandlungen begonnen haben, »Positionen aufgegeben«. Eine Handschrift der Union könne er nicht erkennen. Aber sein Hauptvorwurf, der sich aus seiner Sicht dann in der Kanzlerschaft Merkels fortsetzen wird, ist die mangelnde Treue der eigenen Haltung gegenüber. »Es bleibt jedenfalls der Eindruck, dass wir wenige Tage nach der Wahl das Gegenteil sagen zu all dem, was wir vorher für richtig gehalten haben.« Merz analysierte schon im November 2005, die Koalition könne zum strategischen Vorteil für die SPD werden, die Union hingegen gerate in erhebliche »programmatische Gefahr«. Der Begriff von der »Sozialdemokratisierung der CDU«, so schlicht wie prägnant, steht bereits am Anfang der Kanzlerschaft Merkels im Debattenraum und wird die beliebte Kurzformel der Kritik an ihr bleiben, die durch den Vorwurf der Grünfärbung der CDU ergänzt wurde.

Einige Interpreten meinen, Merkel habe das Bündnis mit den Sozialdemokraten genutzt, um die leidige Reformagenda loszuwerden, doch der Befund wäre im Kern noch verheerender. Merkel, die leidenschaftlich für Reformen gekämpft hat, wäre nun froh gewesen, diesen Kurs verlassen zu können. Wird ihr das gerecht? Wahrscheinlicher ist eben doch, dass die normative Kraft des Faktischen sie in diese neue Rolle getrieben hat, die sie dann allerdings geschmeidig ausgefüllt hat. Fortan wurde ihre Politik vor allem an der Stimmung in der Bevölkerung ausgerichtet, stärker als zuvor. Ihre programmatische Vorreiterrolle, die sie unter anderem auch durch die von ihr erfundene Herzog-Kommission errungen hatte, verliert sich. In ihren ersten vier Kanzlerinnenjahren wird vor allem ihre Ministerin Ursula von der Leyen mit ihrer Familienpolitik einen inhaltlichen Akzent setzen. Auch der Fokus auf Forschungspolitik und ein entsprechender Etataufwuchs bleibt mit ihr und ihrer Bildungsministerin Annette Schavan verbunden. Doch große Reformen bleiben aus.

Matthias Jung von der Forschungsgruppe Wahlen wird in Sachen politische Strategie ein wichtiger und zentraler Berater von Angela Merkel. Bei der Bundestagswahl 2009 wird er erstmals die Methode der asymmetrischen Demobilisierung einsetzen. Das Ergebnis ist, dass die CDU zwar erneut Prozentpunkte verliert, aber die Union zusammen mit einer angewachsenen FDP regieren kann. Der größte Triumph also, die Große Koalition hinter sich zu lassen und eine bürgerliche Koalition bilden zu können, hat einen bitteren Beigeschmack angesichts der 33,8 Prozent, die die Union erreicht. Merkel selbst wirkt dann in dem CDU-FDP-Bündnis merkwürdig fremd im eigenen Haus. Auch in ihrer zweiten Legislaturperiode als Kanzlerin findet sie nicht zu altem Reformeifer und Gestaltungswillen zurück.

Merz treibt das schon 2006, als er noch im Bundestag sitzt und seinen Ausstieg aus dem Politikgeschäft und seinen Einstieg in die Welt eines Wirtschaftsanwalts voranbringt, um. Zum Bundesparteitag in Dresden im November 2006 nach einem Jahr Kanzlerschaft Merkel sieht er seine Partei bereits stark verändert. Die CDU habe inzwischen Angst vor Reformen, sagt er Journalisten. In Dresden gehe es nur noch um »Machtarithmetik«, ein »gesellschaftlicher Diskurs« fehle, lässt er seine Heimatzeitung *Westfalenpost* wissen. Sind das nun Äußerungen eines frustrierten Aussteigers? In den folgenden Jahren wird sich zeigen, auf wie viel Resonanz seine Analysen, aber auch seine Merkel-Kritik immer wieder stößt. Er wird zum Vortragsreisenden in Sachen wirtschaftspolitisches Profil der CDU und auch Kanzlerinnen-Bashing. Sein Comeback war damals nicht konkret geplant, allenfalls von seinen Fans erträumt, doch ohne diese neue Rolle als Großkritiker von außen ist, im Rückblick betrachtet, sein weiterer Weg zurück in die Politik nicht denkbar.

Als Weißer Ritter tritt Friedrich Merz am 11. Februar 2006 bei der Verleihung des Ordens wider den tierischen Ernst auf. Er nutzt die Karnevalsveranstaltung, um mit gewisser Selbstironie auf seine künftige Rolle als Mann der Wirtschaft zu verweisen. Weiße Ritter werden an den Märkten diejenigen genannt, die einem Unternehmen bei einer geplanten feindlichen Übernahme zur Hilfe eilen. Dass er sich als Weißer Ritter der CDU sieht, die nun schon länger feindlich übernommen wurde, ließe sich als Subtext formulieren. In seiner Rede aber grüßt er Angela Merkel, deren Abwesenheit er verstehe, immerhin stehe mit ihm »einer der Schlimmsten« auf der Bühne.

Die Rede sorgt für Aufregung, zum einen, weil die *Aachener Zeitung* herausgefunden haben will, dass einige Gags bei einer anderen Satire abgeschrieben wurden. Vor allem empören sich manche aber auch über den Duktus, der sei peinlich und geschmacklos. Tatsächlich würden manche Witze heute nicht mehr so locker erzählt, andere scheinen fast prophetisch. So plant Merz in seinem Sanierungsprogramm, Mecklenburg-Vorpommern »bilanziell als Totalverlust« an die Russen zu verscherbeln. Mit dem »Geld aus der Gas-Pipeline« könne man das Land dann im Verfahren »Sale and Buy-back zurückkaufen«. Die dubiose Klimastiftung der Ministerpräsidentin Manuela Schwesig (SPD) gab es da noch nicht. Es war aber dann wirklich die letzte Rede für eine gewisse Zeit, mit der Merz für große Aufmerksamkeit sorgte.

Im Februar 2007 erklärte Friedrich Merz, bei der regulären Bundestagswahl 2009 nicht mehr antreten zu wollen. Es war die nächste

Etappe im Hindernislauf des Politikaussteigers. Diesmal sollte es dabei bleiben. Es gab treue Freunde, die ihn davon abhalten wollten. Manche sagten, er müsse dies doch nicht so früh ankündigen. Doch er wollte seinem Kreisverband Zeit für die Nachfolgersuche lassen – und er wollte sich nun ungestörter seiner wiederentdecken beruflichen Tätigkeit widmen. Er hatte im Kreis der Familie beraten, mit Merkel telefoniert und die Nachricht in die Welt versendet.

»Das politische Ende des Friedrich Merz wurde in der *tagesschau* vermeldet wie der Tod eines Ufa-Stars, von dem man lange nichts mehr gehört hatte«, schreibt Wulf Schmiese in einer Art verfrühtem Nachruf. »Wie ein talentierter Alles-oder-nichts-Mann als Politiker gescheitert ist«, lautet der Untertitel des Textes. In Schmieses Beitrag heißt es dann, dieses Scheitern gebe der Politiker selbst zu. »In vielem, was ich für falsch hielt, war ich nicht bereit, mich anzupassen«, so die Merz'sche Selbstreflexion. Er habe nicht gelernt, unverbindlich zu formulieren. »Es tut mir leid – das kann ich nicht.«

Schmiese sieht einen Grund für Merz' Politik-Aus in paradoxer Weise auch in dessen Außergewöhnlichkeit, in seinem Talent und seinem Können, auch wenn es verpönt sei, so etwas im politischen Raum zu äußern. »Das Scheitern des Merz spiegelt Deutschlands Parteien- und Politiksystem, worin einer wie er nur Gast sein kann.« Schon Ende 2007 nahm Merz erstmals seit 20 Jahren nicht am Bundesparteitag der CDU teil. Kurz gab es noch mal das Gerücht, Merz plane die Gründung einer eigenen Partei. Doch die Spekulationen wies er schnell als haltlos und »Blödsinn« zurück. »Ich habe sicher nicht die Absicht, einen Oskar Lafontaine auf der anderen Seite zu spielen«, spottete er in einem Interview. Gleichwohl sei es wichtig, dass sich die CDU einem »zweifellos wachsenden politisch heimatlosen Bürgertum« zuwende.

Zwei ungewöhnliche Termine hatte Merz dann noch im Sommer und Herbst 2008, die man im Kanzleramt aufmerksam beobachtete. Im August hatte der Sauerländer den FDP-Bundesvorsitzenden Guido Westerwelle nach Winterberg zu einer Wanderung eingeladen. Beide genossen die Spekulationen, die durch die Verabredung ins Kraut schossen. Außerdem vereinbarten beide noch einen Gastauftritt des Christdemokraten bei der Klausurtagung der FDP-Bundestagsfraktion am 11. September. Zwar beteuerte Merz nach dem gemeinsamen Abendessen, er sei als CDU-Mitglied in den Raum gegangen und als solches wieder herausgekommen, doch die Fantasie der Beobachter hielt das nicht auf: Bahnt sich hier ein Parteiwechsel von Merz an? Welche strategischen Möglichkeiten würden sich daraus ergeben? Die *FAZ* wagt sich weit aus dem Fenster. In einer möglichen Ampel-Koalition (!) nach der Bundestagswahl am 27. September 2009 brauche die FDP eine starke Persönlichkeit, die mit SPD und Grünen auf wirtschafts- und finanzpolitischem Terrain fertig würde. Das könne Westerwelle nicht, das könne nur Merz. Es kam anders, ganz anders. Die Kanzlerin bildet mit dem FDP-Chef eine schwarz-gelbe Koalition. Und tatsächlich kommt Westerwelle mit Merkel nicht klar. Merz wird nicht Minister, verlässt nicht die CDU, aber die Politik. Und viel später scheitert nicht Westerwelle, sondern sein Nach-Nachfolger als FDP-Chef, Christian Lindner, an der Ampel, aber das ist eine andere Geschichte, die später erzählt wird.

Zum Abschied schenkt Merz der geneigten Öffentlichkeit noch ein Buch. *Mehr Kapitalismus wagen* erschien Ende 2008. Es ist ein Plädoyer für eine marktwirtschaftliche Ordnung, die Wohlstand für alle verheißt. Dabei verfällt er keineswegs in eine blinde Verteidigung aller Auswüchse des Kapitalismus. Es schreibt der konservative Merz, nicht der Turboliberale, indem er durchaus bereit ist, die Auswüchse der Finanzwirtschaft, in die er ja zu wechseln gedenkt, zu kritisieren. Merz wird auch auf dem Parkett der Börsen ein Unangepasster sein wollen, so die Botschaft. Merz verteidigt die Globalisierung und gleichzeitig weiß er um die Gefahren. »Man kann nicht erwarten, dass in deutschen Unternehmen die Beschäftigten chinesische Löhne bekommen und die Manager amerikanische Gehälter«, schreibt er. Gleichwohl gewinnt er in der real existierenden CDU in Berlin mit dem Buch wenig Freunde. Im Adenauer-Haus werde über den neuen neoliberalen Apologeten gelästert, heißt es damals.

Mit der Bundestagswahl 2009 endete dann – vorläufig, aber immerhin für zwölf Jahre – die parlamentarische Tätigkeit von Friedrich Merz. 15 Jahre hatte er das Bundestagsmandat für den Hochsauerlandkreis inne. Er war einer der leidenschaftlichsten Redner im Bundestag, zunächst in Bonn und dann in Berlin. Er war einer der prominentesten Stimmen seiner Partei. Merz war und blieb eine der ungewöhnlichsten Persönlichkeiten der deutschen Politik und Öffentlichkeit, kaum vergleichbar, streitbar, kantig, unberechenbar. »Er ist schonungslos rigoros«, sagte ein Freund über ihn.

Nebentätigkeiten: Was sind Heuschrecken?

Der neue Vorstandsvorsitzende, Reto Francioni, eröffnet am 24. Mai 2006 um 10 Uhr in der Frankfurter Jahrhunderthalle die ordentliche Hauptversammlung der Deutschen Börse AG. Erstmals sitzt das neue Aufsichtsratsmitglied Friedrich Merz mit im Saal. Es sei ein beschwerlicher Tag für ihn gewesen, berichtet das *Manager Magazin* später. Denn fast jeder Redner ging auf seine Person ein, aber er selbst durfte nicht reden. So sieht es das strenge Reglement vor. Nur zuhören, das fiel Merz sichtlich schwer. Immerhin konnte er durch ein kurzes Kopfnicken dem Vorstandsvorsitzenden zustimmen, als dieser beklagte, dass es in Deutschland an einer »Aktienkultur« mangele.

Im Anhang des Geschäftsberichts, der den erfolgreichen Umbau des Unternehmens preist, sind die Aufsichtsräte mit einer Kurzbiografie aufgeführt. Merz, so steht es dort, ist seit dem 12. Juli 2005 Mitglied des Gremiums. Darüber hinaus sei er Mitglied des Bundestages sowie Rechtsanwalt. Als Kanzlei wird Mayer Brown, Berlin notiert. Aufgelistet werden seine Aufsichtsratsmandate: Axa Versicherung AG, Köln, Deutsche Rockwool GmbH, Gladbeck und Interseroh AG, Köln. Als »Sonstiges Mandat« wird genannt: BASF Antwerpen NV. Zusätzlich taucht Merz in dem Bericht noch als Mitglied eines besonderen Ausschusses auf. In einer Arbeitsgruppe »für Strategieangelegenheiten« wird Merz unter anderem neben dem neuen Aufsichtsratschef Kurt F. Viermetz als Mitglied geführt.

Die besondere Stellung von Merz in dem Unternehmen und die besondere Aufmerksamkeit, die er in Frankfurt auch bei den Aktionären auf sich zieht, hat gar nicht in erster Linie mit seiner politischen Prominenz zu tun. Vielmehr hat nach turbulenten Vorgängen die Deutsche Börse AG sowohl ihren Vorstandsvorsitzenden Werner Seifert als auch ihren Aufsichtsratschef und Ex-Deutsche-Bank-Chef Rolf-E. Breuer ausgewechselt. Der Mann, der dies mit organisiert hatte, war: Friedrich Merz. So langsam und verzögert sich sein Ausstieg aus der politischen Welt vollzog, so kontinuierlich entwickelte sich sein Einstieg in die Wirtschaftswelt. Wie fern beide Planeten bisweilen zueinander stehen, das musste Merz immer wieder spüren. Er selbst sollte in beiden Sphären heimisch werden. Vor allem stößt Merz' wirtschaftliches Engagement fortwährend auf Kritik, Ablehnung und Anfeindung. Dabei mischen sich bisweilen Unkenntnis und Ressentiment mit auch berechtigten Anfragen nach Transparenz und Unabhängigkeit.

Das Milliardenunternehmen Deutsche Börse AG bemühte sich seit 2004 um Wachstumsperspektiven, wie man das so nennt. Dazu sollte die Londoner Börse übernommen werden. Dagegen wehrte sich ein prominenter Großaktionär der Deutschen Börse, der »The Children's Investment Fund« (TCI). Hinter dem ungewöhnlichen Namen steht dessen Erfinder, der schillernde Londoner Unternehmer Chris Hohn. Dieser lehnte die Fusionsideen ab, weil er sie als zu risikoreich ansah. Er beauftragte die Berater der bereits erwähnten international tätigen Anwaltskanzlei Mayer Brown mit der Wahrnehmung seiner Interessen. Dort arbeitete Merz seit Kurzem. Man habe jemanden gesucht, der die deutschen Gegebenheiten kenne, vermitteln könne und bereit sei, für TCI in den Aufsichtsrat zu gehen, hieß es. Merz bekam den Job. Der habe eine friedliche Lösung gewollt, schreibt später ein Fachmagazin. Das hätten auch Breuer und Seifert anerkannt. Doch dazu kam es nicht. Die beiden Spitzen mussten gehen. Es seien Narben zurückgeblieben, hieß es später. Merz und Breuer kannten sich schon vorher, ihn abserviert zu haben, sei ihm nahegegangen, so wird Merz zitiert.

Während also auf der politischen Bühne gerade der Bundestagswahlkampf läuft, ist Merz noch auf einem anderen Feld unterwegs. Doch das wird gerade auch von der Politik misstrauisch beäugt. Die Skepsis der Politik gegenüber dem Gebaren einer wachsenden Finanzindustrie bündelte sich 2005 in einer von Franz Müntefering angestoßenen Debatte und in einem Begriff, den der SPD-Politiker damals erfand und der prägend und wirkungsmächtig bleiben sollte. Am 17. April erschien ein Interview mit der *BILD am Sonntag*, in dem Müntefering sich gegen die Praxis sogenannter Private-Equity-Gesellschaften wandte. Es gebe Finanzinvestoren, die würden sich nicht für die Menschen interessieren, seien allein auf Profit aus und würden Arbeitsplätze vernichten. »Sie bleiben anonym, haben kein Gesicht, fallen wie Heuschreckenschwärme über Unternehmen her, grasen sie ab und ziehen weiter.« Gegen diese Form von Kapitalismus müsse die SPD kämpfen.

Mit dem Begriff der Heuschrecke, angelehnt an ein biblisches Motiv, wird seitdem mehr oder weniger undifferenziert finanzielles Engagement von global agierenden Investoren kritisiert. Generelle Unkenntnis von wirtschaftlichen Zusammenhängen, die diffusen Ängste gegenüber der Globalisierung und auch die Ablehnung von Veränderungsprozessen haben nun ein Bild gefunden, das furchterregend und abstoßend genug klingt, um vieles zu diskreditieren und wenig zu erklären. Dies zeigt besonders gut das Beispiel der Börsenfusion in Frankfurt, die von einer »Heuschrecke« verhindert wurde. In der Debatte bei der Hauptversammlung sagte ein Anteilseigner in der Aussprache, Merz müsse »allen Aktionären« verpflichtet sein und nicht als »Handlanger ausländischer Investmentfonds« agieren. Ob die Interessen seines Mandanten tatsächlich nicht denen anderer Aktionäre entsprachen, wäre aber erst einmal zu prüfen gewesen.

Für Augenmaß und Sachlichkeit bleibt auch auf der politischen Bühne kein Raum. Tatsächlich macht die Doppelrolle Merz angreifbar. Als Politiker ist er dem Gemeinwohl verpflichtet, als

Wirtschaftsanwalt ist er nur seinen Mandanten und gegebenenfalls den Aktionären Rechenschaft schuldig. Ob seine Tätigkeit für TCI also wirtschaftlich sinnvoll und langfristig Erfolg versprechend war, wird in Berlin nicht erörtert. Die *SZ* zitiert den stellvertretenden SPD-Fraktionschef Joachim Poß mit seiner Forderung, Merz müsse erklären, wieso er einem angelsächsischen Unternehmen dabei helfe, die Deutsche Börse auszunehmen. Die SPD-Abgeordnete Nina Hauer wird noch schärfer, nennt Merz' Engagement verantwortungslos und wendet nun die von Müntefering neu geschaffene Anti-Kapitalismus-Formel an. »Die Heuschrecken haben ein Gesicht bekommen – Friedrich Merz.«

Ob sich mit so einer Karikatur beschreiben lässt, was Friedrich Merz jenseits der Politik tatsächlich tat, ist zweifelhaft. Womöglich ist es sogar eher so, dass das Klischee und auch falsche Zuschreibungen, die ihm seitdem mitunter angeheftet werden, die eigentliche Auseinandersetzung mit dem, was seine Tätigkeit ausmacht, erschweren. Da gibt es das irreführende Bild des irgendwie dubiosen Grenzgängers etwa, der mehr oder weniger leistungslos Geld anhäuft und dabei seine Kontakte aus der politischen Welt für den Wirtschaftsorbit rücksichtslos für sich persönlich finanziell nutzbar macht. Der ebenso schillernde wie unpräzise Begriff des Lobbyismus trägt in der Öffentlichkeit das Übrige dazu bei, mehr zu verunklaren als zu erklären. Dabei treffen erneut unterschiedliche Wahrnehmungen aufeinander. Der lobbykritische Verein Lobby Control nennt Merz einen Top-Lobbyisten, was offenkundig nicht anerkennend gemeint ist. In seiner Definition allerdings beleuchtet Lobby Control beide Seiten des Problems. Es sei ein »legitimer Bestandteil von Demokratie«, dass Interessengruppen ihre Anliegen zu Gehör bringen und ihre Wünsche und Bedenken in die politische Entscheidungsfindung einbringen würden, schreiben die selbst ernannten Kontaktwächter. »Problematisch wird Lobbyismus dann, wenn nicht transparent ist, wer Politik mit welchen Mitteln und Methoden beeinflusst.« Doch in ihrer Arbeit schleicht sich ein anderer, grundsätzlich wirtschaftskritischer Duktus ein. Der generelle Verdacht bei allem, was mit Wirtschaft zu tun hat, gegenüber einem generellen Wohlwollen gegenüber Gewerkschaften, Sozialverbänden und NGOs ist Teil der politischen Kultur geworden – und eine deutsche Besonderheit.

Abgesehen von der negativen Konnotation des Begriffs Lobbyismus stellt sich noch die Frage, welche Tätigkeiten denn damit genau beschrieben sind. Die Vorhalle des Parlaments, die Lobby, in der die Gespräche der Interessenvertreter mit den Abgeordneten stattfinden, hat sich längst in Hinterzimmer, Restaurants, Flughafenlounges und Chatrooms verlagert. Ist jedes Gespräch eines Wirtschaftsvertreters, Anwalts oder Beraters mit einem Politiker schon »Lobbyismus«? Friedrich Merz hat sich, was seine Tätigkeit für Mayer Brown angeht, stets dagegen gewehrt, für diese Kanzlei als Lobbyist tätig gewesen zu sein. Auch später, bei BlackRock, habe er nicht lobbyiert, so seine Aussage. Was aber dann? Gespräche hat er gewiss viele geführt. Und warum wird ein Ex-Politiker mit Expertise, aber ohne große sichtbare Erfahrung in ökonomischen Dingen, plötzlich ein hoch gehandelter Wirtschaftsanwalt?

Im Interview mit Matze Hielscher sagt Merz, in den Unternehmen, in denen er tätig war, sei immer auch mal sein politischer Rat gefordert gewesen. Lobbymandate habe er aber immer ausgeschlagen. Das hätte er zweimal haben können und darauf habe er verzichtet. Merz erklärt auch, was er damit meint. Er hätte Chef von Wirtschaftsverbänden werden können, dies habe er nicht gewollt und sich dagegen entschieden. Merz nennt dies den »reinen politischen Lobbyismus«. Aber wie schwierig die Abgrenzung ist, wird in dem Gespräch auch deutlich. Merz berichtet, dass er ein »großes Mandat von der EU-Kommission« übernommen habe, damals ging es um den Verkauf der ehemaligen Westdeutschen Landesbank, der WestLB. Da seien explizit auch seine politischen Verbindungen angefragt worden. Aber dies sei eben nicht das, was Kritiker ihm vorwerfen würden. »Politischer Lobbyismus ist völlig abwegig«, sagt Merz über Merz.

Die Währung in der Wirtschaft und in der Politik sind die Kontakte, das Adressbuch, die Handynummern. In seiner Zeit als Oppositionsführer lernte Merz den Wirtschaftsminister Werner Müller kennen. Auch ein Grenzgänger zwischen Politik und Wirtschaft. Der Diplom-Volkswirt und promovierte Sprachwissenschaftler macht als Manager Karriere. Unter anderem war er Generalbevollmächtigter der Veba AG und Vorstand bei der Veba Kraftwerke Ruhr AG. Überraschend berief Gerhard Schröder ihn 1998 in sein erstes Kabinett und Müller wechselte nach Berlin in den Prachtbau an der Invalidenstraße. In Debatten gibt Merz ihm Contra, aber auf der persönlichen Ebene bahnt sich ein freundschaftlicher Kontakt an. Als Müller später, nach seinem Ausscheiden aus der Politik, Vorstandsvorsitzender der Ruhrkohle AG wird, greift er darauf zurück. Er hätte ihn überall kennenlernen können, habe ihn aber nun mal in der Politik kennengelernt, sagt Merz über seine Beziehung zu Müller. Was sei daran auszusetzen?

Merz und Müller passen gut zusammen. Im Jahr 2005 haben sie zusammengesessen, Müller habe Merz gefragt, was er machen würde. Merz schlägt vor, den Konzern in einen weißen und einen schwarzen Bereich aufzuteilen und eine Stiftung zu gründen. Er habe um zwei Wochen Zeit gebeten. Er, Merz, habe die Idee zu Papier gebracht und dann wurde es so gemacht. Seine Kanzlei Mayer Brown übernahm dann das lukrative Mandat. Ein Insider aus der Branche sagt heute, wie gut Merz' Konzept war, zeige sich daran, dass das Konstrukt bis heute bestehe. Auch Merz-Kritiker loben seine Stiftungskonstruktion. Hier lässt sich also zunächst nicht von einem Lobby-Job sprechen, sondern es gibt substanzielle Beraterleistung und im Anschluss gutachterliche Tätigkeiten.

Ziel des Umbaus der Ruhrkohle AG war es, die profitablen Nicht-Steinkohlesparten Chemie, Energie und Immobilien (weißer Bereich) auszugliedern und an die Börse zu bringen. Das war allerdings in der Politik und bei den Eigentümern nicht unumstritten. Erst 2007 wurde die RAG Beteiligungs AG ausgegliedert und in Evonik Industries AG umbenannt. Sie ging in den Besitz der RAG-Stiftung über. So sah und sieht das Konstrukt aus. Doch für die Idee musste getrommelt werden. Die NRW-Wirtschaftsministerin Christa Thoben (CDU) sprach von einem »Husarenritt«. Die *SZ* berichtete damals darüber, dass Müller auch in Berlin um Unterstützung warb. Merkel hatte er schon auf seiner Seite. Dabei werde ihm Merz sicher nicht geholfen haben, sagt ein Vertrauter von damals. Überhaupt habe Werner Müller bestimmt keinen Friedrich Merz gebraucht, um in Berlin Termine zu machen.

Doch der Wechsel von der Politik in die Wirtschaft steht unter Verdacht. Und dass die Nähe auch Gefahren birgt und den Kritikern Anschauungsmaterial liefert, wird gerade auch beim RAG-Mandat von Merz sichtbar. Ex-Minister und RAG-Chef Werner Müller besuchte im April 2006 im Bundestag in Berlin die NRW-Landesgruppe der CDU/CSU-Fraktion. Er will die Politiker über sein Konzept informieren. Einfaches Mitglied der Landesgruppe ist der Abgeordnete Friedrich Merz. Zu Beginn der Sitzung meldet sich Merz zu Wort und erklärt, dass er heute hier als Anwalt der RAG dabei sei und nicht als Mandatsträger. Dieser spontan erklärte Hutwechsel, gerade noch Politiker, jetzt schon Berater, sorgte natürlich für Unmut und wurde in der Öffentlichkeit und den Medien breit debattiert. Merz solle die CDU auf die Müller-Linie bringen, so wurde kolportiert. Was aber insofern wenig plausibel klingt, weil die Akteure sich sicher von Merz am wenigsten hätten überzeugen lassen. Der PR-Schaden ist dennoch da und man hätte den Vorfall bei der RAG am liebsten ungeschehen gemacht, heißt es.

Matze Hielscher hat ein ungutes Gefühl, wie er in dem Podcast mit Merz sagt, wenn Politiker in die Wirtschaft wechseln, hin und her, das käme ihm komisch vor. Tatsächlich verbirgt sich dahinter die Frage, welches Verständnis und welche Vorstellung die Allgemeinheit von einem Politiker hat. Es hat sich inzwischen oft ein Bild durchgesetzt, das die Politik der Hemisphäre des Guten und Uneigennützigen zuschreibt, die Wirtschaft und das Unternehmertum hingegen als verdächtige und tendenziell allein dem Eigennutz verpflichtete Gegenwelt angesehen wird. In dieser Vorstellung muss dann die Politik möglichst abgeschottet von der dunklen Seite der

Macht existieren. Skandale haben diese Sicht befördert, die Masken-Affäre steht dafür beispielhaft, eine neue Sensibilität hat die politische Kultur verändert.

Aus heutiger Sicht erscheint deswegen die Klage, die Friedrich Merz mit einigen Kollegen 2006 angestrengt hat, fast surreal. Heute würde sie wohl als imagemäßige Selbstdemontage angesehen werden können. Hintergrund war ein neues Abgeordnetengesetz, das die rot-grüne Bundesregierung mit ihrer Mehrheit noch in der vorherigen Legislaturperiode im Bundestag durchgesetzt hatte. Merz, Max Straubinger (CSU), Peter Danckert (SPD) und einige FDP-Politiker klagten nun vor dem Bundesverfassungsgericht gegen den neuen Verhaltenskodex. Die neuen Regeln sahen unter anderem vor, dass Abgeordnete den überwiegenden Teil ihrer Arbeitszeit dem Mandat widmen müssten, Nebentätigkeiten seien bekannt zu geben und auch die daraus erzielten Einnahmen seien nach einem Stufenschlüssel offenzulegen. Dies verletze das freie Mandat und die freie Berufsausübung, so die Kritik. 20 Jahre später klingt die Logik schon fast fremd, denn der Politiker ist an sich schon so sehr unter Verdacht geraten, dass das Verständnis vom freien Mandat zu schwinden droht.

Schon damals war genau dies die Sorge der klagenden Abgeordneten, die auch bei einigen Richtern in Karlsruhe vorhanden war. Der bekannte Verfassungsrichter Udo di Fabio wies bei der Erörterung in einem »engagierten Einwurf«, wie die *FAZ* schrieb, darauf hin, dass es unter Bismarck noch ein Diätenverbot gegeben habe, die Abgeordneten sollten alle einem Beruf nachgehen, um unabhängig zu sein. Nun drohe zumindest für einige möglicherweise eine Art »Berufsverbot«. Dies könne sich indirekt ergeben, wenn Unternehmer oder Anwälte möglicherweise Betriebsgeheimnisse offenlegen müssten. Die Gegenposition lautete, die Abgeordneten würden anständig bezahlt, deswegen müssten sie im Parlament »gewissenhaft ihrer Arbeit« nachgehen. Das klingt dann schon nach beamteten Parlamentariern und müsste für eine Demokratie eigentlich schwer erträglich sein.

Friedrich Merz erklärte in Karlsruhe, es sei seiner Meinung nach falsch, dass ein freier Abgeordneter an solche Berichtspflichten gebunden werden könne. Er sage seinen Wählern: »Ihr kriegt mich nur mit Beruf.« Wer das nicht will, kann dann jemanden anderen wählen, so die Logik des Sauerländers. Schon damals gab es die Befürchtung, dass sich das Parlament mit so einer Regelung dann anders zusammensetzen werde, was sich in Teilen auch bewahrheitet hat. Zumindest gibt es heute viel mehr Parlamentarier ohne Ausbildung und ohne Berufserfahrung außerhalb der Politik, als es sie damals gab.

Neben den Berichtspflichten kritisierten die Klageführer in Karlsruhe auch die Maßgabe, der Abgeordnete müsse die Ausübung seines Mandats »in den Mittelpunkt« seiner Tätigkeit stellen. Gerade Merz wurde öffentlich immer wieder angekreidet, dass er derart viele anwaltliche Aufträge annehme, dass er unmöglich genug Zeit für die Parlamentsarbeit habe. In Karlsruhe wandte daraufhin der FDP-Abgeordnete Heinrich Kolb ein, zwar stehe bei ihm persönlich sein eigenes Unternehmen oft im Mittelpunkt seiner Tätigkeit, doch er könne sich nichts vorwerfen lassen. Er sei engagiert in Bundestags-Arbeitskreisen und im Fraktionsvorstand und sei zudem Spitzenreiter, was Reden und Zwischenrufe angehe.

Auch die Minister und der Kanzler dürften, trotz des anspruchsvollen Regierungsjobs, ihr Mandat behalten, obwohl sie gewiss nicht die meiste Zeit ihrer Arbeit als Abgeordnete nachgehen, so die Argumentation im Merz-Umfeld. Im Übrigen wurde eingewandt, es wäre gut, im Parlament auch solche Leute zu haben, die nicht nur Arbeitsplätze als Arbeitnehmer kennen, sondern auch schon mal welche geschaffen hätten.

Mit knapper Mehrheit entschied das Bundesverfassungsgericht im Juli 2007 gegen Friedrich Merz & Co. »Das Volk hat einen Anspruch darauf, zu wissen, von wem – und in welcher Größenordnung – seine Vertreter Geld oder geldwerte Leistungen entgegennehmen.« Nur so sei die Unabhängigkeit zu gewährleisten. Das Urteil, besser: die Zurückweisung der Anträge, fiel denkbar knapp mit vier gegen vier Richterstimmen aus. Für die Feststellung einer Verfassungswidrigkeit wären fünf Stimmen notwendig gewesen. Richter Siegfried Broß nannte explizit den Fall Merz und das RAG-Mandat als Grund, warum »Nebentätigkeiten« offengelegt werden müssten, denn es könne Interessenkonflikte geben. Im Votum der vier Richter, die dem Einspruch stattgeben wollten, wird das Gegenteil festgestellt: »Gegen den verfassungsrechtlich festgelegten Status des freien Mandats wird verstoßen, wenn der Gesetzgeber und die parlamantarische Selbstkontrolle [...] flächendeckende Kontroll- und Publikationssysteme einführen.«

Friedrich Merz schreibt nach der Karlsruher Entscheidung einen offenen Brief an seine Wähler. Er erklärte noch mal, dass es ihm nicht konkret um eine Angabe seiner Berufstätigkeit gegangen sei, auch die Veröffentlichung der Einnahmen im Rahmen des Stufenmodells sei nicht das Problem gewesen. Vielmehr sei es um eine grundsätzliche Klärung gegangen, die den Schutz der anwaltlichen Tätigkeit betrifft und auch die Unterscheidung, ob jemand seinen angestammten Beruf ausübt oder nur irgendwie Gelder bezieht. Er zitiert einen Satz der vier Richter, die auf seiner Seite waren, den er für zentral hält – und der einen Blick auf sein grundsätzliches Verständnis von Politik wirft. Die Richter schreiben, gerade der »redlich berufstätige Abgeordnete« werde »durch umfängliche Offenbarungspflichten womöglich zum Gegenstand öffentlicher Diskussion gemacht«, während jene Abgeordnete, die »unredlich Vorteile entgegennehmen«, durch das neue System gar nicht wirksam erfasst werden könnten. Und Merz schließt seinen Brief mit einer nicht unberechtigten Ahnung, er würde es bedauern, so schreibt er, wenn in Zukunft dem Parlament »zunächst einmal Misstrauen, Geringschätzung und Ablehnung entgegengebracht« werde.

Reinhard Müller kommentierte in der *FAZ* das Urteil kritisch und warnte vor Politikern als »abhängige Staatsfunktionäre«. Wer sich bestechen lasse, der werde das auch künftig nicht angeben. Volksvertreter sollten »mitten im Leben« stehen. »Transparenz« sei ein Modewort ohne verfassungsrechtliche Relevanz. Ein »gläserner

Abgeordneter« sei eine Orwell'sche Vorstellung. Wer heute ins Parlament schaut, hat tatsächlich gelegentlich den Eindruck, dass bei Abgeordneten alle möglichen Abhängigkeiten, zu NGOs, zu Parteien, Stiftungen, Verbänden oder sonstigen Gruppen, als unbedenklicher gelten als eine wirtschaftliche Unabhängigkeit, die mit Geldverdienen und Geschäftskontakten zu tun hat. Allerdings war Merz jenseits des Parlaments nicht nur anwaltlich und geschäftlich tätig, sondern engagierte sich auch im sogenannten vorpolitischen Raum.

Der Verdacht begleitet Friedrich Merz seine ganze politische Laufbahn, der Verdacht, dass seine anwaltliche Tätigkeit mit der politischen kollidieren würde. Vor allem aber erscheint manchen die Höhe seiner Einkünfte verdächtig beziehungsweise werden sie als kritikwürdig betrachtet. Im *BILD Talk* am 14. November 2018 will Merz dem durch Offenheit begegnen. Auf die Frage nach dem Millioneneinkommen sagt er, es liege jedenfalls nicht darunter. Schlagzeilen machte dann seine Selbstbeschreibung. »Ich würde mich zu der gehobenen Mittelschicht zählen.« Das war für Teile der Öffentlichkeit schwer erträglich. Merz versucht es mit einer eigenen Definition. Gesellschaftliche Mitte sei für ihn nicht allein ein Begriff, der sich auf die wirtschaftlichen Verhältnisse beziehe. »Ich habe von meinen Eltern die Werte mitbekommen, die die Mittelschicht prägen: darunter Fleiß, Disziplin, Anstand, Respekt und das Wissen, dass man der Gesellschaft etwas zurückgibt, wenn man es sich leisten kann.«

Über den Millionär Merz wird erstmals 2006 spekuliert. Damals bezeichnete die Boulevard-Zeitung *Berliner Kurier* den Bundestagsabgeordneten als »Moneten-Merz«. Sein Einkommen könne sich durchaus auf eine Million Euro belaufen, wird spekuliert. Zu den bekannten Aufsichtsratsmandaten listet das Blatt noch die Commerzbank, das Baumarkt-Unternehmen Möller & Förster AG, die Beteiligungsgesellschaft Odenwald & Co, den Dämmmittelhersteller Rockwool und die Beratungsgesellschaft Ernst & Young auf.

In einer umfangreichen Recherche des *Manager Magazins* wird 2006 behauptet, Merkels Spindoktoren würden verbreiten, Merz würde mit Aufsichtsratsposten und Anwaltsmandaten rund zwei Millionen Euro verdienen. Diese Gerüchte und Unterstellungen würden ihn ärgern, schreibt das Heft. Er würde für das Geld arbeiten und nicht wie andere nur seinen Namen hergeben. Seiner Abgeordnetentätigkeit käme er gewissenhaft nach. Zunächst hatte seine Kanzlei noch in der Nähe des Bundestags, in der Dorotheenstraße, ein Büro. Später wird Mayer Brown die Niederlassung schließen und nach Düsseldorf wechseln, auch um dem Verdacht der Politiknähe zu entgehen.

Sein Engagement ist vielfältig. Laut *WirtschaftsWoche* hatte die Verlagserbin Friede Springer ihn gebeten, 2005 in den Aufsichtsrat des Entsorgungsunternehmens Interseroh AG zu gehen. Sie selbst hatte ein Interesse daran, da sie beim Mitbewerber, dem Berliner Recyclingkonzern Alba, engagiert war. Außerdem saß Merz ab 2006 noch im Aufsichtsrat der Immobilienfirma IVG, deren Hauptaktionär die Bank Sal. Oppenheim ist. Merz war in der Zeit bis 2018 ein einflussreicher und viel beschäftigter Wirtschaftsanwalt und Aufsichtsrat. Doch obwohl viele Journalisten und Rechercheure daran gearbeitet haben, ein Fehlverhalten oder ein größerer echter Skandal lässt sich nicht erkennen. Alle Anwürfe bewegen sich im Bereich politischer Kritik oder auf dem Feld des Ressentiments und der Unterstellung.

Einkommensmillionär war Merz möglicherweise also schon länger, tatsächlich Vermögensmillionär wurde Friedrich Merz nachweislich durch den Börsengang des Schweizer Unternehmens Stadler Rail. Der Hersteller von Schienenfahrzeugen hat sich von einem kleinen Familienunternehmen zu einem Konzern entwickelt, der weltweit unter den ersten zehn seiner Branche mitspielt. 2006 wurde Merz in den Verwaltungsrat von Stadler gewählt. Das sei sein eigentlicher Aufstieg in den Kreis einer gewissen Finanz- und Wirtschaftselite gewesen, sagt ein Vertrauter von damals heute im Gespräch. Als im engeren Sinne Mann der Wirtschaft habe er in den

Kreisen allerdings nicht gegolten, denn er sei eben Jurist und nicht selbst Unternehmer. Sein Freund Werner Müller habe ihn zu den Schweizern gebracht, wird berichtet. Der frühere Wirtschaftsminister, der inzwischen verstorben ist, war auch Verwaltungsratsmitglied bei dem Zugbauer.

Im Jahr 2019 geht Stadler Rail, das von der Schweizer Unternehmerlegende Peter Spuhler, der für die rechtspopulistische SVP bis 2012 im Parlament saß, geführt wird, an die Börse. Es ist einer der größeren Börsengänge in diesem Jahr in Europa. Am Markt ist Stadler Rail damals 4,3 Milliarden Franken wert. Die Mitglieder des Verwaltungsrates, die mit Aktienoptionen entlohnt worden waren, profitieren in besonderer Weise davon, dass das Unternehmen nun am Finanzplatz Zürich gehandelt wird. Sogar die Pressesprecherin der Firma steigt über Nacht zur Millionärin auf. Friedrich Merz nennt laut Börsenprospekt 150 000 Stadler-Aktien sein Eigen. Gemäß dem Tageskurs von damals sei das ein Wert von 6,5 Millionen Franken (5,7 Millionen Euro) gewesen. »Selbst wenn sein Einkommen, aus welchen Gründen auch immer, demnächst sinken sollte: Den Status als Millionär dürfte Merz nicht mehr so schnell verlieren«, kommentiert damals die *FAZ*.

Nach seiner Rückkehr auf die politische Bühne hat Friedrich Merz nach und nach Aufsichtsrats- und Verwaltungsratsposten abgegeben und sich von Mandaten gelöst. Einkommenseinbußen inklusive. Am 30. April 2020 verabschiedete er sich bei den Schweizern. Das Unternehmen schrieb damals: »Wir bedanken uns bei Friedrich Merz für seine langjährige Tätigkeit als Verwaltungsrat bei Stadler.« Seine Erfahrung in Politik und Wirtschaft seien ein Gewinn für das Unternehmen gewesen, sagte Verwaltungsratspräsident Peter Spuhler. Für seine politische Karriere wünsche er ihm viel Erfolg. Diese ideelle Verbundenheit hält weiter an. Auch im Jahr 2024 hat Spuhler erklärt, er wünsche sich einen Kanzler Merz.

Blackbox BlackRock: Alles im Sinne der Anleger?

Das Weltgeschehen spielt sich in einem bunten und lauten, sechseckigen Tunnel ab. Die Wände sind aus großen Monitoren gebaut, auf denen der Schrecken, die Zerstörung und das Leid der Menschen in schnellen Schnitten, von Blitzlichtgewitter begleitet, aufflimmert. Fünf Computer-Nerds wollen die Welt retten, indem sie die Systeme »hacken«, alles herunterfahren und dann die Welt »neu starten«. »Es braucht eine Revolution, zu der man tanzen kann«, singen und brüllen die Protagonisten. In ihrer politisierten Cyberwelt springen sie im Sechseck umher, hektisch, nervös, dem Untergang immer nah. Das große Böse, was ist das wohl? Es ist der alles beherrschende »Finanz-Feudalismus«! Es sind die Datenbesitzer und Systemanbieter, es ist eine in Ektase geratene Wirtschaftswelt, die dem Fetisch Wachstum huldigt, so die Theaterdarstellung. Der Feind ist klar: ein metastasierender Turbo-Kapitalismus. In Stakkatogesang dröhnt aus der blendenden Hexagramm-Hölle die Klage: »Massen, die noch spuckend ›Wettbewerb, Wettbewerb‹ murmeln, wenn sie abends um die beste Pappunterlage für ihre Nachtruhe stritten.«

Das Stück »#RemoteCodeExecution« (RCE) der Autorin Sibylle Berg wurde im Frühjahr 2024 im Berliner Ensemble am Schiffbauerdamm unweit vom Bundestag und Kanzleramt auf die Bühne gebracht. RCE ist eine weitere krasse Gegenwartsdystopie der Autorin, die inzwischen für Die Partei im Europaparlament sitzt. Namen bekannter globaler Unternehmen werden als Akteure dieses Schreckens in den Raum geschrien. Und der Name eines Unternehmens wird wie die Chiffre allen Übels zusammen mit anderen Codeworten skandiert: BlackRock!

Das US-amerikanische Unternehmen BlackRock eignet sich wie kaum ein anderes dazu, als Symbol für alles Böse am Kapitalismus herzuhalten, der »schwarze Felsen«, der Gigant der Finanzindustrie, regt die Fantasie an, sticht aus dem Nebel der Börsen- und Aktienwelt hervor. In Deutschland kommt noch etwas Besonderes hinzu: BlackRock hatte einen prominenten Mitarbeiter: Friedrich Merz.

Sein Büro liegt nicht weit vom Berliner Ensemble entfernt. »Mister BlackrRock«, nennt ihn die BSW-Abgeordnete Jessica Tatti noch in der Bundestagsdebatte am 13. November 2024. Als ob damit schon alles gesagt wäre.

Friedrich Merz erzählt gern von BlackRock. Fast hat man bei seinen Ausführungen in Interviews den Eindruck, er sehnt sich nach seiner Tätigkeit dort zurück. Im Gespräch mit Mariam Lau und Roman Pletter in der Berliner Urania im Herbst 2022 sagte er einmal, er vermisse die Menschen von BlackRock. »Ich habe mich bei BlackRock total wohlgefühlt, wegen des menschlichen Umgangs miteinander.« Die Unternehmenskultur sei herzlich, amerikanisch, unkompliziert, völlig anders als bei uns, so der ehemalige Aufsichtsratschef der deutschen BlackRock-Tochter. Merz schwärmt von seiner »großartigen Lebenserfahrung«, die er bei BlackRock gemacht habe. »Mir fehlt das Großherzige, das Offene, dieses hierarchiefreie Miteinander«, das amerikanische Unternehmen auszeichnet, sagt Merz heute, wo er sich wieder durch den Berliner Politikdschungel eine Schneise schlagen muss.

BlackRock – das turbokapitalistische Tor zur Vorhölle oder das Paradies an Mitarbeiterzufriedenheit? Wenn man sich in der Bockenheimer Landstraße in Frankfurt bei der Deutschlandzentrale des amerikanischen Finanzgiganten umhört, reden alle freundlich über den ungewöhnlichen Seiteneinsteiger. Dort erinnert man sich an das Großraumbüro, in dem sich Merz einfach an einen freien Platz zu den anderen gesetzt habe, angenehm seien auch die Gespräche in der Kaffeeküche gewesen.

Der Aufsichtsratschef sei nahbar gewesen, sagt jemand aus der Führungsetage. Merz habe Sachen gemacht, die nicht unbedingt üblich waren. So verschickte der Aufsichtsratsvorsitzende an alle einen Mitarbeiterbrief zum Jahreswechsel, eine Geste, die geschätzt wurde, wie es heißt. Mancher erinnert sich an das Sommerfest am 30. August 2019 zum 25-jährigen Bestehen des deutschen Ablegers im stylischen Hafenrestaurant »Oosten« am Main. Merz habe mit jedem gesprochen, berichten Teilnehmer, und sei lange geblieben.

»Ich habe Friedrich Merz das erste Mal in unserem Londoner Büro getroffen«, berichtet eine Person, die einige Jahre bei Black-Rock mit ihm zusammengearbeitet hat. »Mein erster Eindruck war damals, dass er viel zugänglicher und umgänglicher war, als ich es mir bei einem ehemaligen Spitzenpolitiker vorgestellt habe.« Merz war damals für BlackRock nicht nur an den deutschen Standorten in München und Frankfurt präsent, sondern gelegentlich auch international, etwa in London und New York, unterwegs.

BlackRock ist ein international tätiges Finanzunternehmen, gegründet vom Milliardär Laurence D. (Larry) Fink, mit dem Merz sich immer noch gelegentlich austauscht. Mit über zehn Billionen US-Dollar ist BlackRock der größte Vermögensverwalter der Welt. Kunden von BlackRock sind vornehmlich große Banken, Pensionskassen, Stiftungen, Versicherungen und Staatsfonds. Das Geld dieser Klienten investiert BlackRock weltweit in Industrieunternehmen und Firmen aller Art. Indirekt ist BlackRock an mehr oder weniger allen großen Konzernen der Welt beteiligt, das reicht von Apple bis zu BMW, vom staatlichen saudi-arabischen Ölkonzern Saudi Aramco bis zum Lebensmittelproduzenten Kellogg.

Bei allen deutschen Dax-Konzernen ist BlackRock als Treuhänder für seine Kunden Anteilseigner. Bei Siemens, Allianz, BASF und Bayer beispielsweise mit Anteilen unter zehn Prozent gleichwohl als größter Einzelinvestor. Das Unternehmen selbst macht einen Jahresumsatz von rund 20 Milliarden US-Dollar. Ein weiteres Geschäftsfeld ist iShares, das den Handel mit börsengehandelten Fonds (ETF) weltweit populär gemacht hat. Außerdem bietet BlackRock mit seinem »Aladdin-Dienst« ein weltweites Risikoanalysesystem an, das Wirtschafts- und Finanzinformationen auswertet und nutzbar macht.

BlackRock ist ein Riese unter den Riesen der Finanzwelt, aber keine »Heuschrecke« oder ein »Private-Equity-Investor«, da es sich nach seinem Selbstverständnis mit dem Geld der Anleger nicht im engeren Sinne unternehmerisch betätigt und keine risikoreichen Übernahmen organisiert. Das Geschäft von BlackRock ist auf langfristige und besonders risikoarme Beteiligungen ausgelegt. »Black-Rock ist ein Vermögensverwalter« – da kann die *ZEIT*-Journalistin Heike Buchter nur spotten. »Das ist so, als wenn man sagen würde, Versailles sei ein Sommerhaus.« Vielmehr sei BlackRock so etwas wie ein Riesenkalmar mit Tentakeln, die überall hinreichten, in jede Branche der Welt, in jede Krise der Welt, in alle Bereiche des Lebens. Lange seien die Erzählungen von einem Monster der Tiefe als Seemannsgarn abgetan worden, heute sei aber bekannt, den Riesenkalmar gebe es wirklich. Und auch BlackRock mit seiner Macht sei noch vor zehn Jahren unvorstellbar gewesen. Doch jetzt sei es Realität. Zunächst beschwört Buchter nur wilde Metaphern. Wenn es konkret wird, geht es um unternehmerisches Handeln, das sie kritisiert, oder politische Entscheidungen, die sie nicht gut findet. Oder sie klagt BlackRock für Dinge an, die nicht in der Macht des Konzerns liegen. BlackRock ist mächtig, das bezweifelt keiner, aber eben ein Unternehmen, keine Übermacht. So kritisiert sie, dass das angekündigte Engagement von BlackRock für Umwelt- und Klimaschutz sich gar nicht überall durchsetzen lasse, denn Larry Fink könne gar nicht »einfach Aktien von Ölkonzernen oder Kohleminenbetreibern abstoßen, wenn diese Teil eines Index sind«. Doch das kann ja kein valider Vorwurf gegen ein Finanzunternehmen sein, das sich genau dem verschrieben hat, eben nicht den kleinen wie den großen Anlegern die unternehmerischen Entscheidungen für ihr Kapital aus der Hand zu nehmen. Im Kern geht es in der öffentlichen Kritik um die immer wieder neu belebte These von »dem« Kapitalismus als Raubtier, Heuschrecke, Kalmar – als Monster, die Sibylle Berg auch in RCE aufstellt. Wenn allerdings der Kapitalismus das absolute Böse ist, dann ist BlackRock tatsächlich einer der wichtigsten Unterteufel in der Hölle.

Welche konkreten Gefahren von BlackRock wirklich ausgehen und welche Risiken, das liegt im Auge des Betrachters und ist unterschiedlich für jeden Geschäftszweig. Manchmal argumentieren die Kritiker so, als wollten sie Gärtnern vorwerfen, sie würden zu viel im Erdreich herumgraben, anstatt sich um die Blumen zu kümmern.

Wer den Finanzkapitalismus an sich ablehnt, wird sich mit Black-Rock nicht anfreunden können. Die schiere Größe des Geschäftsbereichs Vermögensverwaltung könnte möglicherweise ein Systemrisiko werden, sagen Fachleute. Es gibt Beobachter, die meinen, das System Kapitalakkumulation verhindere echte unternehmerische Führung, nivelliere sozusagen die Entscheidungen. Doch die Kritik ist unter Ökonomen umstritten. Das Geschäftsfeld iShares hat den Handel mit ETFs alltagstauglich gemacht, das kann man ablehnen, ist aber kein dunkles undurchschaubares Unterfangen. Der Aladdin-Service wiederum ist eine Dienstleistung, die sich mit Informationsbeschaffung und Datenanalyse beschäftigt, eine wachsende Branche, deren Gefahren aber nicht für BlackRock spezifisch erscheinen.

Friedrich Merz war von 2016 bis 2020 Aufsichtsratsvorsitzender der BlackRock Asset Management Deutschland AG. Was manchmal übersehen wird: Neben diesem aktienrechtlich geregelten Mandat hatte er in gewisser Weise noch einen zweiten Job bei dem deutschen Ableger von BlackRock, er war beratend tätig. Ein Berater, das kann natürlich alles sein. Merz habe Beziehungen zu wichtigen Kunden und externen Interessengruppen aufgebaut und das lokale Führungsteam strategisch beraten, erklärt das Unternehmen. Es sei gängige Praxis, dass Aufsichtsräte auch beratend tätig seien, heißt es in der Branche.

»Neben der Position als Aufsichtsratsvorsitzender war die beratende Rolle von Merz die spannende«, erklärt sein ehemaliger Kollege. Mit seiner kommunikativen Art und seiner Persönlichkeit habe er bei BlackRock eine aktive Rolle gespielt, berichtet er. »Die Nominierung von Merz fiel in eine Zeit, in der BlackRock in Europa stark gewachsen war, wir merkten, dass uns Expertise von außen unterstützen könnte, um den Kurs fortzusetzen.« Merz habe durch seine Person andere Erfahrungen, neue Expertise, aber auch neue Kontakte für BlackRock erschließen können. »Er war aber auch intern und für unsere Kunden ein gefragter Redner und Impulsgeber«, berichtet der BlackRock-Mitarbeiter weiter.

Also doch ein Netzwerker für das Unternehmen an der Grenze zum Lobbyisten? Friedrich Merz verteidigt BlackRock energisch und will mit Vorurteilen aufräumen. Auf die Kritik von Matze Hielscher in dem gemeinsamen Podcast, BlackRock sei doch nur etwas für Reiche, widerspricht Merz entschieden. Das Vermögen würde ja zumeist gerade für Renten- und Pensionsfonds angelegt. Auch die Kirchen seien Kunden von BlackRock. Also die Altersvorsorge für viele, das verberge sich hinter BlackRock, nicht der Reichtum weniger. Wenn man sich mit Finanzexperten in der katholischen Kirche unterhält, wird die Zusammenarbeit mit BlackRock indirekt bestätigt. Im Geschäftsbericht der »Kirchlichen Zusatzversorgungskasse des Verbandes der Diözesen Deutschlands« (KZVK), in der rund 600 000 kirchliche Mitarbeiter pflichtversichert sind, findet sich allerdings kein Hinweis auf das amerikanische Unternehmen. Bei einem evangelischen Pendant hingegen werden BlackRock-Fonds erwähnt. Im Geschäftsbericht 2023 der KZVK Rheinland-Westfalen werden zwei irische und ein französischer BlackRock-Fonds mit einem Buchwert von knapp 300 Millionen Euro gelistet. Angesichts von Kapitalanlagen mit einem Gesamtvolumen von zehn Milliarden Euro ist das allerdings ein kleiner Anteil. Es belegt aber, dass auch die Kirchen keine Scheu vor dem »schwarzen Riesen« haben.

Außerdem wirbt Merz für das andere Geschäftsfeld von Black-Rock: die leichte und massentaugliche Anlagemöglichkeit in Aktien. Gerade Kritiker des Finanzkapitalismus müssten doch über die ETFs froh sein, so Merz. Hinter dem Kürzel ETF verbirgt sich die Abkürzung für »Exchange Traded Funds«. Während früher Aktienhandel sehr risikoreich gewesen sei, sei mit den ETFs eine solidere Anlageform gefunden worden. Die ETFs haben für »eine Demokratisierung des Aktienmarktes« gesorgt, sagt Merz. Mit 100 Euro kann sich jeder schon an 40 Unternehmen beteiligen und so für eine günstige Risikostreuung sorgen. Jeder Taxifahrer in New York habe heute ETFs, so sagte Merz einmal, die er einfach mit dem Handy ordern könne. Solche äußerst kritischen Debatten über die Aktienmärkte gebe es nur in Deutschland.

Ein weiterer Angriffspunkt der Kritiker ist das vermeintlich enge Verhältnis von BlackRock zur Politik, das in dem Engagement von Friedrich Merz seinen exponiertesten Ausdruck gefunden hat. In einem Interview mit der *SZ* hat der Deutschlandchef von Black-Rock, Dirk Schmitz, diesen Austausch zwischen den unterschiedlichen Wirkungskreisen verteidigt. »Ich würde mir wünschen, dass Leute viel häufiger die Seite wechseln und entweder aus der Politik ins Wirtschaftsleben gehen oder aus dem Wirtschaftsleben in die Politik.« Die aktuellen Herausforderungen könnten nur bewältigt werden, wenn man »ein wirklich sehr, sehr tiefes Verständnis« für die jeweils andere Seite aufbringe. Eine Interessenkollision sehe er nicht, vielmehr sei es legitim und wünschenswert, dass in einer Demokratie unterschiedliche Interessen auch vertreten würden. Friedrich Merz könne das trennen und wisse sehr genau, dass er jetzt ganz anders agieren müsse als in seiner BlackRock-Zeit.

Abgeordnete der Linken-Bundestagsfraktion wollten genauer wissen, welche Beziehungen BlackRock zur Bundesregierung pflegt und welche Rolle Friedrich Merz dabei übernommen hat. Das Ergebnis ist klar: Der ehemalige Bundestagsabgeordnete hat Kontakte genutzt und Gespräche vermittelt. Offenbar waren Vertreter der Bundesregierung an Gesprächen mit BlackRock interessiert. Mit zwei sogenannten Kleinen Anfragen wollten die Abgeordneten Fabio De Masi und Klaus Ernst (beide heute BSW) Details in Erfahrung bringen. Die Antworten datieren einmal aus dem Jahr 2019 und einmal aus dem Jahr 2020. Darin erklärt die Bundesregierung zunächst noch mal sozusagen amtlich: »Klarstellend wird darauf hingewiesen, dass es sich bei BlackRock nicht um einen Investmentfonds handelt. Vielmehr ist BlackRock ein Vermögensverwalter, der über Investmentfonds Kundengelder (z. B. auch von Pensionsfonds oder Versicherungen) investiert.« Zu den Treffen von Vertretern der Bundesregierung mit Vertretern von BlackRock erklärt die Bundesregierung, solche Treffen gehörten zum normalen Geschäft. Auch würden nicht systematisch alle Kontakte erfasst. Doch einige Gesprächstermine werden dann doch veröffentlicht.

So hatte Bundesfinanzminister Wolfgang Schäuble am 7. Oktober 2016 Larry Fink getroffen. Ein Jahr später, am 17. Oktober 2017 hatte es ein Treffen des BlackRock-Chefs mit dem Außenminister Sigmar Gabriel gegeben, Friedrich Merz war dabei. Am 12. September 2018 hatten Merz und Fink den damaligen Bundesfinanzminister und späteren Bundeskanzler Olaf Scholz getroffen. Originelles Detail: Auch der damalige Staatssekretär und 2024 neue Bundesfinanzminister Jörg Kukies nahm an dem Treffen teil. Als Thema wird in der Akte vermerkt: »Aktuelle Finanzmarktfragen«. Es sind noch weitere Treffen zwischen Vertretern der Regierung und BlackRock-Vertretern in den Listen vermerkt.

Die Personalie Kukies ist noch wegen eines weiteren Aspekts interessant. Jörg Kukies war Deutschlandchef des amerikanischen Investmentbanking- und Wertpapierhandelsunternehmens Goldman Sachs, bevor er 2018 in die Politik wechselte und Staatssekretär bei Scholz wurde. Erfahrung mit dem Wechsel zwischen Wirtschaft und Politik hat das SPD-Mitglied Kukies also genauso wie CDU-Mann Merz. Und Kukies war bereits seit 2000 für Goldman Sachs in Frankfurt und London operativ tätig, bevor er 2014 in die Spitze aufrückte. Eine kritische öffentliche Nachfrage zu Kukies' Beschäftigungsverhältnis vor dem Wechsel in die Politik gibt es nicht.

Zurück zu BlackRock. In den Akten findet sich weiter eine von der Bundesregierung erstellte Tabelle, die detailliert die Beteiligungen von BlackRock an deutschen Unternehmen dokumentiert. Transparenz ist gegeben. Die Fragesteller De Masi und Ernst wollen nun wissen, ob die Bundesregierung das schon beschriebene Problem kenne, dass BlackRock auch parallel in konkurrierenden Firmen engagiert sei. In der Antwort heißt es, das Problem sei bekannt, es werde wissenschaftlich unter dem Stichwort »Common Ownership« diskutiert, doch sei die Evidenz noch begrenzt und die »potentiellen und langfristigen Auswirkungen auf Wettbewerb und Verbraucher« seien »derzeit noch nicht hinreichend festgestellt«. Ähnlich äußerte sich Merz auch. Für alle Entwicklungen in der Finanzwelt gilt, dass sie genau beobachtet und auch kritisch betrachtet gehören, nur es ist eben nichts, was originär zu Black-Rock gehört.

In die Schlagzeilen kam BlackRock auch, weil es am 6. November 2018 in den Münchner Büros des Unternehmens eine Razzia gegeben hatte. Sie soll im Zusammenhang mit den Ermittlungen der Kölner Staatsanwaltschaft zu sogenannten Cum-Ex-Transaktionen gestanden haben. Allerdings ging es um Vorfälle aus den Jahren 2007 bis 2011. Friedrich Merz unterstützte die Aufklärung. Er habe den Vorstand angewiesen, umfänglich mit der Staatsanwaltschaft zusammenzuarbeiten. Die Behörden wiederum erklärten, dass gegen Merz »keine Verdachtsmomente für die Begehung einer Straftat oder Ordnungswidrigkeit« vorliegen. 2018 erklärte Merz gegenüber der *SZ*: »Aktiengeschäfte wie Cum-Ex und Cum-Cum dienen letztlich dazu, Steuerzahler auszunehmen.« Er erachte derartige Praktiken als vollkommen unmoralisch.

Zu diesem Zeitpunkt hatte Merz bereits seine erste Kandidatur zur Wahl eines neuen CDU-Parteivorsitzenden angemeldet. Er bekommt Unterstützung vom Aufsichtsratschef der Deutschen Bank, Paul Achleitner. In der *ZEIT* verteidigt er Merz gegen Lobbyismusvorwürfe. Larry Fink sei »bekannt dafür«, dass er sich in lokale Aufsichtsgremien prominente Unterstützung organisiere. »Er möchte darin Schwergewichte haben, sucht nicht opportunistisch jemanden, der ihm bei der Politik die Tür öffnet.«

»Die große Fähigkeit von Friedrich Merz war es, Menschen zusammenzubringen und für Themen wie Finanzmärkte und langfristige Geldanlage zu interessieren und zu begeistern«, erklärt es der BlackRock-Insider. Wenn BlackRock Tagungen, Events, Meetings oder Gesprächsrunden für eine große Öffentlichkeit oder für kleine Kreise organisiert habe, dann sei Merz eine Art Zugpferd gewesen. Seine Rhetorik und seine Art des Auftritts habe auch in der Finanzwelt viele Fans gehabt. »Merz hat diese convening power, diese Anziehungskraft, die ihn für viele interessant gemacht hat.«

Im Februar 2020 legte Friedrich Merz sein Aufsichtsratsmandat nieder, nachdem er sich entschieden hatte, ein zweites Mal für den CDU-Vorsitz zu kandidieren. Die größte Nähe, die für Friedrich Merz politisch zu BlackRock und Larry Fink bleibt, ist die geteilte Überzeugung, dass die Altersvorsorge für Millionen von Menschen nicht allein staatlich und bei sinkender Erwerbstätigenquote nicht allein in Form der klassischen umlagefinanzierten Systeme organisierbar und finanzierbar sei. Dirk Schmitz, Deutschlandchef von BlackRock, erklärt: »Wir helfen Menschen beim Aufbau von Ersparnissen. Diese sollen ihnen ein Leben lang zugutekommen.« Vor BlackRock müsse man deswegen keine Angst haben.

In der CDU und auch in der CSU gab es lange vor allem im Sozialflügel eine große Skepsis, Renten und Pensionen auch kapitalgedeckt zu finanzieren. Doch es bewegt sich etwas, selbst die Ampel hat, wenn auch hoch umstritten, eine Komponente der Rentenversicherung nun auf Aktien gestützt. Das ist im Prinzip im Sinne von BlackRock und seinem ehemaligen Aufsichtsratschef. Im neuen CDU-Grundsatzprogramm heißt es: »Wir wollen die gesetzliche Rente durch eine verpflichtende kapitalgedeckte Altersvorsorge ergänzen.«

Merz will den Deutschen eine bessere Aktienkultur beibringen, das wünschte er sich schon 2017 von der damaligen Bundesregierung. »Die Deutschen sind ein Volk von Sparbuchsparern und nicht ein Volks von Aktionären«, beklagt er in einem *FAZ*-Interview. Sie würden sich dadurch um die Möglichkeit bringen, ein Vermögen »vor allem für den Lebensabend« zu bilden. Er selbst habe bereits als Student Aktien gekauft, heute sei das viel einfacher, weil man mit ETF die Möglichkeit habe, bereits kleine Beträge breiter anzulegen. Und wer's nicht glaubt, dem rechnet Merz gern vor, wie ertragreich das sein kann.

Die Vernetzung von Friedrich Merz außerhalb seiner Partei hat ihm immer viel Kritik eingetragen, machte aber auch immer ein Teil seines unverwechselbaren Profils aus.

»Kampfgruppe Merz«: Der Wirtschaftsrat

Mit einem lauten Knall endete das gemeinsame Tennisspiel in Berlin Mitte. Merz war Mitglied im dortigen Verein und hatte Kurt Joachim Lauk Ende 2001 zu einem Match eingeladen. Lauk war als Topmanager gerade aus dem Vorstand der Daimler Chrysler AG ausgeschieden. Merz war seit gut anderthalb Jahren Fraktionsvorsitzender im Bundestag. Er spielte einen kurzen Stoppball, Lauk wollte ihn kriegen. Doch dann riss die Achillessehne. Es knallte. Merz und Lauk blieben Freunde. Die Sehne wurde nie wieder ganz die alte, berichtet Lauk heute amüsiert. Doch die Verbindung zu Merz sei stabil. Lauk war 2000 zum Präsidenten des Wirtschaftsrates der CDU gewählt worden und blieb es 15 Jahre lang. Von 2004 bis 2009 war Lauk für die CDU Mitglied des Europaparlaments. Merz war damals ebenfalls schon Mitglied im Wirtschaftsrat, bei Veranstaltungen sei ihm der eloquente Kopf aufgefallen. »Ich habe ihn gebeten, mit ins Präsidium zu gehen, was er dann auch all die Jahre gemacht hat«, berichtet Lauk, der zum Begleiter und Berater wurde. »Merz' besondere Stärken sind damals wie heute seine gedankliche Klarheit und seine hohe rhetorische Qualität, mit der er die Essentials einfach immer gut rüberbringen kann.«

Für Friedrich Merz wurde der Wirtschaftsrat zu so etwas wie eine Homebase, ein Heimathafen, in den er auch in seiner Zeit als politischer »Aussteiger« immer zurückkommen konnte. In seiner Partei ist Merz vor Ort im Sauerland vernetzt, doch die NRW-Landespartei wurde nie zu seinem Zuhause und nicht zu einer Machtbasis. Auch die Junge Union, die für viele CDU-Politiker so etwas wie die Kinderstube der Partei ist, war nicht Merz' politische Heimat. Diese Funktion übernahm in gewisser Weise der Wirtschaftsrat. Bei seiner Rückkehr auf die politische Bühne spielte die Institution eine wichtige Rolle. 2019 wurde er Vizepräsident des Wirtschaftsrates und hatte damit wieder eine zumindest parteinahe Spitzenfunktion auf Bundesebene inne. 2021 legt er dieses Amt nieder.

Der »Wirtschaftsrat der CDU e. V.« ist eine ungewöhnliche Zwittergestalt im Berliner Hauptstadtbiotop. Seine Gründung geht auf den früheren Bundeskanzler Ludwig Erhard und das Jahr 1963 zurück, als wirtschaftsnahe Kreise innerhalb der Partei ein marktwirtschaftlich orientiertes Gegengewicht zu den Sozialausschüssen (CDA) innerhalb der CDU bilden wollten. Doch anders als die CDA und auch die Mittelstandsvereinigung (MIT) wurde der Wirtschaftsrat nie eine offizielle Gliederung der CDU. Auf den Unternehmer und CDU-Politiker Alphons Horten geht dann die Idee zurück, eine Organisation neben den eigentlichen Parteistrukturen zu schaffen. Diese Sonderstellung erwies sich als ungemein erfolgreich. Der Wirtschaftsrat versteht sich als unternehmerischer Berufsverband, der die Interessen seiner rund 12 000 Mitglieder vertritt. Es gibt Landesverbände und Untergliederungen sowie eine Bundesgeschäftsstelle in Berlin mit über 100 Mitarbeitern. Gegenüber Politik, Verwaltung und Öffentlichkeit setze man sich »für einen starken, international wettbewerbsfähigen Wirtschaftsstandort Deutschland ein«, heißt es in der Selbstbeschreibung. Im Logo und im Schriftzug kommt der Namenszusatz »CDU« nicht vor, nur im offiziellen Namen taucht auch das Parteikürzel auf.

Der Wirtschaftsrat der CDU ist ausgesprochen parteinah, auch wenn sie das nicht finanziell oder formal zeigt. Ausdruck dieser Doppelgesichtigkeit ist etwa, dass der Präsident des Wirtschaftsrates als »ständiger Gast« in den Bundesvorstand der CDU kooptiert wird. Dort sitzt derzeit die Präsidentin des Wirtschaftsrates, Astrid Hamker, allerdings nur mit Rede- und ohne Stimmrecht. Und so ist der Wirtschaftsrat ob seiner vielen und namhaften Mitglieder eine gewichtige Stimme in Berlin. Auf seinen jährlich veranstalteten Wirtschaftstagen sprechen Politiker aller Parteien, zuletzt 2024 etwa sowohl Friedrich Merz als auch Bundeswirtschaftsminister Robert Habeck (Grüne).

Für die Leute von LobbyControl ist genau das verdächtig, für sie ist die Lobbyorganisation Wirtschaftsrat auf eine unzulässige Weise mit der CDU verknüpft. Es müsse sauber getrennt werden zwischen Partei- und Nicht-Parteiorganisationen, weil eben nicht die gesamte Bandbreite unternehmerischer Interessen vertreten werde. Den Großteil der rund 12 000 Mitglieder scheint dieses Unikat in der Berliner Verbandslandschaft nicht zu stören. Tatsächlich haben andere Parteien versucht, das Konzept zu kopieren, ohne vergleichbaren Erfolg. Vor allem missfällt den Lobbykritikern die inhaltliche Ausrichtung. Auf »Lobbypedia« heißt es, »durch zielgerichtetes Framing bremst der Wirtschaftsrat Klimaschutz aus«.

Welche Bedeutung der Wirtschaftsrat für Merz hat, ist den Checkern von LobbyControl auch schon aufgefallen. Als Friedrich Merz 2018 eine organisatorische Plattform für seinen Neustart in die Politik braucht, kann er in der Bundesgeschäftsstelle Büros nutzen. Der stellvertretende Sprecher des Wirtschaftsrates wird auf Honorarbasis auch persönlicher Pressesprecher von Friedrich Merz. Durch die Zeit des außerparlamentarischen Kampfes hin zum Parteivorsitz hindurch hat Armin Peter das Comeback von Merz begleitet, noch heute ist er – im Adenauer-Haus angekommen – für »fm« zuständig, wie es intern bündig heißt. Dem ehemaligen Chef des Jungen Wirtschaftsrates wird das allerdings etwas zu viel. Marcus Ewald, Chef der Unterorganisation, tritt von seinem Amt 2021 zurück, als parteiloser Unternehmer wolle er nicht in den Richtungsstreit einer Partei hineingerissen werden. »Statt wertvolle Hinweise aus dem Innenleben von Unternehmen zu geben, tritt der Wirtschaftsrat als Kampfgruppe Merz innerhalb der Union auf.« Seine Nachfolgerin wird Caroline Bosbach, Tochter von Wolfgang Bosbach, Merz-Vertrauter und CDU-Abgeordneter aus dem 1994er-Jahrgang.

Der Wirtschaftsrat wurde in weiten Teilen gern zu einer Art »Kampfgruppe Merz«, viele gerade aus dem wirtschaftsnahen Spektrum konnten sich bei seinen vielen Veranstaltungen, Vorträgen und Empfängen zu einer Nähe zur CDU bekennen und gleichzeitig auf Distanz zur sogenannten Merkel-CDU gehen. Der Wirtschaftsrat wurde zum Sammelbecken für Leute, die eine andere CDU woll-

ten, die sich vor allem in Fragen von Staatshaushalt, Steuern, Sozialpolitik, Energiefragen und Standortpolitik vom Mainstream des
Adenauer-Hauses absetzten. Dies bündelte sich dann in der Person
von Friedrich Merz.

Wolfgang Steiger ist seit 2009 Generalsekretär des Wirtschaftsrates.
Doch Friedrich Merz hat Steiger schon im Bundestag kennengelernt. Auch er ist einer aus dem Jahrgang 1994. Sie waren die Neu-
linge, trafen sich im Finanzausschuss und hatten ähnliche Interessen. »Wir fanden uns sofort sympathisch«, erzählt Steiger heute. Für
Merz und Steiger wurde der Wirtschaftsrat zum Ankerpunkt, und
doch stiegen beide zunächst aus der aktiven Politik wieder aus. Der
gebürtige Hesse Steiger war mit einer Unterbrechung von 1994 bis
2002 Mitglied des Bundestages. Merz blieb etwas länger.

Als Generalsekretär des Wirtschaftsrates war für Steiger zunächst
ein enger Austausch und eine Nähe zur Bundeskanzlerin und Parteivorsitzenden Angela Merkel selbstverständlich. Erst nach und nach
taten sich Risse auf und schließlich zerbrach die Achse, so berichtet es Steiger. »Beim Atomausstieg, in der Rentenfrage und schließlich in der Asylpolitik wurden die Differenzen unüberbrückbar.« Ab
2009 band Steiger dann Friedrich Merz mehr und mehr an den
Wirtschaftsrat und holte ihn in das Präsidium des Verbandes. »Über
seine Rückkehr in die aktive Politik wurde immer wieder gemun-
kelt, aber ernst war das zunächst nicht«, so Steiger. Merz habe immer abgewunken und das als Unsinn abgetan.

Erst bei der internen Finanzmarkt-Klausur des Wirtschaftsrates
2018 wurde begonnen, ernsthafter darüber zu sprechen. »Viele im
Wirtschaftsrat sahen in ihm den Richtigen, um die CDU nach Merkel neu aufzustellen.« Doch tatsächlich sollte es noch lange dauern. Im Herbst 2024 wurde in der im Regierungsviertel beliebten
Gaststätte »Zollpackhof« zwischen Kanzleramt und Hauptbahnhof
der 60. Geburtstag von Wolfgang Steiger gefeiert. Merz, der inzwischen CDU-Vorsitzender und Kanzlerkandidat geworden war, hält
eine persönliche Rede, so berichten Teilnehmer. »Lieber Wolfgang,

ohne dich wäre ich nicht da, wo ich jetzt bin. Dafür ganz persönlich danke!«

Mit einem anderen Gremium kann Merz neben seinem wirtschaftspolitischen Profil auch seine internationale Expertise schärfen.

Fluchtpunkt Amerika: Der Transatlantiker

Einer seiner beiden Lieblingsorte in den USA, so erzählt es Friedrich Merz 2024 dem Autor dieses Buches, sei die Ronald Reagan Presidential Library im Simi Valley an der Westküste unweit von Los Angeles und dem Pazifischen Ozean. Das Museum zu Ehren des ehemaligen Präsidenten zeigt in einem riesigen Pavillon die ehemalige Air Force One – die zur Präsidentenmaschine umgebaute Boeing 707 – eine entschärfte Atombombe und ein Stück der Berliner Mauer. »Reagan ist für mich so eine Art Urfigur der amerikanischen Politik«, sagt Merz. Berühmte Aussprüche Reagans, der von 1981 bis 1989 als 40. US-Präsident regierte, sind auf dem Gelände des Museums zu sehen. »Ich mag besonders sein Zitat, das dort in Stein gemeißelt ist: ›The nine most terrifying words in the English language are: I'm from the Government, and I'm here to help.‹« Auf Deutsch: Die neun schrecklichsten Wörter im Englischen sind: »Ich bin von der Regierung und hier, um zu helfen.« Eine gewisse Staatsskepsis teilt Merz mit Reagan. »Diese klassische amerikanische Haltung: Wir verlassen uns nicht auf den Staat, wir packen es selber an«, die gefalle ihm.

Das Land habe ihn immer fasziniert, sagt er an anderer Stelle. Er habe die USA aber erst relativ spät das erste Mal bereist. Ein Auslandsaufenthalt während des Studiums sei in seiner Generation leider noch unüblich gewesen. Seine Amerika-Liebe konnte er dann als Wirtschaftsanwalt pflegen. Er sei durch seine Tätigkeit für amerikanische Firmen bis zu fünf oder sechs Mal jährlich in Amerika gewesen. Er sei zu einem Fan der amerikanischen Mentalität geworden. »Diesen Selfmade-Geist und auch diese Energie, nach einer

Niederlage und einer Pleite wieder aufzustehen, wieder anzufangen. Diese Grundhaltung und diesen Grundoptimismus, das habe ich in Amerika kennen- und schätzen gelernt.«

Als Friedrich Merz 2009 Vorsitzender der Atlantik-Brücke wird, besteht also kein Zweifel, dass die Aufgabe gut zu ihm passt. Der Ehrenvorsitzende und langjährige CDU-Schatzmeister, Walther Leisler Kiep, der während der Spendenaffäre in Ungnade gefallen war, hatte sich Merz für den Posten ausgeguckt. Später zerstreiten sich beide, Merz bleibt. Die Atlantik-Brücke scheint für den Politikaussteiger mit nicht abklingen wollenden politischen Ambitionen wie auf den Leib geschneidert. Im Gegensatz zum Wirtschaftsrat ist die Atlantik-Brücke eine überparteiliche Organisation, die sich seit 1952 dem Austausch mit Amerika widmet und dabei nicht nur finanz- und wirtschaftspolitische Themen, sondern auch beispielsweise die Bereiche Bildung und Militär in den Blick nimmt.

Für Merz ist die Atlantik-Brücke das ideale Spielfeld, auf dem er seine in Wirtschaft und Politik gewonnenen Kontakte einsetzen, außenpolitische Expertise trainieren und seine kommunikative Weltläufigkeit zelebrieren und ausleben kann. Die Atlantik-Brücke ist ein exklusiver Club, Mitglied kann man nur durch Kooptierung durch den Vorstand werden. Ehemalige Bundeskanzler gehörten der Atlantik-Brücke an sowie namhafte Gestalten des öffentlichen Lebens wie der Verleger Axel Springer oder der Philosoph Max Horkheimer. Die enge Vernetzung in die Wirtschaft ist auch hier Kritikern ein Dorn im Auge. Mehr als die Hälfte der Dax-30-Unternehmen sei Mitglied, so der Vorwurf. Merz trifft in der Atlantik-Brücke vor allem auch inhaltlich Gleichgesinnte anderer Parteien wie Cem Özdemir (Grüne) oder Sigmar Gabriel (SPD), die ihm aus dem Parlament nur als politische Gegner bekannt waren.

In unregelmäßigen Abständen verleiht die Atlantik-Brücke den Eric-M.-Warburg-Preis, benannt nach dem Gründer des Netzwerks, dem Hamburger Bankier Eric Moritz Warburg. Geehrt werden sollen Persönlichkeiten, die sich um »Deutschlands Platz in der atlantischen Allianz« verdient gemacht haben. Wie bei solchen Preisen üblich fällt auch etwas Glanz der Ausgezeichneten auf die Organisation zurück. Ausgerechnet 2009 wird Angela Merkel, ebenfalls Mitglied, geehrt, gerade noch, bevor Friedrich Merz den Vorsitz übernimmt.

2012 wurde der Preis Altkanzler Helmut Schmidt zuerkannt. Die Laudatio hält nun die ehemalige Preisträgerin und Bundeskanzlerin Angela Merkel. Friedrich Merz ist Gastgeber und Veranstalter und genießt augenscheinlich die große Bühne. Merkel und Merz sitzen nebeneinander und verstecken die alte Rivalität. So nutzt die Galaveranstaltung im Deutschen Historischen Museum beiden – und Helmut Schmidt verleiht dem Ganzen eine überzeitliche Bedeutung. Der Altkanzler lobt sogar seine Nachfolgerin, was der Harmonie der deutschen transatlantischen Familie dient.

Die Atlantik-Brücke, deren Vorsitzender Merz bis 2019 bleibt, ist für ihn die willkommene Absenderadresse, um in der politischen Debatte präsent bleiben und zugleich sein Themenspektrum über den deutschen Raum ausweiten zu können. Er wird zu Vorträgen und Symposien eingeladen und von Stiftungen, Wirtschaftsverbänden und Thinktanks hofiert. Er sei einer der wenigen Ex-Politiker aus Deutschland, die man in der Schweiz nicht nur kenne, sondern auch vermisse, so wird er einmal auf einer exklusiven Veranstaltung in der Schweiz begrüßt. Zum Brexit, zu Donald Trump, zur Eurokrise, zur Globalisierung, Merz wird auch medial zum Fachmann der großen außen- und wirtschaftspolitischen Fragen. Der Fernsehsender *phoenix* lädt ihn wiederholt zu langen Interviews ein. Das alles gelingt auch, weil sich Merz mit dem Etikett Atlantik-Brücke der Partei- und Tagespolitik entheben kann.

Dabei ist seine Tätigkeit als Wirtschaftsanwalt mit vielen Aufsichtsratsmandaten und internationaler Aktivität nicht etwa hinderlich für sein öffentliches Wirken, sondern wirkt wie eine zusätzliche Expertise, die ihn vom Mainstream des Berliner Geschehens abhebt. Es sind für den Politiker Merz aber auch Lehrjahre, er sammelt einen Erfahrungshorizont in Sitzungen und Meetings zwischen New York, Shanghai und Zürich an, der ihn unterscheidbar macht von vielen anderen Politikern. Von der Wirtschaftselite wiederum unterscheidet sich Merz durch seine tiefe Kenntnis des politischen Raums.

»Was ich in der Zeit, in der ich nicht in der Politik tätig war, gelernt habe, ist vor allem: eine noch stärkere internationale Sicht der Dinge«, berichtet er. Insofern sind die Jahre zwischen den beiden Phasen des politischen Engagements gewiss keine Episode oder auch nur ein Abklingbecken, in dem Merz in Lauerstellung verharrt hätte. Für den späteren Wiedereinstieg in die Politik nimmt er diese Erfahrung mit, er kommt anders zurück, mit einer Erfahrung, die ihm die Begrenztheit des Berliner Raums vorgeführt hat. Doch für die Rückkehr braucht es noch mehr, es braucht auch wieder den Kontakt in die politische Welt, in sein früheres Leben.

Netzwerke: Alte Freunde um Friedrich Merz

Manchmal im jährlichen Takt, oft aber auch nur alle zwei Jahre lädt Friedrich Merz die ehemaligen Mitarbeiter seines Bundestags- bzw. Fraktionsbüros zu einem gemeinsamen Wochenende ein. Teilnehmer berichten über die Großzügigkeit des ehemaligen Chefs. Ein gutes Hotel und gutes Essen gehören dazu. Irgendwo auf dem Land in Brandenburg oder im Sauerland oder auch mal in Düsseldorf trifft sich die Runde auf Kosten von Merz. Es wird über die alte Zeit gesprochen und natürlich über die aktuellen politischen Entwicklungen. Es sei auch schon mal am Lagerfeuer gesungen worden, berichten Teilnehmer. Es habe einen gewissen Teamspirit gegeben, der sich über die Jahre erhalten habe, so ein Merz-Vertrauter. Bis zu 35 Personen sollen manchmal mit dabei gewesen sein.

Zum engeren Kreis der frühen Mitarbeiter gehörte sein Fraktionssprecher Thomas Raabe, der unter anderem später Sprecher des Verteidigungsministers und danach Regierungssprecher in Sachsen wurde. Robert F. Heller ist Teil der Merz-Mannschaft, er war zunächst Büroleiter bei ihm und dann im Büro des unter Wolfgang Schäuble aufsteigenden stellvertretenden Fraktionsvorsitzenden Merz Referent für Haushalt, Finanzen und Steuern. Heller ist unter anderem seit 2010 Mitglied im Beirat Innere Führung beim Bundesministerium der Verteidigung. Seit 2013 ist er Präsident der Bundesfinanzakademie. Zu der Runde gehört auch sein früherer Büroleiter im Büro des Fraktionsvorsitzenden, Michael Eilfort. Mit ihm verbindet Merz eine Freundschaft. Der Politikwissenschaftler Michael Eilfort ist heute Vorstand der Denkfabrik und Stiftung Marktwirtschaft.

Michael Eilfort blieb auch nach dem Abstieg 2002 bei Merz und folgte dem Chef ins Büro des stellvertretenden Fraktionsvorsitzenden. Als klar war, dass Merz das Amt niederlegen würde, verabschiedete sich Eilfort aus dem Bundestag und wurde im Mai 2004 Vorstand des Thinktanks Stiftung Marktwirtschaft. Die enge Verbindung blieb. Friedrich Merz beteiligte sich in seiner – vorerst – letzten Wahlperiode als Bundestagsabgeordneter an der breit aufgestellten Kommission »Steuergesetzbuch« unter dem Dach der Stiftung. Die überparteiliche Initiative entwickelte zusammen auch mit einem SPD-Finanzminister, einem führenden FDP-Vertreter und einem grünen Großstadtkämmerer ein umfassendes Steuerreformkonzept, für dessen zentrale Teile auch Friedrich Merz immer wieder eingetreten ist. Es passte zwar nicht auf den berühmt gewordenen Bierdeckel, deckte aber neben der Einkommensteuer auch die Unternehmensbesteuerung insgesamt und die Finanzströme zwischen den föderalen Ebenen, insbesondere eine stetige Finanzierung der Kommunen, ab.

Nach den Erfahrungen vorheriger Reformdiskussionen wurden ausdrücklich Lebensnähe und lange Übergangszeiträume angestrebt, es sollte um Evolution statt um Revolution gehen – aber mit dem Ziel, verlässliche Anreize für Leistung, Innovation und Wachstum als Grundlage deutschen Wohlstands zu setzen. Nur ein kleiner Teil fand, zudem handwerklich unwillig umgesetzt, Eingang in die Unternehmenssteuerreform 2008. Alles andere dürfte anderthalb Jahrzehnte später noch notwendiger sein.

Gegründet wurde die Stiftung Marktwirtschaft von dem Wirtschaftswissenschaftler und Publizisten Wolfram Engels und dem Unternehmer Ludwig Eckes. Sie hatten zunächst zu einem Gesprächskreis in Frankfurt eingeladen, der sich den ordnungspolitischen Grundsätzen der sozialen Marktwirtschaft verpflichtet sah. Aus dieser Runde entstanden der Kronberger Kreis, ein Gremium marktliberaler Ökonomen, und eben die Stiftung Marktwirtschaft. Die Stiftung lehnt staatliche Zuwendungen ab und finanziert sich heute jeweils zu einem Drittel mit Spenden aus der Wirtschaft, Projektförderung durch andere Stiftungen und private Spenden, auch Vermächtnisse. Regelmäßig legt sie wissenschaftliche Studien zu wirtschafts- und ordnungspolitischen Fragestellungen vor. Neben Eilfort gehört der Freiburger Ökonom Bernd Raffelhüschen dem Vorstand an. Die Stiftung wolle »mit konkreten Konzepten für Freiheit, Wettbewerb, Generationengerechtigkeit, Eigenverantwortung und eben das Hauptwort in der ›sozialen Marktwirtschaft‹ streiten«, so erklärt es Eilfort.

Kritiker sprechen von einer »neoliberalen Denkfabrik«, auch weil die Stiftung sich genauer mit der etablierten Klima- und Energiepolitik auseinandersetzt und sich mit den Herausforderungen einer Zuwanderungsgesellschaft beschäftigt. An der fachlichen Expertise der Gutachten und Schriften gibt es keinen Zweifel.

Als Michael Eilfort, im Hintergrund eine inhaltlich treibende Kraft auf dem Weg zum CDU-Parteitag von Leipzig 2003, noch näher an den parteipolitischen Auseinandersetzungen dran war, schrieb er 2006 einen wütenden Beitrag, in dem er schon früh die tektonischen Verschiebungen und den Einstellungswandel beklagte, der an einer Merkel-CDU als Fähnchen im demoskopischen Winde nicht vorbeigegangen sei. Auch weist er darauf hin, dass dafür die Kanzlerin nicht allein verantwortlich sei. Offenbar seien auch einige Landespolitiker bereit »die Grundrechenarten zu ändern«, wenn es in der Partei darum ginge, »mit mehr ›Gerechtigkeit‹ schnell zu punkten«. Tatsächlich habe der neue Kurs, die »Gerechtigkeitsrhe-torik« und die Abgrenzung zu 2003 nicht zu mehr Zuspruch ge-führt, sondern im Jahr 2006 schon zu einem Verlust von 27 000 Mitgliedern. 2003 hingegen gab es Zustimmungswerte in der Be-völkerung von 50 Prozent bei einem klaren Reformkurs. Weniger die Inhalte als vielmehr schlecht gewählte Begrifflichkeiten, eine unglückliche Wahlkampfführung und die Wahl des wissenschaft-lich, aber nicht politisch klugen Paul Kirchhof für das Schattenkabi-nett – um partout eine Anfrage an den im Jahr zuvor aus der Frakti-onsführung ausgeschiedenen Friedrich Merz zu vermeiden – hätten dann zur »Fast-noch-Niederlage« 2005 geführt. »Die Re-Sozialde-mokratisierung ist ein Irrweg«, schreibt Eilfort 2006.

Bis heute spiegeln diese Ansichten die strategische Aufstellung von Friedrich Merz. Die klare marktwirtschaftliche Orientierung und das Freiheitsversprechen müssen nach seiner Ansicht das po-litische Angebot der CDU sein. Dies müsse erklärt und mit Klar-heit vertreten werden, auch wenn es dafür nicht sofort nur Akzep-tanz und Verständnis gibt. Als Michael Eilfort Ende 2024 in einer Talkrunde bei *phoenix* sitzt und über die Ampelkrise diskutiert, holt er noch weiter aus. Auch die Vorgängerregierung unter Merkel habe falsche Rahmenbedingungen gesetzt. Die Menschen würden zu we-nig arbeiten, um den Wohlstand zu erwirtschaften, an den wir uns gewöhnt haben. »Vorm Konsumieren steht das Leisten«, so Eilfort. Das sind Botschaften, die das Denken von Merz spiegeln.

Es gibt weitere Denkfabriken, Netzwerke und Organisationen, die mit Merz in Verbindung gebracht werden oder wurden. Dazu zählt die namensverwandte »Stiftung Neue Soziale Marktwirtschaft« (INSM), die mehr auf Kampagnen und Öffentlichkeit setzt als auf wissenschaftliche Expertise. Die inhaltliche Orientierung ist aber nicht gänzlich anders. Die INSM wirbt für die marktwirtschaftli-che Ordnung, grundlegende Reformen und Bürokratieabbau mit plakativen Aktionen. Zuletzt warnte sie etwa vor einer »Deutschen bürokratischen Republik« und verwandte dazu ein verfremdetes

Staatswappen der DDR. Finanziert wird die INSM von Arbeitgeberverbänden aus der Industrie, sie ist eine Tochter des Instituts der deutschen Wirtschaft mit Sitz in Köln. Friedrich Merz hatte sich zeitweise auch für die INSM engagiert. 2005 gehörte er zu den Mitgründern eines Fördervereins, der bis 2014 bestand. Er wurde zeitweise auch als »Botschafter« geführt.

Zuletzt war der Draht etwas weniger eng. Laut Medienberichten sei ihm der Kurs des neuen Geschäftsführers Thorsten Alsleben doch etwas zu schrill gewesen. Alsleben, der zuvor Hauptgeschäftsführer der »Mittelstands- und Wirtschaftsunion« (MIT) war, liefert sich gelegentlich auch »Battles« mit Social-Media-Aktivisten des eher linken CDU-Flügels. Er steht auf der anderen, der wirtschaftsliberalen Seite. CDU-Generalsekretär Carsten Linnemann kommt aus der gleichen Denkschule. Als er MIT-Vorsitzender war, bildete er mit Alsleben ein Team. Doch Merz hilft Polarisierung und Lagerkampf im Moment nicht so sehr, als Kanzlerkandidat ist er auch um Ausgleich, um Maß und Mitte bemüht. Welche Rolle seine alten Netzwerke daher in Zukunft spielen werden, ist offen.

Die Zwischenphase in Friedrich Merz' Leben zwischen dem Ausscheiden aus dem Bundestag und der ersten Kandidatur zum CDU-Parteivorsitzenden ist das, was seine Biografie so überraschend und ungewöhnlich macht. Merz steigt nicht aus, um sich zu verabschieden, sondern im Nachhinein lässt sich sagen: Er war kurz mal weg, um was zu lernen. Merz kommt als ein anderer zurück. Sein Redetalent, seine wirtschaftspolitischen Grundüberzeugen und seine Persönlichkeit haben überdauert, doch seine Erfahrungen in der Wirtschaftswelt, die Distanz zum politischen Betrieb, auch die Distanz zu einer bestimmten Phase dieses Betriebs, haben ihn zu einem Unikum in der Politik gemacht. Die Unterbrechung hat eine Weiterentwicklung ermöglicht, die den meisten Politikern in ihrer Laufbahn nicht vergönnt ist. Tatsächlich ist diese Lernfähigkeit und die Lernbereitschaft eines eigentlich erfolgreichen und abgesicherten Mannes überraschend. Er hatte sich auf das Wagnis der Wirtschaftswelt eingelassen, obwohl er es hätte bequemer haben können. Und nun ließ er sich erneut auf eine veränderte Politikwelt ein, obwohl er es mit Ende 60 entspannter haben könnte.

Das Comeback: »Ein Herz für Merz«

Von der Seitenlinie: Der politische Kommentator

Der Verlag Herder hatte für Dienstag, den 27. April 2010, zu einer Buchvorstellung ins Kulturkaufhaus Dussmann an der Friedrichstraße in Berlin eingeladen. Die Bühne ist von Fotografen umstellt. Im Publikum versammeln sich vor allem Hauptstadtjournalisten. »Wir sind wieder aufgetaucht«, sagte Friedrich Merz zur Begrüßung. Er stellte sein neues Buch vor, das er zusammen mit dem früheren Sozialdemokraten, NRW-Ministerpräsidenten und Bundeswirtschaftsminister Wolfgang Clement geschrieben hat. Der Titel: »Was jetzt zu tun ist: Deutschland 2.0«. Was jetzt zu tun ist? Genau sieben Monate zuvor war Merz aus dem Bundestag ausgeschieden. Am 27. September 2009 hatte die Bundestagswahl stattgefunden, die CDU war trotz Verlusten stärkste Fraktion geworden, Merkel hatte mit einer erstarkten FDP eine schwarz-gelbe Bundesregierung bilden und Kanzlerin bleiben können. Merz hatte sich vom Berliner Politikbetrieb verabschiedet. Oder doch nicht?

Wann der Ausstieg von Friedrich Merz aus der Politik wirklich vollzogen war und wann sein Wiedereinstieg begann, das lässt sich unterschiedlich datieren und interpretieren. Über die Phase zwischen 2009 bis 2018 lässt sich aber gewiss sagen, er war nie so ganz weg und doch nicht mehr wirklich dabei. Merz hatte kein echtes politisches Amt mehr inne, hat keines direkt angestrebt, hatte seine Rückkehr in die aktive Politik eher abgewehrt – und doch war eine mögliche Rückkehr immer wieder Thema, sie stand im Raum wie der sprichwörtliche Elefant. Anders gesagt: Das Thema seiner Rückkehr war gar kein Ereignis, sondern ein Evergreen. Kaum trat er irgendwo auf, schrieben einige schon: »Er ist wieder da.« Und wenn ein CDU-Politiker ihn mal um Rat fragte, hieß es, er werde bald Minister – oder gar Merkel stürzen.

Nichts davon trat ein. Aber um zu verstehen, warum ein derart unwahrscheinliches und ungewöhnliches »Comeback« mit der Wahl zum Parteivorsitzenden 2022 und der Nominierung zum Kanzlerkandidaten 2024 gelingen konnte, hilft es, sich diesen Schwebezustand vor Augen zu halten. Merz hat daran mitgewirkt, die Frage offenzuhalten, aber wiederum auch nicht so offensiv, als dass sein Abschied aus der Politik unglaubwürdig gewesen wäre. Ein enger Begleiter sagte einmal, er habe streckenweise keineswegs mehr an eine Rückkehr in die Politik geglaubt und diese für unrealistisch gehalten und habe eben zugleich eine gewisse Sehnsucht danach nie ganz ablegen können. So gab es in den Jahren Wellenbewegungen, mal erschien es ein Momentum zu geben, mal wieder nicht. Schließlich brauchte es den Abgang von Merkel, um es noch mal zu versuchen.

In der *Rheinischen Post* schrieb Eva Quadbeck zur Buchvorstellung von 2010, Berliner Lästerzungen würden meinen, Wolfgang Clement und Friedrich Merz erinnerten an die beiden Opas aus der Muppet-Show. Wie Waldorf und Statler würden sie aus der Loge ebenso treffende wie gehässige Kommentare abgeben. Merz ärgerte sich über den Vergleich, zumal er, anders als der 69-jährige Clement, sich mit 54 Jahren noch nicht in die Seniorenkategorie einordnen lassen wollte. Wenig später war er mit Clement in der Talkshow von Reinhold Beckmann eingeladen und geriet mit dem Moderator aneinander. Auch SPD-Politikerin Andrea Nahles hatte dort noch mal die Analogie zu den lästernden TV-Alten gezogen.

In dem Buch von 2010 ist ein Interview mit der Journalistin Ursula Weidenfeld abgedruckt, die ihn danach fragte, was er denn nun noch vorhabe. Merz sagte: »Ich vermisse gegenwärtig nichts, weil ich weiß, dass die Politik viele Licht- und Schattenseiten hat. Aber ich habe mich immer der Verantwortung gestellt, und ich würde das auch möglicherweise wieder tun.« Als Voraussetzung für seine Rückkehr ins politische Geschäft benennt er drei Faktoren. Es brauche einen »gewissen Mindestvorrat an gemeinsamen Überzeugungen, gegenseitige Loyalität und politische Ziele«. Auf die Frage, ob das mit Merkel möglich sei, weicht er aus. Tatsächlich war es nicht möglich.

Was die Überzeugungen angeht, legt er mit Clement ein Programm vor, das die Reformagenda der 2000er-Jahre aufnimmt und sein Portfolio unter anderem um Aspekte der Bildungs- und Klimapolitik erweitert. Der gemeinsame Tenor ist deutlich liberaler und auf Veränderung angelegt, als er zu dem Zeitpunkt bei CDU und SPD zu hören ist. Clement hatte daraus die Konsequenz gezogen und war aus seiner Partei 2008 ausgetreten. Merz blieb seiner CDU treu und beteuerte, dass sich das auch nicht ändern werde. Am Schluss des Buches gibt es eine Zehn-Punkte-Agenda, die mit einem Zitat von John F. Kennedy schließt und das Denken der beiden zusammenfasst: »Frage nicht, was Dein Land für Dich tun kann, sondern was Du für Dein Land tun kannst.« Es war ein Zitat, das nicht in die Zeit zu passen schien, als nach den Wirren der Finanzkrise viele gerade auf einen Sicherheit gewährleistenden Staat setzten oder hofften.

Im Jahr 2010 tobte die Eurokrise. Für ihre Besonnenheit in der zunächst aufziehenden Griechenland-Krise lobte Merz die Kanzlerin zunächst sogar. Doch ihre grundsätzliche Führungsschwäche und Ideenlosigkeit geißelte er scharf. Er war damit keineswegs allein. Der SPIEGEL titelte im Juni »Aufhören!«, um die Schwäche der amtierenden schwarz-gelben Koalition zu beklagen. Im SPIEGEL-Interview erläuterte Merz seine Fundamentalkritik, die Aufschluss über sein Politikverständnis gibt. Merkel fehle es am Willen, große und historische Projekte anzugehen, und verliere sich im Tagesmanagement. »Wo ist der Regierungschef, der sich hinstellt und sagt: Liebe Freunde, wir haben folgende Probleme, erstens, zweitens, drittens, und ich stelle mir die Lösung so vor: erstens, zweitens, drittens.«

Zudem beschrieb Merz schon 2010 seine Sorge, dass sich ein Großteil der Wähler aus der Mitte des demokratischen Spektrums verabschieden könnte. 2009 hatte es den bis dahin höchsten Anteil von Nichtwählern in der Geschichte der Republik gegeben. Noch war von der AfD nichts zu sehen. Merz erklärte: »Gott sei Dank ist in Deutschland die Hemmschwelle zur Gründung einer rechten Partei sehr hoch, und alle bisherigen Versuche dazu waren nicht sehr erfolgreich.« Doch er sah durchaus die Gefahr, dass die Union nicht mehr bereit oder in der Lage sein könnte, die Ränder »zur politischen Mitte hin zu integrieren«. Immer mehr Stammwähler würden sich von der Union abwenden. Darauf fragt der *SPIEGEL*: »Merkel vergrault die Stammwähler?« Merz antwortet: »Um das zu erkennen, muss man keine Ausbildung als Parteienforscher haben. Ein Blick auf die Zahlen genügt.« Damit war die Schlachtordnung für die kommenden Jahre eindeutig und klar.

Männerbund: Der Andenpakt und das Comeback

Auf dem CDU-Parteitag im November 2010 in Karlsruhe wurden einige verdiente Christdemokraten aus der Führung der Partei verabschiedet. Dazu gehörten: Günther Oettinger, Christian Wulff, Roland Koch, Friedbert Pflüger und Ole von Beust. Das Besondere an dieser Riege war, sie waren alle Mitglieder des sogenannten Andenpakts, des Männerbunds, über den Merkel später einmal sagte, sie habe ihn unterschätzt. Der Generalsekretär der CDU-Seilschaft, Bernd Huck, hingegen wird später mit den Worten zitiert: »Wir haben Merkel unterschätzt.« Beim Parteitag 2008 hatte Merkel den Hessen noch versehentlich als »Roland Kotz« betitelt. Bei seiner Verabschiedung 2010 habe sie der anhaltende Beifall für den Rivalen aus Hessen erschrocken, so schreiben es Berichterstatter.

Eine Gruppe von Mitgliedern der Jungen Union war unter Leitung von Matthias Wissmann 1979 zu einer Bildungsreise nach Mittelamerika aufgebrochen. In einem Nachtflug über die Gebirgskette der Anden von Caracas nach Santiago de Chile feierte der Parteinachwuchs mit Whiskey, es wurde gealbert und gesponnen. Der mitreisende Huck notierte auf einem Papier der Fluggesellschaft eine Art Manifest. Alle Delegationsmitglieder unterschrieben mit Fantasienamen. »Es handelt sich eigentlich um einen großen Witz«, erzählte Huck 2010 dem *SPIEGEL*.

Es sollte nicht bei dem Spaß bleiben. Der zentrale Satz des von Huck verfassten Dokuments lautet: »In Sorge um die hochkarätig besetzte Delegation und zum Schutze der Gesundheit schließen wir uns hiermit zum Pacto Andino Segundo zusammen.« Daraus hat sich in den Jahren eine Art Nichtangriffspakt entwickelt. Die Mitglieder, die später in der CDU aufsteigen sollten, Minister und Ministerpräsidenten wurden, wollten nicht gegeneinander antreten und sich nicht gegenseitig beschädigen, was weitgehend funktioniert hat. Doch das vermeintliche Scheitern, das Huck im Gespräch mit dem *SPIEGEL*-Journalisten Markus Feldenkirchen beschreibt, Merkel nicht verhindert zu haben, belegt auch die Schwäche des Pakts. Keineswegs war der Zusammenhalt so stark, dass er zu einer dauerhaften Anti-Merkel-Front geführt hätte. Auch durch die Aufnahme weiterer Mitglieder sei das Profil verwässert worden, so berichtete es ein Andino-Freund später. Friedrich Merz war auch ein Spätberufener, er wurde, so Hajo Schumacher im *Cicero*, 2005 in die angegraute JU-Connection eingegliedert. Doch Hans-Gert Pöttering und andere sind ebenfalls nach und nach dazugestoßen. Mehr oder weniger treue Merkelianer gehörten damit zum innersten Kreis der Konterrevolution. Das war keine gute Voraussetzung für einen Aufstand.

Der Andenpakt ist wiederholt beschrieben worden als eine westdeutsche Männergruppe, die sich den Veränderungen und dem Zeitgeist entgegenstellen wollte. Gegen die 68er, gegen die Linken, aber auch gegen die gesellschaftlichen Verschiebungen infolge der Wiedervereinigung. Doch greift diese kulturelle Einordnung zu kurz. Die »Andinos« waren auch Anti-Kohlianer, die einen Zukunftsweg für die CDU zwischen altbackenem Konservativismus und linker Modernität suchten. Der Anti-Merkel-Affekt entstand zunächst nicht aus inhaltlicher Gegnerschaft, sondern aus dem Streben, selbst ganz nach oben zu kommen – und das nicht angeleitet und beaufsichtigt durch die preußische Protestantin. Der Nachdruck, mit dem sich Roland Koch und andere später für die Rückkehr des einen Andinos Merz an die Spitze der Republik einsetzten, erwuchs auch daraus, dass sie ihre einstigen Ziele vollenden wollten.

Als sich zwischen 2010 und 2018 im Umfeld von Friedrich Merz mehr und mehr der Gedanke einer Art Rückeroberung der CDU breitmachte, mussten sich neue Achsen und Gruppen bilden, die einen solchen Plan, der für eine Post-Merkel-Zeit avisiert wurde, unterstützen würden. Nicht alle Andinos und Neu-Andinos waren dafür zu gebrauchen. Der Reiseleiter der 1970er-Jahre, Wissmann, galt als nicht verlässlich, auch Bouffier nicht. Kopf des Merz-is-comming-home-Unternehmens war Roland Koch, ein Andino der ersten Stunde und ein Aktivist im Geiste der alten JU-Crew.

Wie präsent und wirkungsmächtig das Codewort »Andenpakt« über die Jahre geblieben ist und bis heute ist, zeigt eine Äußerung des früheren saarländischen Ministerpräsidenten und Verfassungsrichters Peter Müller. In einem Interview mit »Table-Briefing« sagte er Ende 2024, wenn Merz Kanzler würde, dann würde er, Müller, ihn unterstützen, etwa bei einer Kommission für eine Staatsreform. Er schätze an Merz, dass er »aufgeräumt im Kopf« sei und klare Vorstellungen habe. »Außerdem ist er mein Andenpakt-Bruder und allein deshalb ein guter Mann.«

Entscheidend für das Projekt »Comeback« von Merz, dem sich erst nach und nach einige anschlossen, waren dann neben dieser sozusagen historischen Mission und gewissen Eitelkeiten auch die als Fehlentwicklungen beschriebenen Richtungsentscheidungen Merkels. Dazu gehörte für viele Merz-Gefolgsleute der Atomausstieg von 2011, der zunächst vor der Reaktorkatastrophe von Fukushima von der schwarz-gelben Koalition durch eine Laufzeitverlängerung verzögert werden sollte. 2013 flog die FDP aus dem Bundestag. Für Merkel-Kritiker eine Bestätigung ihrer These, dass die Kanzlerin ein Repräsentationsdefizit am rechten Rand des bürgerlichen Lagers habe entstehen lassen. Später war es dann die Asylpolitik infolge der großen Fluchtbewegungen nach Deutschland 2015, die für viele im Umfeld von Merz den entscheidenden Bruch mit Merkel und der von ihr geformten und gewandelten CDU markierte. 2017 zog die selbsternannte Alternative für Deutschland (AfD) in den Bundestag ein.

Loyalitäten: Laschet und Merz

Am 13. Oktober 2014 betrat Friedrich Merz nach längerer Pause wieder das Konrad-Adenauer-Haus. Ein weiterer Akt der unendlichen Aufführung von »Ist er zurück?« kündigte sich an. Vor seinem Auftritt hatte schon die *BILD-Zeitung* über sein »Comeback nach 9 Jahren« berichtet, obwohl Merz streng genommen ja erst 2009 als Bundestagsabgeordneter wirklich aus der aktiven Politik ausgeschieden war. Journalisten und Kcamerateams warteten im Lichthof der Parteizentrale. Dabei tagte in einem Sitzungsraum nur eine vom stellvertretenden CDU-Vorsitzenden Armin Laschet geleitete Parteikommission. Es war die erste Sitzung des Gremiums mit dem Namen »Zusammenhalt stärken – Zukunft der Bürgergesellschaft gestalten«. Ohne Merz' Anwesenheit hätte gewiss keiner von der Runde Notiz genommen. Der politische Exilant war von Laschet gebeten worden, gleich das erste Impulsreferat zu halten. Es trug den Titel: »Digitalisierte Wirtschaft und Gesellschaft« und markierte so, dass der einstige Steuerfachmann sich auch auf neuere Themen verstand.

Merz hat damit erstmals seit seinem Ausscheiden aus dem Präsidium zehn Jahre zuvor wieder eine, wenn auch kleine, Funktion in seiner Partei inne. Laschet war seit einem Jahr CDU-Oppositionsführer in Düsseldorf. Er traf mit seiner Entscheidung, seinen westfälischen Parteifreund in das Gremium zu holen, einen Nerv und rüttelte die Berliner Szene auf. »Unsere Wirtschaftskompetenz müssen wir in diesen Zeiten herausstellen und mit guter Gesellschaftspolitik verbinden«, erklärte Laschet die Berufung von Merz. Die Partei litt zu diesem Zeitpunkt unter den Beschlüssen der zweiten GroKo. Der neue CDU-Generalsekretär Peter Tauber muss den Mindestlohn und die Rente mit 63 auch noch als christdemokratische Errungenschaften feiern. Das will nicht allen einleuchten. »Merz weckt Frühlingsgefühle in der CDU«, titelte die *Rheinische Post (RZ)* zur Merz-Auferstehung. Wenn der Name Merz falle, erinnere sich die CDU an ihre Seele, so zitiert die *SZ* den damaligen Thüringer Fraktionschef Mike Mohring aus diesem Anlass. Laschet gibt zu Protokoll, dass er die Berufung von Merz mit Merkel abgesprochen habe. Gern wird sie nicht zugestimmt haben. »Dass daraus öffentlich die große Comeback-Nummer würde, habe ich nicht geahnt, aber ich wollte, dass er wieder mit dabei ist.«

Zeitgleich zur neuen Laschet-Kommission, der auch etwa der Historiker Paul Nolte und der Politikwissenschaftler Karl-Rudolf Korte angehörten, hatte sich eine Gruppe »CDU 2017« um Jens Spahn gebildet. Sie plädierte für eine Neuaufstellung der CDU unter wirtschaftsliberalen und konservativen Vorzeichen. Schon 2007 hatte sich die sogenannte Einstein-Connection gebildet, in der sich junge Nachwuchs-Unionisten fanden, die einen »modernen bürgerlichen Konservatismus« befördern wollten. Ihr gehörte unter anderem der damalige JU-Chef Philipp Mißfelder, aber auch Hendrik Wüst und Markus Söder (CSU) an. Die Gruppe zerfiel schnell wieder, aber sie war ein Krisensymptom der Merkel-Zeit. Merz war Balsam für diesen konservativen Phantomschmerz.

Merkel hatte bei der Bundestagswahl 2013 sensationelle 41,2 Prozent mit der CDU errungen. Doch ein echter Triumph wollte daraus nicht werden, denn sie musste wieder mit der SPD eine Große Koalition eingehen. Die FDP war an der Fünf-Prozent-Hürde gescheitert und aus dem Bundestag gefallen. Symbolisch für diesen merkwürdig misslungenen Sieg war eine Sequenz am Wahlabend, als die Kanzlerin ihrem CDU-Generalsekretär Hermann Gröhe ein Deutschland-Fähnchen aus der Hand nahm. Sie wollte den (nationalen) Jubel nicht – und so erntete sie in ihrer Partei auch keinen einhelligen Jubel.

Die Merz-Visite 2014 im Adenauer-Haus war das passende Bild für die CDU-Krise und traf die Stimmung mancher CDUler. Robert Rossmann schrieb in der *SZ*, viele Christdemokraten hätten die Ansicht, dass die CDU »in falschem Gewand erfolgreich« sei. Genau der Meinung war auch Merz. »Früher hatte die Partei Positionen, jetzt scheint Merkel ihren Kurs nur noch am Mainstream auszurichten. Früher gab es Attacke, jetzt nur noch den attentistischen Führungsstil der Kanzlerin«, schreibt der Journalist Rossmann.

Armin Laschet ist nicht privat mit Friedrich Merz befreundet. Sie kennen sich lange und ihre gemeinsame Geschichte ist wie ein Spiegelbild der westdeutschen CDU-Historie, von der viele meinen, Merkel habe sie nie wirklich verstanden, und von der Merkel wohl umgekehrt meint, eben diese West-CDU habe sie nicht verstanden und akzeptiert. Dieses Fremdeln gegenüber Merkel war kein spezifisches Phänomen nur auf der konservativen Seite. Laschet haderte ebenfalls immer mal wieder mit Merkels Führungsstil, obwohl er ihr mit seiner liberal-katholischen Ausrichtung möglicherweise näherstand als Merz. Doch dass Merkel immer wieder davor zurückscheute, auch Kritiker und Kontrahenten sowie Andersdenkende einzubinden, sah er skeptisch.

Laschet und Merz verstanden sich auf einer anderen Ebene. Sie waren beide zutiefst davon überzeugt, dass eine Union nur stark und erfolgreich sein kann, wenn sie eine Bandbreite abdeckt, wenn unterschiedliche Ansichten, Charismen und Talente unter dem Dach der CDU vereint würden. Auch müssen Macht und Einflusssphären und Optionen der unterschiedlichen Persönlichkeiten einen gewissen Respekt erfahren und Platz bekommen. Zwar wurden Merz und Laschet Konkurrenten, im Kampf um den Parteivorsitz und die Kanzlerkandidatur 2020 waren sie auch scharfe Gegner. Im Wahlkampf 2021 allerdings hat Merz Laschet loyal unterstützt.

Als Merz als Fraktionsvorsitzender im Bundestag saß, hatte Armin Laschet ein Mandat im Europaparlament. Doch Brüssel war weit weg von Berlin. »Merz wusste aus unserer gemeinsamen Zeit im Bundestag, dass ich noch ein Interesse an der Bundespolitik hegte.« Damals kooptierte Friedrich Merz seinen Kollegen aus der 1994er-Truppe in den Fraktionsvorstand der Unions-Bundestagsfraktion als Kontaktmann für die europäische Ebene. So eine Funktion gab es gar nicht, Merz hatte sie für Laschet erfunden. Er selbst hatte eine Leidenschaft für Europa und kannte den Brüsseler Betrieb aus seiner Zeit als Abgeordneter. »So konnte ich jeden Montag in Berlin sein und an der Fraktionsvorstandssitzung im Bundestag teilnehmen und danach vom Flughafen Tempelhof nach Brüssel fliegen«, erinnert sich Laschet.

Laschet hat also Merz 2014 wieder auf die bundespolitische Bühne geholt, wenn auch zunächst nur mittels einer Berufung mit Augenzwinkern, denn Großes würde die besagte Zusammenhalt-Kommission nicht erreichen. Im Landtagswahlkampf 2017 gehörte Merz dann in Nordrhein-Westfalen zu Laschets Beraterkreis. Minister wollte der Sauerländer nicht werden. Aber diesmal erfand Laschet für seinen Parteifreund einen Posten. Friedrich Merz wurde am 1. Januar 2018 »Beauftragter für die Folgen des Brexit und die transatlantischen Beziehungen«. Das Landeskabinett ernannte ihn auf Vorschlag des neuen Ministerpräsidenten Laschet.

Einen gewissen medialen Spott ob dieses Beauftragten ertrugen beide. Das Signal in die jeweiligen parteilichen Peer-Groups war gesetzt: Laschet scheute nicht die Zusammenarbeit mit dem »neoliberalen Merkel-Nörgler« und Merz wiederum hatte keine Berührungsängste zum Gründer der schwarz-grünen Pizza-Connection und ehemaligen Integrationsminister mit Verständnis für Muslime und die Einwanderungsgesellschaft. Nur so konnte CDU ihrer Meinung nach funktionieren, eben als Union der verschiedenen Richtungen und nicht als Partei des Entweder-oder. Es war die Grundlage für die spätere Neuausrichtung der CDU nach Merz' Wahl zum Parteivorsitzenden, die Laschet dann loyal begleitete – während sie manche Merkelianer mit der Faust in der Tasche schmerzvoll durchlitten.

Fehlstart: Scheitern an sich selbst

Im Mai 2018 lag die Bundestagswahl schon fast acht Monate zurück. Angela Merkel hatte nach dem bis dahin schlechtesten Ergebnis der Unionsparteien bei einer Bundestagswahl seit 1949 und dem anschließenden Scheitern der Jamaika-Verhandlungen mit Grünen und Freien Demokraten in einem monatelangen Hin und Her erneut mit der SPD eine nur noch sogenannte Große Koalition bilden können. Am 14. März 2018 war sie im Bundestag erneut und zum vierten Mal zur Kanzlerin gewählt worden, zuvor war sie seit dem Wahltermin am 27. September 2017 nur geschäftsführend im Amt.

Die ehemaligen Mitarbeiter und Freunde von Friedrich Merz trafen sich diesmal in Brandenburg an der Havel. Zwei Tage lang wanderte die Gruppe durch Wiesen und Felder. Man versammelte sich bei gutem Essen und zu intensiven Gesprächen. Es habe politisch gesehen schon eine depressive Stimmung geherrscht, berichten Teilnehmer. Der Rückblick auf den inhaltslosen Wahlkampf 2017 – »für ein Deutschland, in dem wir gut und gerne leben«, hieß das beispielsweise bei der CDU – habe Merz und andere entsetzt. Die jetzige Regierungsbildung und vor allem die Besetzung des Kabinetts wurden als ambitionslos bis katastrophal bewertet. Man nahm das Land als gelähmt wahr, der Begriff »Biedermerkel« machte die Runde. »Das Wort hat bei uns für ruhigstellende Umverteilung sowie Stillstand auf fast allen zukunftsgestaltenden Politikebenen gestanden«, so erzählt es ein Teilnehmer.

Schon im November hatte Merz bei einer Rede vor dem CDU-Wirtschaftsrat in Düsseldorf gesagt: »Die Strategie, möglichst alle Wähler auf der anderen Straßenseite ins Koma zu versetzen, dürfte sich erledigt haben.« Doch damals schrieb die *SZ* noch, Merz sei zwar noch immer eine »Sehnsuchtsfigur« für viele Wirtschaftsliberale und Konservative in der CDU, aber offen stelle Merkel niemand infrage. Offen nicht, verdeckt schon.

Schon zu seinem 60. Geburtstag 2015 wurde Friedrich Merz in einigen Glückwunschadressen als »Projektionsfläche« für alle Merkel-

Kritiker vorgestellt. Nun verdichtete sich diese Stimmung. »Es gab diese private Evidenz«, erzählt ein ehemaliger Merz-Mitarbeiter. »Auf der Straße wurde Merz wieder mehr angesprochen und zur Rückkehr ermuntert.« Sogar beim SPD-Wirtschaftsforum, zu dem er eingeladen worden war, habe es Rufe nach Merz' Rückkehr in die Politik gegeben. »Kann man nach Friedrich Merz schmachten? Aber ja doch«, schreibt ein *FAZ*-Journalist über die Veranstaltung in Berlin, bei dem »etliche Spitzenbanker den derzeit gut gebräunten Anwalt angehimmelt« hätten. Wolfgang Schäuble beschreibt es in seinen Erinnerungen noch deutlicher. Friedrich Merz sei in der Zeit in der Öffentlichkeit »zur Nemesis von Merkels Kanzlerschaft« stilisiert worden. Schäuble war aber damals sicher: Solange Merkel Kanzlerin sei, werde Merz eine Rückkehr in die Politik ausschlagen. Merz also der Rachegott der Merkel-Ära. Schäuble wurde 2018 noch mal zum Kämpfer und Streiter für seine einstige Entdeckung.

In der Zeit der politischen Paralyse wurde Merz als Redner herumgereicht. Doch Signale, dass er wirklich zurückkäme, gab es nicht. Noch blieb er der Mahner und auch Nörgler am Spielfeldrand. Im Februar 2018 warnte er in der *BILD-Zeitung* vor einer Demontage der CDU angesichts der Koalitionsverhandlungen mit der SPD. »Wenn die CDU diese Demütigung auch noch hinnimmt, dann hat sie sich selbst aufgegeben.«

Bei den Wanderungen in der Mark Brandenburg im Mai 2018 gab es einige, die Friedrich Merz bedrängten. Es sei nun der Zeitpunkt, wieder anzugreifen, die CDU rufe nach Erneuerung und brauche ihn. Merz blieb zurückhaltend. Es sei offenkundig, was die Partei jetzt machen müsse. »Was schlecht läuft, was wir machen müssten, das formulierte Friedrich aus dem Stegreif in zehn Punkten«, so erzählt es ein Teilnehmer. Sie trafen sich noch spät in kleiner Runde am Kaminfeuer. Er war im Stoff, aber sprach noch von »wir«, nicht von sich selbst, während die anderen auf seine Person zielten. »Wir merkten aber, es arbeitete in ihm, er begann über ein Comeback nachzudenken.«

Gemäß dem Schäuble'schen Diktum würde Merz nicht gegen Merkel antreten, solange sie Kanzlerin ist. Doch was wäre, wenn sie den Parteivorsitz niederlegen würde oder im November beim Parteitag nicht mehr antreten würde? Diese Variante arbeitete in den Köpfen. Im Herbst 2018 standen Landtagswahlen in Hessen und Bayern an. »Ich sagte Merz, am Abend der Hessenwahl müsse er wissen, was er wolle, denn dann sei alles möglich«, schreibt Schäuble. Die Wahlen liefen schlecht. Die CSU verlor in Bayern die absolute Mehrheit und die CDU in Hessen stürzte ab. Nur durch den starken Aufstieg der Grünen konnte Volker Bouffier in seiner schwarz-grünen Koalition Ministerpräsident bleiben.

Wenige Tage vor der Hessenwahl soll Schäuble versucht haben, Merz zu erreichen, doch dieser weilte auf einer Reise mit der Atlantik-Brücke in New York, so schreiben es Falke-Ischinger und Goffart. Schließlich seien SMS-Botschaften über den Atlantik hin und her gegangen. »Bis Sonntag musst Du Dich entschieden haben«, so Schäuble. »Hast recht, bin vorbereitet«, soll Merz geantwortet haben. Wann also genau die Würfel gefallen sind, ist nicht ganz klar. »Wenn Hessen schiefgeht, mache ich's«, soll Merz schon Wochen vorher vor Freunden aus der Wirtschaft im exklusiven China Club im Adlon-Gebäudekomplex gesagt haben, berichtet Robin Alexander in seinem Buch »Machtverfall«. Allerdings sei dies eine »launige Weinrunde« gewesen, also ist unklar, wie nüchtern die Ankündigung erklärt wurde.

Am Nachmittag des hessischen Wahlabends kamen die ersten Gerüchte auf, Merz könne nun die Kandidatur für den Parteivorsitz erklären. Mit Roland Koch und Wolfgang Schäuble beriet er sich. Würde er auch eine Kampfkandidatur gegen Merkel wagen, sollte diese sich nicht zum Rückzug entschließen? CDU-Generalsekretärin Annegret Kramp-Karrenbauer hatte gerade noch in Absprache mit der Kanzlerin erklärt, Kanzleramt und Parteivorsitz müssten in einer Hand liegen. Insofern soll AKK überrascht gewesen sein, als sie kurz vor der Präsidiumssitzung am Montag von ihrer Noch-Vorsitzenden erfuhr, dass sie sich vom Parteiamt zurückziehen würde.

Noch während der Präsidiumssitzung meldete die *BILD-Zeitung* die Kandidatur von Friedrich Merz für den Parteivorsitz. Er war wieder da. Am 29. Oktober 2018 hatte der frühere Unions-Fraktionsvorsitzende seine Auszeit aus der ersten Reihe der Politik endlich wirklich beendet. Noch in der Sitzung des obersten Parteigremiums erklärte Kramp-Karrenbauer ebenfalls ihre Kandidatur, auch Gesundheitsminister Jens Spahn zog nach. 18 Jahre Merkel an der Parteispitze würden enden. Eine historische Zäsur wurde vorbereitet.

Es kursieren unterschiedliche Varianten über den genauen Ablauf der Entscheidungen und Erklärungen. Hat möglicherweise erst das Gerücht, Merz würde in jedem Fall antreten, Merkel bewogen, mit ihrem Rückzug der Ankündigung des Sauerländers zuvorzukommen, um nicht in die Defensive zu gelangen? Merz dementiert das, einen festen Plan zur Kandidatur habe es nicht gegeben. Auch Schäuble schreibt, Merz habe auf Merkels überraschende Ankündigung »reagiert«. Aber unvorbereitet war er, wie er selbst sagte, offenbar auch nicht. Angeblich soll der Wahlverlierer Bouffier Merkel zur Aufgabe gedrängt haben. Die Partei brauche einen Befreiungsschlag. Anders als sein Vorgänger stand Bouffier an der Seite von Merkel und später auch von AKK, während sein hessischer Parteifreund Roland Koch für Merz stritt.

Am 31. Oktober 2018 trat Friedrich Merz erstmals wieder in der Bundespressekonferenz auf. Der Vorsitzende Gregor Mayntz begrüßte ihn. Und Friedrich Merz begann zwar mit Augenzwinkern, aber doch mit einer Korrektur. »Mein Name ist Friedrich Merz«, sagte er, Lacher im Saal. »Mit ›e‹ geschrieben, anders als es in Ihrer Einladung stand.« Da war er wieder, der Herr Merz, der es meist tatsächlich besser wusste, dies aber nicht immer ganz smart rüberbrachte. Zu seinem Unterstützerteam gehörten damals neben Thomas Gauly und Wolfgang Steiger auch die Bundestagsabgeordnete Patricia Lips und andere, die nun seinen Wiedereinstieg in die politische Welt begleiteten. »Die CDU braucht jetzt Aufbruch und Erneuerung«, sagte Merz damals vor den Hauptstadtjournalisten. Sie müsse wieder ihren »Markenkern« definieren. Das sahen durchaus in der Partei viele so, nur bis es dazu wirklich kommen würde, sollte es noch erstaunlich lange dauern.

Mit den Kandidaturen von AKK, Merz und Spahn führte die CDU erstmals in ihrer Geschichte einen derart offen ausgetragenen Machtkampf um die Führungsspitze, was allenthalben als Demokratisierung gefeiert wurde, was andererseits Gräben und Risse in der Partei deutlich sichtbar machen würde. Es begann ein kurzer und schneller Wahlkampf. Die drei tourten durchs Land und präsentierten sich bei sogenannten Regionalkonferenzen. Ein Format, das Angela Merkel schon 2000 nutzte und ins Amt brachte. Zu diesen Veranstaltungen im ganzen Land können alle CDU-Mitglieder kommen und anders als bei Parteitagen fehlen Formalien und das Delegiertenprinzip. Überwiegend wurde die Roadshow von AKK, Spahn und Merz als Duell wahrgenommen, da Spahn weniger Zustimmung genoss als die beiden anderen.

Spahn war spätestens seit 2015 und der Flüchtlingskrise als Kritiker Merkels aufgefallen. Er vertrat genau jene Lücke, die Merz hinterlassen hatte. Er profilierte sich als konservativer Liberaler mit Expertise auch in wirtschaftlichen Fragen. Schäuble hatte ihn schon 2013 unter seine Fittiche genommen und zum Staatssekretär im Finanzministerium gemacht. Merkel war damals skeptisch ob der Loyalität des Münsterländers und wollte ihm ein Ministerium nicht anvertrauen. 2018 hingegen nahm sie ihn als Gesundheitsminister an ihren Kabinettstisch, auch um ihn einzuhegen. Völlig unerwartet ereilte ihn in der Folge dann der schwierigste Job, den das Land zu vergeben hatte. Spahn wurde ab dem Jahr 2020 zum Coronaminister und mutierte so zu einer Projektionsfläche ganz anderer Art.

Durch die Kandidatur von Merz 2018 war für den talentierten wie ehrgeizigen Spahn zunächst kein Platz mehr an der obersten Spitze frei. Als Merkel-Nachfolger war er nicht mehr der passende Kandidat, so sah es zumindest die Mehrheit der Partei. Sogar seine treuesten Fans von einst, wie die Mittelstandsvereinigung (MIT) unter ihrem Vorsitzenden Carsten Linnemann, setzten nun auf die als konsequenter oder radikaler empfundene Variante namens Merz. Es lief auf den Kampf der sogenannten Merkelianerin Kramp-Karrenbauer gegen den Anti-Merkel-Mann Merz hinaus. Das waren die klaren Alternativen, zwischen denen Spahn aufgerieben wurde. Seine eifrig und sorgsam gepflegten Netzwerke konnten diese Konstellation nicht mehr aufbrechen. Wenn Spahn allein gegen AKK angetreten wäre, hätte die Lage möglicherweise ganz anders ausgesehen. Insofern hat das Comeback von Merz auch die Partei durcheinandergebracht und Konstellationen und Strategien noch mal verändert.

Annegret Kramp-Karrenbauer war erst 2018 in die Bundespolitik gewechselt. 2017 hatte sie sich mit einem beachtlichen Wahlerfolg im Saarland eigentlich die Fortsetzung ihrer Regierung in Saarbrücken gesichert. Sie amtierte seit 2011 als Ministerpräsidentin zunächst in einer Jamaika-Koalition, dann regierte sie mit der SPD. Im Februar 2018 nominierte Kanzlerin Merkel sie als Generalsekretärin und Nachfolgerin von Peter Tauber. Ihr Sprung nach Berlin war nicht ungefährlich. Sie tauschte die Selbstständigkeit einer Regierungschefin gegen einen Job unter der Parteivorsitzenden und Kanzlerin ein. Sie verband damit von Anfang an die Option, möglicherweise Merkels Nachfolgerin zu werden. Doch im Nachhinein sollte sich erweisen, dass aus einem solchen politischen Näheverhältnis keine Autorität erwachsen konnte, um aus dem Schatten der Kanzlerin auch wirklich hinaustreten zu können.

Für Friedrich Merz begann mit seiner Kandidatur eine neue Zeitrechnung. So sehr er die Öffentlichkeit in den Jahren seines Exils auch gesucht hatte, so sehr er auf Podien, an Rednerpulten und in Gesprächsrunden präsent gewesen war, so sehr hatte er doch hinter einer Art Deckung des Als-ob agieren können. Er war der Ex-Politiker ohne offizielle Ambitionen, er war der Anwalt und Wirtschaftsmann, der von außen sprach, das machte ihn zum Solitär und Underground-Star einer Alternativ-CDU in einer Welt neben der Politik der Parlamente, Kabinette und Talkshows. Es war eine bequeme Lage, aus der er nun heraustreten musste. Nun wollte er Vorsitzender der ganzen CDU werden, in der wirklichen Welt mit einer immer noch amtierenden Kanzlerin Merkel, die keineswegs bereit war, ihr Amt vorzeitig aufzugeben. Und die Legislatur dauerte noch bis 2021 an. Und Merz wollte Vorsitzender einer CDU mit Abgeordneten, Landesvorsitzenden und Delegierten werden, die ihn aus seiner aktiven Zeit kaum noch persönlich kannten.

Merz begann die Rückeroberung seiner Partei, dazu musste er selbst erst mal wieder zum Lernenden werden. Das war ihm vielleicht nicht sofort klar. Und vor allem ahnte er am Anfang im Herbst 2018 nicht, wie lang der Weg werden würde. Auf den Regionalkonferenzen mit AKK und Spahn konnte er meist noch die Säle begeistern, war in seinem Element, auf dem Hamburger Parteitag war er dann doch plötzlich merkwürdig fremd auf eigentlich eigenem Terrain.

Es gibt die Anekdoten, wie Merz auf alte oder auch neue Bekannte traf, ihm dann aber so schnell der Name des jeweiligen Gegenübers nicht einfiel. Er war lange raus, das merkten selbst seine Unterstützer. Und es mangelte seiner ersten Kampagne noch hier und da an Professionalität. Es fehlte an grundlegenden Dingen wie ordentlichen Delegiertenlisten mit Handynummern. Auch scheute Merz noch anders als AKK die Telefonlawine. Sie habe nahezu alle einzeln angerufen, er nicht so konsequent, sagt einer, der damals dabei war. Viele wird Merz in den nächsten Jahren damit überraschen, dass er sich noch mal richtig reinhängt, Partei-Jargon und Namen gründlich studiert und vor allem die Selbstdisziplin aufbringt, an sich zu arbeiten.

Der Abgeordnete Christian von Stetten, konservativer Unternehmer und schon seit 2002 im Bundestag, hatte im Vorfeld des Parteitags 2018 junge CDU-Abgeordnete zu einem Hintergrundgespräch mit Friedrich Merz eingeladen. Es gab ein Frühstück in der Stiftung Familienunternehmen, viele der »Gruppe 17«, die noch frisch Parlamentarier waren, kamen zum Beschnuppern der Politiklegende. Da saß er, den manche nur aus den Erzählungen kannten, wie Merkel ihn 14 Jahre zuvor verdrängt hatte. Unter ihnen Philipp Amthor. Amthor war 2018 erst seit einem Jahr Mitglied des Bundestages. Der Jurist aus Ueckermünde in Vorpommern wurde 1992 geboren, da war Friedrich Merz schon drei Jahre Mitglied des Europäischen Parlaments. Doch als jüngster Parlamentarier hatte sich der Konservative mit Seitenscheitel, Krawatte und Einstecktuch schon in wenigen Monaten einen Namen im Hohen Haus gemacht. Vor allem hielt er Reden gegen AfD-Anträge, den Job machte eigentlich keiner gern. Doch er meisterte das mit Humor, Sachkenntnis und Schlagfertigkeit und bekam dafür viel Applaus. Zu Hause standen die Bücher von Friedrich Merz im Regal des Vielfesers Amthor, doch getroffen hatte er ihn noch nicht.

»Ich hatte sofort einen positiven Eindruck«, erzählt Amthor nach dem Frühstück bei den Familienunternehmern. Inhaltlich habe er sich vollständig wiedergefunden. Doch Amthor, der zu einem der engsten Unterstützer von Merz werden sollte, bekennt, 2018 sei er skeptisch gewesen. »Es war offenkundig, dass Merz damals noch mit der Partei gefremdelt hat«, so Amthor. Als Parteivorsitzender hätte er die ganze Partei repräsentieren müssen. Amthor war damals Bundesschatzmeister der Jungen Union, mit der neuen Generalsekretärin Kramp-Karrenbauer kam er gut zurecht. »AKK konnte die Seele der Partei ansprechen und wirkte mit ihrer herzlichen Art integrativ in alle Richtungen.« Sie schien Amthor damals besser geeignet. Er setzte zunächst auf konservativen Wandel, deswegen stimmte er im ersten Wahlgang für Jens Spahn. In der Stichwahl aber votierte er für Annegret Kramp-Karrenbauer.

Der Parteitag fand vom 7. bis 8. Dezember 2018 auf dem Hamburger Messegelände statt. Aber traditionell treffen sich die Delegierten am Vorabend schon in diversen Kneipen und Restaurants in ihren Landesgruppen oder auch auf Empfängen der Vereinigungen. Während AKK an dem Abend ein volles Programm absolvierte, überall vorbeischaute, begnügte sich Merz damit, zu seiner NRW-Landesgruppe zu gehen, begleitet wurde er von seiner

Frau Charlotte und seinem Freund Hans-Joachim Watzke, dem Geschäftsführer des Fußballvereins Borussia Dortmund. Während die Stimmung an der Basis eher pro Merz tendierte, war die Stimmung in der Bevölkerung laut Meinungsumfragen eher für AKK. Da es zwei Kandidaten aus NRW gab, fehlte eine Wahlempfehlung des nordrhein-westfälischen Landesverbands. Dessen Vorsitzender Laschet gab den Moderator. Die Baden-Württemberger mit Landeschef Thomas Strobl sahen sich als Merzianer. Bei den Niedersachsen sei die Stimmung wieder eher gemischt gewesen, so die *FAZ*. An den Theken der Stadt wurde abends darüber geredet, wo denn Merz überhaupt stecke, AKK hingegen hatte man hier und da gesichtet – und Spahn auch. Auch am nächsten Tag war Merz an den Ausstellungsständen und in der Halle der Plenarversammlung weniger präsent. Ein Weggefährte sagte damals, nun würden einige merken, dass der Friedrich nie ein Kumpeltyp war. Aber würde das entscheidend für die Wahl sein?

Am anderen Morgen wurde zunächst Angela Merkel verabschiedet. Sie hielt eine typische Rede, wenig Pathos. Am Ende wurde sie begeisterter gefeiert, als sie es sich vielleicht selbst ausgemalt hatte. »Wir haben noch viel vor«, sagte sie den applaudierenden Parteifreunden und man fragte sich, ob sie es als Drohung oder Beschwichtigung verstanden wissen wollte. Denn obwohl sie in ihrer Rede versteckt für die Saarländerin warb, sollte sie es der neuen Vorsitzenden nicht einfach machen. Annegret Kramp-Karrenbauer war nicht als große Rhetorikerin bekannt. Im Saal grübelte man, ob es ein Nachteil sein würde, wenn sie zuerst spreche. Doch man hatte sich auf alphabetische Reihenfolge geeinigt. Sie sprach persönlich, vermittelnd und durchaus auch profiliert in Richtung des konservativen Parteiflügels. Sie war keine Merkel 2.0, das wurde deutlich. Es war die Rede ihres Lebens.

Und während AKK ihre beste Rede hielt, wie manche Kommentatoren später sagten, zeigte sich Merz, der Rhetoriker, ausgerechnet an diesem Tag verunsichert und nicht in Bestform. Er hielt die vielleicht schlechteste Rede seiner Laufbahn. Er sprach nicht frei, las ab, was er später selbst als Manko angab. Vielleicht hatte er auch zu sehr auf seine Berater gehört, die er um sich gesammelt hatte und die ihn zu früh auf Staatsmann trimmen wollten. Dabei musste er ja erst mal wieder Parteimann und Parteianführer werden. Nach seinem langatmigen Einstieg zur internationalen Weltlage und der Herausforderung, die China darstellen würde, kam er zu seinen Kernthemen, Wirtschaft, innere Sicherheit und Migration. Seine Fans jubelten, doch übergreifende Begeisterung kam nicht auf. AKK hatte auch private Themen angesprochen, ihre Person vorgestellt, das war Merz' Ding nicht. Er vergaß, dass ihn viele gar nicht (mehr) als Person kannten.

Nach dieser Rede waren eher viele überrascht, dass Merz noch so gut abgeschnitten hat. Schon im ersten Wahlgang lag Annegret Kramp-Karrenbauer mit 450 Stimmen vor Friedrich Merz (392) und Jens Spahn (157). Das war ein Achtungserfolg für Spahn, der im Vorfeld keine große Rolle mehr gespielt hatte. Das Merz-Lager vertrat die These, man müsse auf die Basis hören und die sei klar für Merz. Merz verkörpere einen Neuanfang nach Merkel – und genau den wolle man. Vor einem Bruch mit der ja noch andauernden Merkel-Zeit hatten aber viele Delegierte und Funktionäre Sorgen. Würde so eine Polarisierung zur Harmoniepartei CDU passen?

Merz hatte in seiner Rede dazu beschwichtigende Worte gefunden. »Wir haben alle Respekt vor der persönlichen Lebensleistung von Angela Merkel.« Aber das funktionierte nur bedingt. Diese Umarmung nahmen ihm viele nicht ab. In der Stichwahl wurde Kramp-Karrenbauer mit 517 von 999 abgegebenen Stimmen (51,75 Prozent) zur neuen CDU-Vorsitzenden gewählt. Für Merz votierten 482 der Delegierten (48,25 Prozent). Damit fehlten Merz gerade mal 18 Stimmen. Es war am Ende noch mal eng geworden, wiederum zur Überraschung beider Lager.

Es war eine herbe Niederlage, doch bei Lichte betrachtet hatte Friedrich Merz die Partei schon an diesem Tag fundamental verändert. Die Hälfte der CDU war für einen anderen Kurs, für einen Neuanfang und einen mehr oder weniger deutlichen Bruch mit der Politik Merkels. Das war schon sensationell für einen Kandidaten, der in keinem Parlament mehr saß, rund zehn Jahre kein größeres Amt und Mandat innehatte und zudem für einen wirtschaftsliberalen Kurs stand, der in der CDU immer Einfluss, aber nie eine Mehrheit hatte. Und zudem markierte dieses Wahlergebnis ein Novum: Mindestens drei Jahrzehnte lang, unter Kohl und Merkel, hatte es keine Kampfabstimmung mehr gegeben und kein Ergebnis für einen Vorsitzenden mit weniger als 80 Prozent Zustimmung. AKK startete also auch noch mit einer großen Hypothek. Sie musste die Partei einen.

Annegret Kramp-Karrenbauers Wahlsieg war von den führenden Leuten der Partei gewünscht gewesen und zugleich war er doch eine Überraschung, weil die Stimmung durchaus nach Revolution roch. Was genau den Ausschlag gab, ist strittig. Eine Lesart ist, dass die Junge Union unter ihrem damaligen Vorsitzenden Paul Ziemiak im zweiten Wahlgang mehrheitlich von ihrem Idol Spahn nicht wie erwartet in Richtung Merz wanderte, sondern in Richtung AKK abbog. Zur Legende der Partei gehört dann die berühmte Szene, wie Annegret den Paul beim Fest am Abend von der Tanzfläche gezerrt hat, um ihm den Posten des Generalsekretärs anzubieten. Am Vorabend hatte er noch abgelehnt. Ziemiak sollte nun das Signal an die Spahn- und Merz-Getreuen senden, dass auch sie eingebunden würden. Zum Erfolg für Kramp-Karrenbauer reichte das dann später nicht.

Wolfgang Schäuble hatte sich kurz vor dem Parteitag noch in die Auseinandersetzung eingeschaltet und in der *FAZ* ein Interview gegeben, in dem er sich für Merz aussprach. Es gab Kritik daran, dass der Doyen der Partei sich so einseitig einmischte. In seinen Erinnerungen wehrt er diese Anwürfe ab. Jeder habe gewusst, dass er für Merz sei, warum habe er das nicht sagen sollen. Zumal andere »CDU-Granden«, wie Schäuble schreibt, wie selbstverständlich für AKK votierten. Er bemängelte, dass das unglückliche Wort vom »Partei-Establishment« die Runde mache, dem müsste widerstanden werden. In einer Demokratie entscheide die Mehrheit über die Nachfolge, nicht der Amtsinhaber. Schäubles Distanz zu Merkel wurde immer deutlicher, obwohl er, anders als Merz, ihr im Kabinett und in ihrer Regierungszeit meist treu gedient hatte.

»In Friedrich Merz erkannte ich den Mann, der den Mut hat, nicht nur das Ende einer Diskussion abzuwarten, sondern sie selbst zu gestalten«, schreibt Schäuble in seinem Buch, das erst 2024, kurz nach seinem Tod an Weihnachten 2023, erschien. Merz wiederum gibt sich nach seiner knappen Niederlage in Hamburg selbstkritisch. »Ich hätte freier sprechen sollen«, sagt er der *FAZ*. Doch mit so einem Ergebnis zu verlieren sei ehrenvoll.

Auf dem Parteitag ließ Jens Spahn sich ins Präsidium wählen, Merz hingegen wollte nicht so eng eingebunden werden. Trotz Drängen und verschiedener Versuche wollte der Unterlegene nicht unter der neuen Doppelspitze aus Kanzlerin und Parteivorsitzender in Parteigremien tätig werden. Ein Ministeramt hätte er nicht ausgeschlagen. Keineswegs wollte er so schnell einen Rückzug von der Rückkehr antreten. Gegenüber der neuen Parteivorsitzenden habe er sein Angebot erneuert, »mit ganzer Kraft in die Politik« zu gehen. Wie das aussehen könnte, blieb zunächst offen. Es zeigte sich schnell, dass weder AKK noch Merz innerhalb der fortdauernden Kanzlerschaft Merkels großen Spielraum bekommen sollten.

Schon im Februar 2020 erklärte die CDU-Bundesvorsitzende, von ihrem Amt zurücktreten zu wollen und auf die Kanzlerkandidatur 2021 zu verzichten. In ihrer gut einjährigen Amtszeit war es Annegret Kramp-Karrenbauer nicht gelungen, die Partei zu einen, einen Neuanfang zu organisieren und vor allem Autorität zu gewinnen. Auslöser ihres Rückzugs war die Krise in Thüringen nach der dortigen Landtagswahl, bei der ihr Eingreifen als ungeschickt wahrgenommen wurde. Vor allem aber erwies sich der lange Arm der Kanzlerin, die eine »Rückabwicklung« der Ministerpräsidentenwahl mit den Stimmen der AfD verlangt und bekommen hatte, als immer noch kraftvoller als das moderierende Auftreten von AKK und ihre Bemühungen zur Lösung der Erfurter Zustände.

Im Juni 2019 veranstaltete AKK ein sogenanntes Werkstattgespräch im Konrad-Adenauer-Haus, bei dem erstmals offen und selbstkritisch über Migrationspolitik und auch über mögliche Fehler in der Flüchtlingspolitik gesprochen werden sollte. Die Sehnsucht an der Basis nach solch einer offenen Debatte hatte die Vorsitzende übernommen, den Gegenwind aus dem Kanzleramt und auch von Teilen ihrer Führungsmannschaft unterschätzt. Merkel sah dies als Illoyalität an, andere im Präsidium befürchteten, durch die Debatte würden wieder alte Wunden aufgerissen werden. Nur Merz hatte sie da im Prinzip an ihrer Seite, einen programmatischen Neuanfang sah er als dringend geboten an. Und für diesen neuen Anfang brauchte es Debatte und auch Streit. Doch von dieser durchaus im Stillen gepflegten Zusammenarbeit und Solidarität des Sauerländers hatte Kramp-Karrenbauer wenig, zumal sie natürlich auch nicht ganz ohne Hintergedanken war. Merz wollte 2021 Kanzlerkandidat werden.

Zur programmatischen Erneuerung der Partei hatte AKK noch als Generalsekretärin eine »Zuhörtour« organisiert. Ein neues Grundsatzprogramm solle entstehen und diesmal »von unten«, von den CDUlern und CDUlerinnen vor Ort geschrieben werden. Nach zweijähriger Programmarbeit, nach zahlreichen Veranstaltungen mit Tausenden beschriebenen Pappkarten, über 5000 Teilnehmern und 3000 Antwortvorschlägen zu den 144 Leitfragen, wie die Parteiführung stolz berichtet, lag ein 259 Seiten langer Bericht inklusive Programmentwurf vor. AKK hatte zusammen mit ihrem Berater und Spindoktor Nico Lange versucht, mit Wohlfühlformeln die programmatische Zerrissenheit und Unklarheit der Partei zu heilen. Doch das misslang. Das Ergebnis der christdemokratischen Herzmassage war ein Programmentwurf, der sich anfühlte wie eine Wellnesstherapie für jemanden in der Midlife-Crisis. Merz nahm 2022 als neuer Vorsitzender formal den Faden von AKK wieder auf und setzte die Programmarbeit fort. Tatsächlich wurde dann etwas weitgehend Neues geschrieben und ein inhaltlicher Neuanfang durchgesetzt.

Im Nachhinein mag das alles als eine Art Schleusenzeit zwischen dem Merkel-Gewässer und dem Merz-Kanal genutzt haben. Ein Wegbegleiter resümiert, eine Wahl von Merz zum Parteichef 2018 hätte möglicherweise zwangsläufig scheitern müssen. »Die Zahnräder hätten noch nicht ineinandergegriffen.« Als Friedrich Merz am 11. Oktober 2019 in Saarbrücken erstmals wieder auf einem Deutschlandtag der Jungen Union auftrat, thematisierte er diese Lage selbst. »Annegret Kram-Karrenbauer hat Fehler gemacht, aber wenn ich Vorsitzender geworden wäre, hätte ich auch Fehler gemacht, möglicherweise schwerere.« Er meinte es nicht als Floskel, ihm war klar, dass die CDU in einer schwierigen Lage war, noch unter Merkel und zugleich schon sie hinter sich lassend. Deswegen schwor er die Nachwuchstruppe auf Loyalität zu AKK ein. Und die Junge Union folgte – zögernd.

Für Friedrich Merz wird die AKK-Zeit zu einer Art lang gezogenem Wiedereingliederungsprogramm, der Wirtschaftsanwalt musste politisch resozialisiert werden. Auch auf dem Parteitag im November 2019 in Leipzig lobte er AKK und versicherte seine Unterstützung. Ob das wirklich eine »Unterwerfungsgeste« war, wie es in medialen Kommentaren hieß, und von »heruntergeschraubten Ambitionen« zeugte, darf bezweifelt werden. Vielmehr war das Teil seines Wiedereingliederungs- und Aufstiegsprogramms. Zu dem gehört es auch, sich zunächst mal in die Gegebenheiten zu fügen. Er war wieder Teil der Partei und dazu gehörte bei der CDU auch eine gewisse Loyalität und ein Sich-Einreihen. Im April hatte er sogar im heimischen Sauerland gemeinsame Termine mit Kramp-Karrenbauer im Europawahlkampf absolviert. Das war nicht selbstverständlich. Zuvor hatte er noch bei einer Klausurtagung der niedersächsischen CDU genau das abgelehnt. Schließlich begann er dann auch, freundlich über AKK zu twittern.

Auch die Merz-Anhänger konnten sich neu formieren. Die Junge Union wählte den Niedersachsen Tilman Kuban am 16. März 2019 zu ihrem Vorsitzenden. Kuban machte die Junge Union nach und nach zu einem Merz-Kampfverband. Konservativer als die Mutterparteien waren die JUler auch schon unter Vorgänger Paul Ziemiak gewesen, doch ihr Held war damals Jens Spahn. Nun setzten die Jungen mehr und mehr auf den Alten. Kuban ging dabei taktisch vor. Als er im Herbst 2019 die Große Koalition von Angela Merkel scharf kritisierte, nahm er Spahn davon aus. »Es gibt Minister, die eine sehr gute Performance haben, wie Gesundheitsminister Jens Spahn zum Beispiel«, so Kuban in der *Rheinischen Post*. »Deswegen teile ich die Kritik von Friedrich Merz in dieser Schärfe und Gänze nicht.« Doch klar blieb, Kuban liebäugelte mit Merz.

In seiner Bewerbungsrede war das Erste, was Kuban forderte, dass Merz Kanzlerkandidat werden müsse. Es sollte noch eine Bundestagswahl und eine Niederlage lang dauern, bis die Partei dem Wunsch der Nachwuchsorganisation nachgab. Tilman Kuban wurde neben Carsten Linnemann und Philipp Amthor zu einem der engen Unterstützer und Helfer im Hintergrund für Friedrich Merz. Später wird man sie und noch ein paar andere im Adenauer-Haus halb liebevoll, halb spöttisch die Merz-Ultras nennen, zu denen Merz auf dem Weg zur Kanzlerschaft dann später auch wieder eine gewisse Distanz suchen musste.

Der zweite Anlauf: Scheitern am Establishment

Unter den Kronleuchtern wird sonst geschwoft und auf der Bühne spielt »DJane Clärchen und die Ballhaus Band«. Doch Friedrich Merz störte das Ambiente nicht. Im Gegenteil: Im bunten Saal vom Ballhaus Berlin in Berlin Mitte an der Chausseestraße mit barockem Stuck, roten Tapeten und plüschiger Atmosphäre fühlte er sich sichtlich wohl. Es war Donnerstagabend, der 13. Februar 2020, drei Tage waren seit der Rücktrittsankündigung von Parteichefin Annegret Kramp-Karrenbauer vergangen. Die CDU steckte in einer lähmenden Krise. Die Kanzlerin verlor an Zuspruch, und die Partei wirkte ziel- und orientierungslos. Nun sollte das Spiel neu beginnen: Die CDU suchte erneut einen Vorsitzenden. Viele im politischen Berlin rechneten mit einer erneuten Kandidatur von Merz.

Für die CDU war Merz damals noch immer eine Mischung aus Hoffnungsträger und Partyschreck. Er genoss im Ballsaal seinen ersten Auftritt in Berlin nach dem AKK-Rückzug. Über der Bühne hatte die Junge Union ein Transparent gespannt: »Ein Herz für Merz«. Der Saal war voller Anhänger. Auch die benachbarte Kneipe war noch eng besetzt mit Merzianern und Beobachtern, sodass die Veranstaltung kurzerhand auch noch an der Theke auf den Bildschirm gestreamt wurde. Kamerateams und Fotografen hatten sich aufgebaut. Es war so etwas wie eine kleine Krönungsmesse mit Hofstaat – nur dass das ersehnte »Ja«-Wort noch fehlte. Die Erklärung seiner Kandidatur blieb aus, vielleicht auch, weil AKK noch zu vertraulichen Gesprächen eingeladen hatte. Sie wollte der Partei nach ihrem Rücktritt noch einen Dienst erweisen, nämlich für einen friedlichen Übergang sorgen und möglichst eine erneute Kampfkandidatur vermeiden.

Im Saal schien das die wenigsten zu stören. Die Fankurve jubelte ihrem Idol zu, auch wenn Merz wiederholt auf die Nachfragen des Moderators und *BILD*-Journalisten Nikolaus Harbusch im Vagen blieb. Ob er CDU-Vorsitzender und Kanzlerkandidat werden wolle, er sagte es nicht, dazu müssten noch Gespräche geführt werden. Doch indirekt schrie Merz es natürlich heraus: Die CDU habe nur noch einen Schuss frei – und er, Merz, stünde bereit zu helfen.

Es war ein unterhaltsamer Abend, sonst gibt es im Ballhaus auch mal Kabarett. Merz konnte sagen, was er wollte, seine Fans liebten ihn, applaudierten. Doch was an dem Abend fast im Jubel unterging: Er setzte durchaus einige inhaltliche Akzente, die ihn die kommenden Jahre begleiten sollten. Eine Zusammenarbeit mit der AfD sei für die CDU ausgeschlossen. Bereits damals bekannte er sich klar zu dem, was später »Brandmauer« genannt würde. »Wenn ich einen Beitrag leisten kann, dass dieses Gesindel wieder verschwindet, dann will ich ihn leisten.« Ein Satz, der später oft zitiert wurde. Am Abend im Ballhaus gab es Applaus und später noch eine Nachfrage aus dem Publikum. Ob man denn die AfD-Wähler so beschimpfen solle. Merz entschuldigte sich für seine Emotionalität, blieb aber in der Sache bei seiner Linie.

Im Ballhaus traf Merz auf seine treuen Unterstützer – und es entstand eine Situation, die sich in den folgenden Jahren wiederholen sollte. In der Stimmung trifft Merz den Nerv seiner Fans, aber inhaltlich mutet er ihnen auch immer etwas zu. In der Migrationsfrage betont er, dass die Regeln durchgesetzt werden müssten, in der Integrationsfrage wendet er sich gegen Kopftücher an Schulen, doch streitet er auch nicht ab, dass Deutschland ein Einwanderungsland sei. Den Klimaschutz nennt er ein »ernsthaftes Problem«, das man nicht den Grünen und Fridays for Future überlassen dürfe, sonst drohe der Industriestandort Deutschland zu leiden. Insgesamt gehe es darum, den Rechten die Debattenhoheit zu nehmen. »Die Große Koalition hat die politische Streitkultur in der Mitte stark beschädigt«, so Merz in »Clärchens Ballhaus«.

Es gibt noch eine andere Episode, die, so zumindest die Deutung mancher Beobachter, typisch werden sollte: Ein kleines Zitat entfaltet große Wirkung. In seinem Eingangsstatement nahm er Bezug auf das schlechte Wetter draußen, um dann einen Witz über das anhaltende Tiefdruckgebiet zu platzieren. »Es ist übrigens reiner Zufall, dass Tiefs im Augenblick Frauennamen haben.« Bald würden sie wieder von Männernamen abgelöst. Die *BILD-Zeitung* interpretierte dies am nächsten Tag als einen Angriff auf die Noch-Parteivorsitzende. »Merz ätzt gegen AKK«. Im Ballhaus ist Merz noch mal der Mann von der Außenlinie, der vor heimischem Publikum spielt, ohne allzu viel Selbstkontrolle und abgezirkelte Sätze. Bald musste er wieder die ganze Partei bespielen. Doch an diesem Abend hört sich manches so schön nach früher an. »Hereinspaziert! Hier weht der Geist von gestern ganz unaufgeregt ins Morgen«, so wirbt das Ballhaus Berlin für seine Location. Und genauso wirbt auch Merz noch mal für sich.

Noch im »Ballhaus« hatte Merz erklärt, er würde sich mit AKK treffen. Doch ihr Versuch scheiterte, Merz als Minister im Kabinett Merkel unterzubringen, um im Gegenzug Armin Laschet in die Poleposition im Ringen um ihre Nachfolge bringen zu können. Ausgerechnet am Rosenmontag hatte sie dazu die Führungsriege in der Parteizentrale versammelt. Das Manöver geht schließlich schief, nicht wegen Merkel, sondern auch wegen der Absage von Merz. Robin Alexander beschreibt dieses Kabinettstück detailliert und resümiert: »Annegret Kramp-Karrenbauer ist nach einem glänzenden Start als CDU-Vorsitzende so gut wie alles misslungen.«

»Ganz normal ist das, was in der CDU gerade passiert, natürlich nicht, selten jedenfalls ist die Union in ihrer Geschichte ähnlich durch die Politik geirrlichtert wie in diesen Tagen«, schreibt *SPIEGEL*-Redakteur Veit Medick. Merz gibt sich hoch motiviert, kämpferisch, scheint aber zu ahnen, dass er jetzt lieber kein Öl ins Feuer gießen und nicht noch weiter zündeln sollte, wo die Partei am Abgrund steht. Das Allerwichtigste sei nicht der 25. April, der als Wahltermin für den neuen Parteivorsitz vorgesehen war, sondern der 26. April, so Merz. Am Tag danach müsse eine Mannschaft antreten, die die ganze Tiefe der CDU zeige. Es sollte dann ganz anders kommen.

Friedrich Merz hatte für 11 Uhr am 25. Februar 2020 in die Bundespressekonferenz eingeladen, um erneut von gleichem Ort aus wie zwei Jahre zuvor seine Kandidatur für den CDU-Parteivorsitz zu erklären. Er und manche Beobachter staunten nicht schlecht, als dann bereits für 9.30 Uhr ebenfalls in der Bundespressekonferenz ein Termin mit Armin Laschet angekündigt wurde. Der nordrhein-westfälische Ministerpräsident konnte auch noch ein »Team« präsentieren. Er hatte ausgerechnet Gesundheitsminister Jens Spahn gewonnen, ihn als »Partner« zu unterstützen. Laschet wollte so ein Zeichen gegen die Polarisierung der Partei setzen, mit Spahn wollte er den wirtschaftsliberalen und konservativen Teil der Partei, aber vor allem die Merkel-Kritiker, einbinden und von seiner Person überzeugen. Die Botschaft in Richtung Merz und auch gegenüber Norbert Röttgen, der ebenfalls kandidieren wollte, war gesetzt.

Das Schaulaufen war vollkommen ungewöhnlich für die CDU. Merz und Laschet, die sich so lange kennen, die viel von der Mecha-

nik der Partei verstanden, begegneten sich auf der schwarzen Frei-
treppe im Pressehaus an der Spree nur ganz kurz und nickten sich
zu. Beide wussten, dass ihre Auseinandersetzung nun hart werden
würde. Nur wie hart und vor allem wie lange, das konnte keiner
ahnen. Es war Faschingsdienstag, am Mittwoch begann die erste
Corona-Ansteckungswelle in Deutschland im Kreis Heinsberg in
Nordrhein-Westfalen, nicht weit von Laschets Zuhause in Aachen
entfernt. Corona änderte alles, und manches wurde Corona als vermeintliche Ursache in die Schuhe geschoben. Zunächst wurde der
Wahltermin für den Parteivorsitz vom April in den Dezember ver-
legt, dann versuchte Laschet, die Entscheidung noch einmal auf den
Mai 2021 zu vertagen. Schließlich wurde der neue CDU-Parteivorsitzende am 16. Januar 2021 auf einem erstmals online abgehalte-
nen Parteitag gewählt.

Friedrich Merz hatte diesmal seine Kampagne deutlich anders
und aufwendiger aufgestellt als noch 2018. War er im ersten Anlauf
noch in Büros des Wirtschaftsrats an der Luisenstraße untergeschlüpft
und hatte auch die Büros von Gauly Advisors am Brandenburger
Tor genutzt, wurden nun Flächen bei der Wirtschaftsprüfungsgesell-
schaft PricewaterhouseCoopers angemietet. Das Social-Media-Team
wurde verstärkt. Armin Peter wurde als Sprecher von Merz weiter
verpflichtet, zuvor hatte er ihm schon als Sprecher in der Funktion
als Vizepräsidenten des Wirtschaftsrates gedient. Merz bezahlte die
Aktion privat, ein Parteiapparat oder eine Regierungszentrale standen ihm als Backoffice nicht zur Verfügung. Doch was als kurze Aktion geplant war, zog sich dann fast ein Jahr hin, mit einer für das
Team bitteren Niederlage.

Höhepunkt der parteiinternen Auseinandersetzung war die Absage des Dezembertermins, die mit der Coronapandemie und den
Kontaktbeschränkungen begründet wurde. Auch würde angeführt,
es sei nicht möglich, den Parteitag online durchzuführen. Das erwies
sich später als falsch. In einem Interview mit dem *ARD-Morgenma-
gazin* erhob Merz daraufhin schwere Vorwürfe. Es gebe »beachtliche
Teile des Partei-Establishments, die verhindern wollen, dass ich Par-

teivorsitzender werde«. Der *WELT* berichtet Merz von der Sitzung im Adenauer-Haus, in der die erneute Verschiebung der Wahl beschlossen wurde. Er habe einen Digitalparteitag mit anschließender Briefwahl vorgeschlagen, dies sei abgelehnt worden. Damals führte Merz in allen Umfragen, Laschet hatte einen schweren Lauf. Eine Verschiebung der Entscheidung würde mutmaßlich dem Aachener nutzen. Merz wiederholt seine Anschuldigung: »Es läuft seit Sonntag der letzte Teil der Aktion ›Merz verhindern‹ in der CDU. Und das läuft mit der vollen Breitseite des Establishments hier in Berlin.« Und der Kandidat der Basis, der sich seiner wachsenden Zustimmung unterhalb der Funktionärsebene sicher sein kann, weiß um seine Stärke. »Über dieses Vorgehen der Parteiführung herrscht unter vielen Mitgliedern der CDU blankes Entsetzen«, erklärt er.

An diesen Oktobertagen 2020 wurde offenbar, was vielleicht 2018 und auch noch später nicht mit der vollen Schärfe in allen Gliederungen der CDU verinnerlicht worden war. Merz war nicht nur ein favorisierter oder ein missliebiger Kandidat. Er stand für einen Richtungswechsel, er stand für einen Bruch mit dem Bisherigen, zumindest für einen Abschied vom Status quo, auch wenn er während der Coronakrise mal wohlwollender über Merkels Politik sprach, auch wenn zu AKK keine grundsätzliche Feindschaft bestand und er keineswegs als ein »Sauerland-Trump« *(FAZ)* unterwegs war. Vor diesem Vorwurf nahm ihn sogar Laschet in Schutz. Es war eben doch ein scharfer Machtkampf – und er stand tatsächlich einem gewissen Establishment gegenüber. Es gehe um den »Kampf um die Neuausrichtung der CDU«, sagte Merz. Und seine recht pathetische Erklärung lautete: »Ich habe eine Nachricht an alle meine Freunde und weniger guten Freunde in- und außerhalb der Partei: Ich halte durch! Ihr zermürbt mich nicht!« Robin Alexander schreibt: »Merz witterte eine Intrige. Zu Recht.«

Auf dem Berliner Messegelände in einer leeren Halle, in der nur wenige Partei-Leute und ein paar Techniker anwesend waren, fand am 15. und 16. Januar 2021 dann der virtuelle Parteitag der CDU statt.

Größere Versammlungen durften wegen des andauernden Lockdowns ohnehin nicht stattfinden. Die kleinen Wahlkampfteams der jeweiligen Kandidaten hatten sich auf dem Gelände in andere, getrennte Räume zurückgezogen. Nur wenige Journalisten waren zugegen. Armin Laschet hielt eine außergewöhnliche Rede, die auf den Bildschirmen der Delegierten ihre Wirkung entfaltete. Emotionaler Höhepunkt war, als er über seinen Vater sprach, den Bergmann. »Jeden Tag 1000 Meter unter der Erde. Hitze, Dunkelheit. Harte Arbeit.« Unter Tage komme es auf eine Frage an. »Kannst du dich auf den Mann verlassen?« Laschet holt zum Ende der Rede die Erkennungsmarke des Vaters hervor, eine zerbeulte Metallplakette, und hält sie in die Kamera. Er sei nicht perfekt, so Laschet. »Aber ich bin Armin Laschet, darauf können Sie sich verlassen.« Die Rede passte zur Stimmung, in Washington hatten Trump-Anhänger das Kapitol gestürmt, noch immer war unklar, wie es mit Corona weiterging. Der Appell Laschets an den Zusammenhalt holte die Menschen mehr ab als die Merz-Rede, in der er wie gewohnt von Krise sprach und einen Aufbruch anmahnte.

In der Stichwahl erhielt Armin Laschet 521 der 1000 Delegiertenstimmen, also 53 Prozent. Merz schaffte 466 Stimmen. Norbert Röttgen war nach dem ersten Wahlgang ausgeschieden.

Am Ziel: Vom Parteivolk gewählt

Im Team Merz herrschte totale Niedergeschlagenheit, so fest hatte man mit dem Sieg gerechnet, alles hatte dafürgesprochen, die Stimmung an der Basis, die Umfragen, auch die Unzufriedenheit mit Teilen der Coronapolitik. Die Niederlage war noch schmerzhafter als beim ersten Mal, auch weil Merz diesmal besser vorbereitet war. Doch die Strategie des Aachener Menschenflüsterers zusammen mit dem Beharrungsvermögen vieler Mandats- und Funktionsträger hatten Laschet ins Amt gebracht. Dessen Stärke sei sowieso, dass man ihn immer wieder unterschätzt, hieß es bei Parteigranden.

Nach der Wahl ging Laschet auf seinen Kontrahenten zu. Sie kannten sich zu lange, als dass die Schlacht um den CDU-Vorsitz das gegenseitige Vertrauen hätte aufbrauchen können. »Von der ersten Sekunde nach der Wahl an hat mich Friedrich Merz unterstützt«, sagt Laschet. »Ich habe ihn dann gefragt, ob er in mein Team kommt, und er hat zugesagt.« Andere Unionsgranden, namentlich Markus Söder, erwiesen sich als weniger loyal als Friedrich Merz. Der katastrophalen Kampagne für die Bundestagswahl im Herbst 2021 sollte die neue Achse aber nichts nutzen.

Erst drei Wochen vor der Bundestagswahl, am 3. September 2021, stellte der CDU-Spitzenkandidat Laschet sein »Zukunftsteam« vor. Die Runde traf sich nur einmal fürs Foto. Neun Personen stehen auf dem Bild, die meisten recht unbekannt. Merz ist neben Laschet der mit Abstand prominenteste. Das Ganze wurde von einigen als »Notlösung« bezeichnet. Alexander Marguier, Chefredakteur des *Cicero*, schreibt, Laschet sei damit kein Befreiungsschlag gelungen. Aber seinen »Sinn für Humor scheint Laschet trotz desaströser Umfragewerte jedenfalls nicht verloren zu haben«.

Friedrich Merz kann sehr kämpferisch sein, hart in der persönlichen Auseinandersetzung, aber auch loyal. Das hat er in geradezu verblüffender Weise sowohl bei Annegret Kramp-Karrenbauer als auch bei Armin Laschet gezeigt. Wenige Monate nach dem ikonischen Zukunftsteam-Bild sollte Merz an der Spitze der Partei stehen und erwartete im Gegenzug Unterstützung. Und Laschet, der sich nach der Niederlage nicht zurückzieht, sondern im Parlament bleibt und sehr souverän mit seiner Lage umgeht, wird nun seinerseits loyal zum neuen CDU-Vorsitzenden sein, den er fast 30 Jahre zuvor in Bonn zum ersten Mal getroffen hatte.

Das Ringen um die Kanzlerkandidatur wird für die CDU im Jahr 2021 zu einem schmerzhaften und traumatischen Prozess. Nach dem Ausscheiden von Merz sammelten sich die Laschet-Gegner um Markus Söder. Auch in der Bundestagsfraktion gab es viele, die sich den CSU-Vorsitzenden und bayerischen Ministerpräsidenten als Kanzlerkandidaten der Union wünschten. Diesmal war es

wieder eine ungewöhnliche Establishment-Koalition, die das ver-
hinderte. Dazu gehörten vor allem Volker Bouffier und Wolfgang
Schäuble, die schließlich Laschet durchsetzen.

Es folgte ein schwieriger Wahlkampf, Laschet musste unter einer CDU-Kanzlerin ein eigenes Profil gewinnen, und das bei viel
Unmut in den eigenen Reihen. Eigene Fehler kamen hinzu. Am
26. September 2021 verloren CDU/CSU die Bundestagswahlen
mit desaströsen 24,2 Prozent der Stimmen gegenüber 25,7 Prozent
bei der SPD. Überraschend konnte so der in seiner Partei ungeliebte
Kandidat Olaf Scholz mit einer Regierung aus SPD, Grünen und
FDP Kanzler werden. Die Ampelregierung kam auch deshalb zu-
stande, weil Laschet nicht mehr die Autorität hatte, aus der Position
des Zweitplatzierten heraus eine Jamaika-Koalition zu bilden. Sein
Rückzug vom Amt des Parteivorsitzenden nach der Wahl ist alternativlos, um es mit einem berühmten Wort seiner Vor-Vorgängerin
im Amt zu sagen.

Nach 16 Jahren endete die Ära Merkel, und ähnlich wie am Ende
der Ära Kohl 1998 lag die Kanzlerpartei am Boden. Doch anders als
im Jahr 2000 hatte Friedrich Merz 21 Jahre später keine ernsthafte
Konkurrenz mehr um die Parteiführung. Nun wurde endlich die
von vielen schon lange geforderte Mitgliederbefragung zur Bestim-
mung des neuen Vorsitzenden durchgeführt, die Merz selbst mitunter skeptisch betrachtet hatte. Gegen ihn trat erneut Norbert Röttgen an, außerdem Merkels letzter Kanzleramtschef, der aus Hessen
stammende Mediziner Helge Braun. Als Parteipolitiker war er kaum
aufgefallen, Merkel soll ihn gedrängt haben, zu kandidieren, um
eine Alternative zu Merz zu präsentieren.

Merz dritte Kandidatur begann eigentlich schon im Frühjahr
2021, als er sich erneut für den Bundestag aufstellen ließ. Trotz der
prinzipiellen Loyalität zu Laschet war dies seine eigentliche Rückkehr in die aktive Politik. Keineswegs war sicher, dass er ein höhe-
res Amt bekommen würde, Mit seiner Frau besprach er die Idee, die
ihn fragte, ob er auch bereit sei, möglicherweise als Hinterbänkler
zu landen. Er bejahte dies, so geht die Erzählung. Doch um für »sei-

nen« Wahlkreis erneut kandidieren zu können, musste er den Amtsinhaber Patrick Sensburg verdrängen. Bei einer Kampfabstimmung obsiegte er und belegte damit erneut, die heimatliche Basis an seiner Seite zu haben. Bei der Bundestagswahl gewann er seinen Wahlkreis mit über 40 Prozent der Erststimmen. Dadurch erhielt seine dritte Kandidatur eine erhöhte Glaubwürdigkeit, denn er hatte nun ein Mandat und saß als Abgeordneter wieder mit Sitz und Stimme im Zentrum des politischen Geschehens.

Bei der Mitgliederbefragung beteiligten sich, laut Angaben der Partei, über 250 000 CDUler, das sind zwei Drittel aller Mitglieder. Friedrich Merz erreichte 62,1 Prozent der Stimmen, auf Röttgen entfielen 25,8 Prozent, auf Braun 12,1 Prozent. Ein virtueller Parteitag musste das Ergebnis noch bestätigen, dort wurde er dann mit rund 90 Prozent ins Amt gehoben. Damit erreichte Merz – nach den Jahren der Kampfabstimmungen – wieder in etwa Zustimmungswerte, die bei der CDU 70 Jahre für solche Wahlen lang üblich waren. Am 22. Januar 2022 trat er offiziell sein Amt an. Nach drei Anläufen und rund 20 Jahren Vorlauf ist Friedrich Merz endlich Vorsitzender der CDU Deutschlands.

Zurück im Bundestag: Werben um die Fraktion

Friedrich Merz erzählt gern, dass sich im Bundestags fast nichts geändert habe, seitdem er 2009 ausgeschieden sei. Sogar seine Möbel von damals seien noch da gewesen. Er bezieht im Februar 2022 das Büro des Fraktionsvorsitzenden im Jakob-Kaiser-Haus mit Blick auf die Spree und die anderen Parlamentsgebäude. Dem war noch ein Machtkampf vorausgegangen, der auch wie eine historische Wiederholung wirkte. Nach der Bundestagswahl hatte die Fraktion Ralph Brinkhaus zunächst als Vorsitzenden bestätigt. Der aus Ostwestfalen stammende Abgeordnete hatte 2018 überraschend Merkels langjährigen Vertrauten Volker Kauder aus dem Amt gedrängt. Nun beanspruchte der neue Parteivorsitzende Merz, ähnlich wie

Merkel nach der Wahl 2002, auch den Fraktionsvorsitz für sich. Nach erster Unsicherheit gab Brinkhaus am 27. Januar seinen Verzicht zugunsten von Merz bekannt. Am 15. Februar 2022 wurde Merz schließlich zu seinem Nachfolger gewählt.

Für die 196 Mandatsträger in der Unionsfraktion war der Machtanspruch des neuen CDU-Parteivorsitzenden damit deutlich markiert. Widerstände dagegen gab es keine nennenswerten, erst recht nicht aus München. Mit einer klaren Mehrheit bei nur 24 Gegenstimmen wurde Merz erneut nach 2000 Chef der gemeinsamen Fraktion von CDU und CSU. Im Eingangsbereich des Fraktionssitzungssaals in der obersten Etage des Reichstags hängen unmittelbar neben der Kuppel die Bilder seiner Vorgänger über den Tischen für die Anwesenheitslisten. Bei jeder Sitzung der Fraktion geht Merz nun an den Bildern von Kohl, Schäuble, Merkel und Kauder vorbei, von denen er die letzten drei als Fraktionsvorsitzende selbst erlebt hat – und er geht an seinem eigenen Bild vorbei, denn er ist, erstmals in der Geschichte dieses Amtes, sein eigener Nach-Nachfolger.

Friedrich Merz ist Parteivorsitzender und Oppositionsführer in einer Person, das war zuletzt Angela Merkel, bevor sie Kanzlerin wurde. Darin will er ihr nun auch noch folgen. Friedrich Merz hatte 2022 für die drei Jahre bis zur Bundestagswahl einen klaren Plan vorbereitet, den er in drei Phasen einteilte. Im ersten Jahr wollte er die Fraktion wieder zu einer schlagkräftigen Opposition formen. In der zweiten Phase sollte die Partei wieder programmatisch neu aufgestellt werden. Als dritter Schritt war dann die Vorbereitung auf die Bundestagswahl und die mögliche Übernahme des Kanzleramtes geplant. Die erste Etappe gelang ihm vergleichsweise einfach und geräuschlos, die zweite Aufgabe würde die schwerste sein und die dritte geriet zunächst unproblematischer als gedacht, ist aber bei Fertigstellung dieses Buches noch im vollen Gange.

Seine erste Rede als neuer Fraktionsvorsitzender hielt Friedrich Merz unter historischen Vorzeichen. Bevor er das Wort am 27. Februar 2022 ergriff, hatte der Bundeskanzler eine Regierungserklärung abgegeben. Es war das erste Mal in der Geschichte des Parlaments, dass es an einem Sonntag tagte. Und nach der Rede von Olaf Scholz applaudierten nicht nur die Regierungsfraktionen, sondern auch die Mitglieder von CDU und CSU. Drei Tage nach dem russischen Angriff auf die Ukraine versammelte sich der Bundestag zu einer außerordentlichen Sitzung und die Stimmung war vielleicht nur noch vergleichbar mit der nach den Anschlägen vom 11. September 2001. Auch damals gab es eine große Geschlossenheit im Plenum.

Der Rhetoriker Merz, der sich auf Attacke versteht, musste also versöhnlich und staatstragend beginnen. »Herr Bundeskanzler, ich möchte Ihnen im Namen der Unionsfraktion und der sie tragenden Parteien CDU und CSU für ihre Regierungserklärung danken.« So viel Lob hat sich dann in den folgenden drei Ampeljahren nicht noch mal wiederholt. Die Union unterstützte auch das an diesem Tag von Scholz vorgeschlagene Sondervermögen für die Verteidigungsausgaben. Zwar kam Merz in vielen seiner Reden im Parlament immer wieder positiv auf diese ungewöhnliche Zeitenwende-Rede des Bundeskanzlers zurück, doch zugleich war Merz' Verweis auf diese Rede auch immer mit der Kritik verbunden, dass Scholz den mit dem Zeitenwende-Auftritt verbundenen Anspruch im weiteren Verlauf nicht einlöste.

In die Rolle als Oppositionsführer am Rednerpult findet Friedrich Merz am einfachsten wieder hinein. Mit seinem rhetorischen Stil, mit Schärfe, aber auch mit Detailkenntnis und inhaltlicher Pointierung macht er den sich wiederholenden Schlagabtausch mit dem Kanzler zu einem Ereignis. Dabei vermerkten Beobachter, dass Merz den eher mittelmäßigen Redner Scholz zu neuen Höchstleistungen antreibt, sodass auch der Kanzler sich in manchen Debatten durchaus zu behaupten wusste. In der Haushaltskrise der Ampel-Regierung im November 2023 nannte Merz den Kanzler einen »Klempner der Macht« und kritisierte das Ampelchaos. »Ihnen fehlt jede Vorstellung davon, wie dieses Land sich in den nächsten Jahren weiterentwickeln soll«, poltert der Oppositionsführer. Später versuchte der Kanzler, das Bild von Merz dadurch zu kontern, dass er es als Kompliment umdeutete. »Ich bin ein großer Anhänger unserer Handwerkerinnen und Handwerker«, schrieb Scholz als Replik auf dem Netzwerk X (Twitter).

Dennoch, selbst die Kritiker in den eigenen Reihen schätzen seine Auftritte. Um die Präsenz der Abgeordneten im Hohen Haus muss der neue Fraktionsvorsitzende sich nicht sorgen. Beim Duell Merz vs. Scholz sind alle gern dabei. In der Unionsfraktion muss der neue Chef durchaus um Zustimmung werben. Sein klarer Führungsstil gefällt manchen, andere wünschen sich mehr Debatte in der Fraktionssitzung, wie Ralph Brinkhaus sie gepflegt hat. Sein Auftreten, sein Umgang mit den Merkelianern und Postenträgern wird genau beobachtet. Unter den Skeptikern sind diejenigen, die unter Merkel Minister waren wie Helge Braun, aber auch jene, die mit der inhaltlichen Neuausrichtung fremdeln.

Ende 2022 kommt es zum handfesten Konflikt mit einem Teil der Fraktion. Die Bundesregierung legt das »Gesetz zur Einführung eines Chancen-Aufenthaltsrechts« zur Abstimmung im Parlament vor. Das Gesetz beinhaltet, dass es unter bestimmten Bedingungen eine Arbeitserlaubnis für jene Zuwanderer geben kann, die zwar keinen ordentlichen Aufenthaltstitel haben, aber seit fünf Jahren geduldet leben. Dieser sogenannte Spurwechsel ist als möglicher Anreiz für illegale Migration umstritten. Das Ziel von Merz und seinem Ersten Parlamentarischen Geschäftsführer Thorsten Frei ist es, insbesondere in der Migrationspolitik ein neues Unionsprofil durchzusetzen. Die Fraktionsspitze will die ganze Fraktion zu einer Ablehnung des Ampelgesetzes bewegen. Doch 20 Unionsabgeordnete halten das Gesetz für »sinnvoll und pragmatisch«, wie sie schreiben, und enthalten sich in der Abstimmung. Die Abweichler fühlen sich nicht gehört, finden vor allem das Verfahren und den Umgang in der Fraktion unzureichend. Merz und Frei ergreifen Versöhnungsmaßnahmen. Es gibt eine sogenannte fraktionsoffene Sitzung mit Experten und schließlich ein Positionspapier. Ex-Gesundheitsminister Hermann Gröhe, der auch Mitglied im Fraktionsvorstand ist, hatte sich enthalten und signalisierte später Zustimmung zum neuen Positionspapier. Auch Serap Güler, die frühere NRW-Integrationsstaatssekretärin, hatte der Fraktionslinie widersprochen und lässt sich mehr und mehr einbinden. Später wird sie zusammen mit dem Thüringer CDU-Chef Mario Voigt und Generalsekretär Carsten Linnemann die Kommission für ein neues CDU-Grundsatzprogramm leiten.

Die Merz-Kritiker in der Fraktion werden zunehmend leiser und weniger. Zunächst sind sie in einer WhatsApp-Gruppe organisiert, wo sie sich über ihrer Meinung nach kritische Punkte der neuen Fraktionsführung austauschen. Neben der Flüchtlingspolitik sind es unter anderem Fragen der Sozial- und Arbeitsmarktpolitik. Später treffen sie sich auch regelmäßig bei einem Italiener in Berlin-Mitte. »Pasta e Pensieri«, Nudeln und Gedanken, heißt die inoffizielle Merz-Opposition in den eigenen Reihen. Es sei ein privates Treffen, heißt es. Man wolle auf neue Gedanken kommen, sagen Teilnehmer. Manch ein Mitstreiter der Runde hört zum Ende der Legislaturperiode allerdings auf und beendet die politische Laufbahn, andere sehen für sich noch eine Zukunft mit Merz.

Thorsten Frei ist Merz' wichtigster Mann in der Fraktion geworden. Das war durchaus nicht gewiss, denn Frei hatte schon unter Brinkhaus diese Rolle ausgefüllt. Friedrich Merz kannte den Mann aus dem Südbadischen schon vorher, hin und wieder hatte er mit dem damaligen Oberbürgermeister von Donaueschingen telefoniert und sich ausgetauscht. Er habe schon damals die Klarheit und Präzision von Merz geschätzt, sagt der Jurist Frei. Er widerspricht der These, dass in der Fraktion nicht genug diskutiert würde. »Ich erlebe einen Friedrich Merz, der im Gespräch gerne auch Argumente und Gegenargumente hört.« Er sei durchaus bereit, auch seine Position zu verändern, wenn neue Erkenntnisse ihn dazu bringen. Aber es sei richtig, es herrsche eine gewisse Stringenz. »Merz führt von vorne«, sagt Frei, wenn eine Entscheidung getroffen worden sei, werde diese auch umgesetzt.

Merz hat wie in der Partei für den geschäftsführenden Fraktionsvorstand ein regelmäßig stattfindendes Abendessen eingeführt. Da könne dann auch mal ohne Tagesordnung debattiert werden, erzählen Teilnehmer. Doch vertraut oder kumpelig werde es dabei nicht, heißt es. Meist sei vor Mitternacht Schluss und viel getrunken habe man dann auch nicht. Die persönliche Atmosphäre dient der Sache, es bleibt immer eine gewisse Professionalität erhalten.

Thorsten Frei führt in seiner Rolle als Parlamentarischer Geschäftsführer nicht nur die Fraktion für Merz durchs parlamentarische Geschehen, er wird für ihn auch zum inhaltlichen Motor. Im Juli 2023 überrascht Frei mit einem Gastbeitrag in der *FAZ*, in dem er das individuelle Recht auf Asyl zur Debatte stellte. Sein wichtigstes Argument ist, dass die bestehende Praxis im Umgang »zutiefst inhuman« sei und deswegen durch eine »Institutsgarantie« ersetzt werden müsse. Der Einwurf sorgt für heftigen Gegenwind, durchaus auch in den eigenen Reihen. Doch der Effekt ist genau der, der Merz wichtig ist: Es muss auch in der CDU wieder mehr diskutiert werden. Vor allem in der Migrationspolitik strebt er eine Abkehr vom bisherigen Kurs an. Doch das lässt sich der Partei nicht verordnen. Es muss entstehen.

»Schwarz ist verbindlich«: Die neue CDU

Das ist das zweite zentrale Projekt in Merz' Fahrplan bis zur Bundestagswahl. Er will die CDU sowohl organisatorisch, vor allem aber programmatisch und inhaltlich neu aufstellen. Dazu hatte er Carsten Linnemann zum Chef der Programmkommission gemacht, die bis zum Parteitag 2024 ein neues Grundsatzprogramm der CDU erarbeitet. Nach dem Abgang von Mario Czaja wird Linnemann am 12. Juli 2023 neuer Generalsekretär der Partei. Vielleicht ist diese Berufung der Schlüsselmoment in Merz' neuer Rolle als Chef der CDU. Die Partei akzeptierte den engen Vertrauten von Merz an seiner Seite, obwohl beide landsmannschaftlich, programmatisch und im politischen Denken so nah beisammenliegen. Allerdings ist Linnemann ein anderer Typ, während der quirlige Generalsekretär ein leidenschaftlicher Vieltelefonierer ist, muss Merz diese Disziplin der Parteiarbeit erst noch lernen.

Der Bundestagsabgeordnete aus Paderborn ist einer von Merz' treuesten Anhängern. Schon als Student war Linnemann, Jahrgang 1977, auf den aufstrebenden CDU-Politiker aus dem benachbarten Sauerland aufmerksam geworden. Linnemann war Vorsitzender der Jungen Union Egge, eines Gemeindeverbands im Kreis Paderborn. Als solcher schrieb er im Jahr 2000 einen Brief nach Berlin an den neuen Vorsitzenden der Unionsfraktion. Der 23-Jährige lud Friedrich Merz zu einer Veranstaltung in die Schützenhalle Schwaney ein. Und Merz kam aufs Dorf. Dort, wo sonst die Schützenfeste gefeiert werden oder die Jungschützen Weihnachtsbäume sammeln, sprach der Mann aus dem Bundestag. Schwaney liege auf dem Weg von Berlin ins Sauerland, meint Linnemann heute.

Aus dem ersten Kontakt entstand nicht viel mehr als eine freundliche Erinnerung, erst später haben sie sich näher kennengelernt und Kontakt gehalten. 2009 wurde Linnemann Abgeordneter in Berlin und Merz verließ den Bundestag. 2013 wurde Linnemann Bundesvorsitzender der Mittelstandsunion und einer der wichtigsten Werber für eine Rückkehr von Merz. Einen Staatssekretärsposten im Kabinett Merkel lehnte Linnemann ab. Er hatte früh gemerkt, dass er als Chef der Mittelstandsunion unter der Kanzlerin seine Vorstellungen von Politik nicht umsetzen könnte. Er konnte warten.

Im Konrad-Adenauer-Haus stand für Friedrich Merz auch die strukturelle Neuaufstellung der Parteizentrale auf der Agenda. Sie gibt einen Einblick in seine Arbeitsweisen, zeigt sein Handwerkszeug, aber auch, wie der Mann aus der Wirtschaft möglicherweise regieren will. Er hat ein Faible für Organisation, sagen die Leute, die mit ihm zusammenarbeiten. Neben Programmatik und Kommunikation sei ihm bei der Neuaufstellung der Parteizentrale auch Professionalität und Effizienz wichtig. Den ehemaligen Investmentbanker Markus Kerber, zuletzt viele Jahre Spitzenbeamter im Innenministerium unter Schäuble und Seehofer, holt er sich als Ratgeber.

Gleich nach seiner Wahl zum Parteivorsitzenden wird Kerber »politischer Koordinator« in der Parteizentrale.

Zunächst gibt es viele Personalwechsel im Haus an der Klingelhöferstraße, teilweise vollzogen auch nach dem Motto Trial-and-error. Wichtige Führungsrollen auf der Ebene direkt unterhalb des Bundesgeschäftsführers sind monatelang vakant. Auch in der Organisation der Partei hat das jahrelange Führungsvakuum an der Parteispitze Spuren hinterlassen. Das macht den Neubeginn für Merz und seinen Generalsekretär Mario Czaja mühsam.

Schließlich besetzen Merz und Czaja im Herbst 2022, nach dem Parteitag in Hannover und der verlorenen Landtagswahl in Niedersachsen, die zentrale interne Managementrolle der Partei mit einem Mann von außen. Nach 16 Jahren im Windschatten des Kanzleramtes sei das Adenauer-Haus vernachlässigt und wenig schlagkräftig gewesen, berichtet der neue Bundesgeschäftsführer Christoph Hoppe. Abläufe und Arbeitsweisen erinnerten an die Strukturen von nachgeordneten Behörden. Eine moderne und digitale Kampagnenfähigkeit sei nur ansatzweise erkennbar gewesen, so analysiert es Hoppe. Nur in den heißen Phasen der Bundestagswahlkämpfe 2017 und 2021 seien entsprechende Dienstleistungen zugekauft worden.

Christoph Hoppe kommt aus der Wirtschaft, war fast drei Jahrzehnte Topmanager in der Luftfahrt- und Verteidigungsindustrie, dann in der Bahnindustrie. Er ist wie sein Freund Merz ein Politikaussteiger. Bis Mitte der 1990er-Jahre hatte er für Kohl im Kanzleramt und Schäuble in der Bundestagsfraktion gearbeitet, dann ging er in die Wirtschaft. Bei der CDU sollte er dann seine Führungsfähigkeiten auf einen mittelständischen Politikbetrieb übertragen. Kein leichtes Unterfangen. Bis zum Juli 2024 hat der langjährige Vertraute von Merz die Parteizentrale geleitet. Nach erfolgter Sanierung habe er sich wieder zurückgezogen, so sagt er.

»Durch ineffiziente Strukturen, defizitäre oder nicht-existente Prozesse und fehlende Digitalisierung wurden viele Ressourcen verschleudert, die an anderer Stelle, etwa in der Kommunikation, der

Strategiearbeit und besonders bei Social Media, gefehlt haben«, sagt Hoppe im Gespräch für dieses Buch. Der Neustart habe mit kleinen Dingen begonnen. Im ersten Strategieprozess, dann in den monatlichen sogenannten Parteivorsitzenden-Lagen habe er erstmals Powerpoint-Präsentationen eingeführt, »denn Friedrich Merz liebt die anschauliche Visualisierung von Problemen, mit denen sich schnell die wesentlichen Punkte erfassen lassen«.

Das Adenauer-Haus wird umgekrempelt. Die Führungsriege der Hauptabteilungsleiter und ihrer Stellvertreter sei fast komplett ersetzt worden, so Hoppe. Ein professionelles Managementsystem und ein erstes Führungskräfte-Coaching seien implementiert worden, die parteieigene Dienstleistungsfirma für IT und Druckerei im von Berlin aus fernen Rheinbach wird grundsaniert.

Gemeinsam mit einem Kreis Externer und von Experten aus den Landesverbänden wird eine neue digitale Agenda für die CDU konzipiert. Erstmals für die CDU wird mit Heinrich Rentmeister, ein früherer enger Mitarbeiter von Volker Rühe, dann viele Jahre erfolgreicher Unternehmensberater, ein »Chief Information Officer« installiert, um die neue digitale Agenda »auszurollen«. Ein besonderer Kraftakt für Hoppe ist es, die Verwaltung der Mitgliederdaten neu aufzustellen. In den Landes- und Kreisverbänden hatte sich über die Jahre der Vernachlässigung dieses Großprojekts durch die Führung eine große Missstimmung gegenüber »Berlin« aufgebaut, berichtet Hoppe.

Friedrich Merz erklärt mehrfach in den internen Spitzengremien der Partei, dass die CDU zur »digitalsten Partei in Deutschland« werden müsse. Ein durchaus weiter Weg, angesichts etwa auch des Vorsprungs der politischen Mitbewerber. Die Bewährungsprobe kommt bald. Ausgerechnet und wohl nicht zufällig kurz vor der Europawahl im Juni 2024 wird die CDU Deutschlands Ziel eines massiven Hackerangriffs, der weite Teile der Datenbanken im Adenauer-Haus und in der Parteiarbeit an der Basis blockiert. Fachleute sagen, die CDU habe diese Krise nur dank der neuen Struktur gut bewältigt.

Unter Merkel war die CDU orange geworden. Die von ihr einge-
führten Parteifarben waren zu einem Merkmal ihrer Vorsitzenden-
zeit geworden. Friedrich Merz wollte das ändern, wollte einen neuen
»Markenauftritt«, wie es Hoppe nennt. Das neue Corporate Design
und das neue Logo für die CDU werden im Juni 2023 vorgestellt.
Die neuen Farben sind »Cadenabbia-Türkis« und »Röhndorf-Blau«.
Das Logo mit dem »CDU-Bogen« ist schwarz und löst das sogar
schon seit 1972 verwendete Rot im Schriftzug ab. »Die CDU wird
wieder schwarz. Schwarz ist verbindlich für alle«, sagt Carsten Linnemann bei der Präsentation.

Viele Landesverbände hatten über die Jahre eigene Logos entwickelt. »Die CDU war im äußeren Erscheinungsbild ebenso verloren
gegangen wie im inhaltlichen Profil«, so erklärt es Hoppe. »Ganz wie
in der Logik eines Unternehmens sollte der Markenkern wieder erkennbar werden.« In den sozialen Medien gab es dann Aufregung
wegen des Videos zur Kampagne, denn die zuständige Agentur hatte
nicht den Reichstag, sondern den georgischen Präsidentenpalast ein-
geblendet. Auf diese Weise »trendete« die CDU unfreiwillig auch auf
bekannten Kanälen. Als Hoppe sich später zurückzog, holte Carsten Linnemann im Sommer 2024 seinen engsten Vertrauten Philipp
Birkenmaier als Nachfolger an die Spitze der CDU-Zentrale.

Die programmatische Aufstellung war wie die organisatorische
im Adenauer-Haus ein mühsamer und manchmal auch schmerz-
voller Prozess. Am 12. und 13. November 2022 trafen sich CDU-
Spitzenpolitiker auf dem Landgut Stober unweit von Nauen. Die
idyllische Abgeschiedenheit in Brandenburg auf dem ehemaligen
Mustergut der Industriellenfamilie Borsig war der Ort, an dem sich
die Zukunft der CDU entscheiden sollte. Johannes Winkel war dabei, der wenige Tage später zum neuen Vorsitzenden der Jungen
Union gewählt wurde, aber auch das soziale Gewissen der CDU,
der Landesminister Karl-Josef Laumann aus dem Münsterland. Die
schleswig-holsteinische Bildungsministerin Karin Prien saß mit im
großen Karree und auch die neue Mittelstandschefin Gitta Conne-
mann. Die ganze Bandbreite der Partei war versammelt.

Was würde die große Erzählung sein? Was sollte die Merz-CDU auszeichnen? Dazu waren auch Experten aus dem In- und Ausland eingeladen worden. Wieder machte das Wort von der »Anschlussfähigkeit« die Runde, die »urbanen Milieus« müssten berücksichtigt werden. Die Chefin des Meinungsforschungsinstituts Allensbach, Renate Köcher, präsentierte Zahlen, die vom schlechten Image der CDU bei Jungen und bei Frauen kündeten. Doch die Debatte drehte sich im Kreis. Ein merkeliges »Weiter so« könne es auch nicht geben, nicht in der Migrationspolitik, nicht bei der Sozial- und Wirtschaftspolitik, nicht bei der inneren Sicherheit und in der Gesellschaftspolitik.

Ein Satz des Historikers Andreas Rödder brachte die Wende, so erzählen es Teilnehmer. Der Mainzer Ordinarius hatte 2019 das Buch »Konservativ 21.0« vorgelegt, »eine Standortbestimmung eines liberalen Konservatismus« und eine »Agenda für Deutschland«. Es wurde als kluges Manifest einer neuen Bürgerlichkeit gelobt. Spätestens damit war er zum Vordenker für die CDU, aber auch für Merz geworden. Der neue CDU-Chef ernannte Rödder zum Vorsitzenden der CDU-Grundwertekommission, die eine Art Präambel für das Grundsatzprogramm erarbeitete. Bei der Klausurtagung machte folgender Rödder-Satz die Runde: »Wer nur das auftischt, was rotgrün kocht, der wird zum Tellerwäscher des Zeitgeistes.« Auch wem der kulturkämpferische Ton in Rödders Ausführungen nicht gefiel, merkte doch, dass es um eine selbstbewusste Selbstbestimmung der CDU gehen musste, und nicht um eine vorsichtige Anpassung oder um ein Von-allem-ein-bisschen und Für-jeden-etwas.

Der Historiker Andreas Rödder ist ein wichtiger Vordenker und auch Berater von Friedrich Merz, der die programmatische Neuausrichtung der CDU mit vorangetrieben hat. Er wurde von ihm zum Leiter der »Fachkommission Wertefundament und Grundlagen der CDU« berufen. Der Mann von außen sorgte dafür, dass in der CDU-Grundwertekommission kontrovers und jenseits der eingeübten Parteilyrik die Essentials debattiert wurden. Doch eine Debatte über das »C« im Parteinamen und ein anderer Debattenbeitrag zum Thema Minderheitenregierung und Kooperation mit der AfD sorgten für Wirbel innerhalb der Partei. Bei einer Mitgliederversammlung der Konrad-Adenauer-Stiftung, so etwas wie ein informeller Ältestenrat der Partei, dem unter anderem Bernhard Vogel, Hans-Gert Pöttering und auch Angela Merkel angehörten, kam es zum Showdown. Vogel wollte eine Entscheidung zu Rödder. Dieser trat daraufhin zurück. Im Nachhinein lässt sich vielleicht sagen, mit dem Rückzug waren die Parteigranden beruhigt, für Merz gab es eine Baustelle weniger und der Einfluss von Rödder ist geblieben.

Was in Nauen begann, wurde in Cadenabbia im Mai 2023 unter strahlendem norditalienischem Himmel vollendet. Hoch über dem Comer See liegt die Villa, das frühere Urlaubsdomizil des ersten Kanzlers der Bundesrepublik, heute das internationale Tagungszentrum der Konrad-Adenauer-Stiftung. Ein Ort von großer Symbolkraft in der CDU. Draußen im Garten gibt es eine Bocciabahn. Schon Adenauer hatte dort unter südlicher Sonne gespielt. Beim Boccia muss man mit den eigenen Kugeln eine kleine Zielkugel treffen oder die Kugeln der Gegner wegschießen. Training für die Politik.

Rund 35 CDU-Politiker und Berater trafen sich dort. Einige davon wird man 2025 mutmaßlich in Berlin als Bundesminister wiederfinden. Es wurde das neue CDU-Grundsatzprogramm besprochen. Alles ganz leger. Ex-Gesundheitsminister Jens Spahn mit Pulli in leuchtendem Azurblau, CDU-Integrationsexpertin Serap Güler in Jeans und weißen Turnschuhen. Die Mitglieder der Fachkommissionen waren dort. Keinesfalls alles in der Wolle gefärbte Freunde und Unterstützer von Merz. Auch sogenannte Merkelianer waren angereist.

Das neue Programm bedeutet an einigen Stellen einen klaren Bruch mit der Merkel-Ära. In der Migrationspolitik, in der Energiepolitik und in der Wirtschafts- und Sozialpolitik (Bürgergeld!) standen plötzlich Formulierungen im Raum, die bislang bei vielen in der Union allergische Ausschläge verursacht hätten. Begriffe wie

»Leitkultur« werden neu entdeckt, die Adjektive »bürgerlich« und »konservativ« stärker betont. Asylverfahren in Drittländern, das galt bis vor Kurzem noch als Teufelszeug. Bis in die Nacht wurde in Cadenabbia über den Islam und die Religionsfreiheit diskutiert. Merz beugte sich selbst in den frühen Morgenstunden über den Text, feilte mit an Formulierungen, schlichtete den Streit bei Themen der sozialen Gerechtigkeit. Auf den Sozialflügel-Chef Laumann lässt er nichts kommen.

Schließlich ist das Paket fertig. Es kam nicht zu gravierenden Abstoßungsreaktionen. Die Dosis war offenbar gut gewählt, dem CDU-Programm wurden neue (alte) Elemente in die DNA implantiert, die vom Parteikörper bis auf Weiteres angenommen wurden. Es ist auch Symbolpolitik für die liberale wie die konservative Seite. Es gibt Warner wie den Politologen Andreas Püttmann, die schreiben, »die Christdemokraten driften nach rechts«, und dem neuen Grundsatzprogramm eine »Relativierung des C«, also des Christlichen, vorwerfen. Doch auf viel Resonanz stoßen sie mit den Vorwürfen in der Partei nicht mehr.

Nach den intensiven Diskussionen und Rangeleien im Konferenzzimmer wurde in Cadenabbia gespielt. Friedrich Merz stand in sandfarbener Hose und in rosa Hemd im frühen Mai 2023 auf der Bocciabahn von Adenauer. Und er gewann das Spiel und vielleicht noch viel mehr. Es würden noch viele Debatten folgen, um die Kanzlerkandidatur, um seine Eignung, um Chancen und Risiken seiner Person. Es würden Wahlkämpfe und Wahlen folgen, vieles war natürlich noch offen. Doch auf dem Weg der Kanzlerwerdung war Cadenabbia eine Etappe, die manche ihm gar nicht zugetraut hätten. Er hat in der CDU mehr Leute für sich gewonnen, als manche gedacht haben.

Als Anfang Januar 2024 dann der CDU-Bundesvorstand in Heidelberg im komfortablen, aber etwas altmodischen Marriott-Hotel tagte, kam es endgültig zum Schwur. Was in Cadenabbia fortgesetzt worden war, musste nun vom höchsten Parteigremium vor dem Bundesparteitag im Mai gebilligt werden. Es wurde wieder bis Mitter-

nacht diskutiert und gestritten. Die Formulierung, wonach nur diejenigen Muslime »zu Deutschland gehören, die unsere Werte teilen«,
stieß zunächst auf Ablehnung. Und um den Wiedereinstieg in die
Kernenergie wurde gerungen. Aber schließlich stimmten alle zu, sogar
die stellvertretende CDU-Vorsitzende und als liberal geltende schleswig-holsteinische Bildungsministerin Karin Prien. Auch der Umwelt-
politiker Andreas Jung, ebenfalls Merz-Stellvertreter und MdB, hob
die Hand. Merz hat die CDU verändert und ziemlich geschlossen
hinter sich gebracht. Das Logo ist jetzt schwarz, nicht mehr rot.

Endspurt aufs Kanzleramt: Hürden für den Klartexter

Für Friedrich Merz gab es auf dem Weg vom Oppositionsführer ins
Kanzleramt drei Hürden, die er bewältigen musste, bevor er dann
in den Wahlkampf gehen konnte. Die erste Hürde war die programmatische Neuaufstellung der Partei, die zweite war die persönliche Akzeptanz seiner Person und damit verbunden war die dritte
Hürde: Er musste Kanzlerkandidat werden. Alle drei gingen Hand
in Hand. Skepsis gegenüber seinen inhaltlichen Ideen mischte sich
mit Vorbehalten gegenüber seiner Persönlichkeit. Dabei geht es in
der Machtpartei CDU nicht nur um persönliche Antipathien oder
ideologische Bedenken, etwa gegenüber dem marktwirtschaftlichen
Profil von Merz, sondern immer auch um strategische Überlegungen: Was führt mit größter Wahrscheinlichkeit zurück in die Regierung und ins Kanzleramt?

Es gibt diesen Merz-Mythos, eine Begeisterung, einen Hype, den
seine Fans befeuern. Da wird sein besonderes rhetorisches Talent
hervorgehoben, seine Auffassungsgabe, auch seine Fähigkeit, komplizierte Sachverhalte einfach darzulegen. Insgesamt umgebe ihn das
besondere Charisma einer unabhängig denkenden und agierenden
Persönlichkeit, die wenig von einem typischen Politiker habe, so
geht die Hymne der Anhänger. Doch wie weit trägt das? Dreimal

mindestens hat Friedrich Merz, so seine Kritiker, schon die Kanzlerschaft (fast) verspielt. Immer dann, wenn sein rhetorisches Talent mit ihm durchgegangen und die von seinen Fans gerühmte Klartextfähigkeit aus dem Ruder gelaufen sei. Einmal prangerte er einen vermeintlichen »Sozialtourismus« der ukrainischen Kriegsflüchtlinge an, ein anderes Mal klagte er in einer Talkshow über die »kleinen Paschas« – gemeint waren Kinder mit migrantischer Herkunft –, die Lehrerinnen terrorisierten und es so an Integrationswillen fehlen ließen. Schließlich gab es noch das Beispiel mit den Zahnärzten, die Zuwanderern auf Steuerzahlerkosten »die Zähne machen« würden, während deutsche Normalos keine Termine bekämen. Für den »Sozialtourismus« hat er sich entschuldigt, an den »kleinen Paschas« hält er fest, und die Zähne seien das falsche Beispiel für ein doch richtiges Phänomen. Später hat er dann noch Windräder für hässlich erklärt, die man hoffentlich wieder abbauen könne, wenn wir Kernfusion zur Stromerzeugung haben. Merz sagt Dinge, die viele gern hören und manche schlimm finden. Doch hilft ihm das oder schadet es ihm?

Aus diesen sogenannten Ausrutschern ist zunächst einmal medial das Deutungsmuster erwachsen, Merz habe sich nicht im Griff, offenbare im Eifer des Gefechts seine wahre Geisteshaltung, so sagen es die bisweilen erbitterten Gegner. Er reiße leicht mit dem Hintern ein, was er mit den Händen aufgebaut habe, beschreiben es hingegen manche seiner Freunde. Gerade in der Migrationsfrage sei ein neuer Kurs wichtig, doch dürfe man nicht durch rüde Wortwahl eine richtige Politik diskreditieren, heißt es in seinem Umfeld.

Merz' in dieser Hinsicht größter Fehler war seine Einlassung zur Zusammenarbeit mit der AfD. In einer etwas gedrechselten Formulierung hatte er im *ZDF-Sommerinterview* 2023 erklärt, dass es eine Art von Miteinander auf kommunaler Ebene geben könne. Dies sorgte für Empörung. Würde Merz in Wahrheit doch die sogenannte Brandmauer schleifen, die jegliche Kooperation und Koalition mit den Rechtspopulisten ausschließt? Dass der politische Gegner in diese Kerbe schlug, war erwartbar, dass aber mit Daniel Günther (Schleswig-Holstein) und Kai Wegner (Berlin) wichtige Länder-Regierungschefs und CDU-»Parteifreunde« sich gegen Merz stellten, war eine veritable Krise auf seinem Weg nach oben.

Das Problem von Merz sind nicht zuvorderst seine »Ausrutscher«, sondern es ist die Wahrnehmungsschere zwischen dem echten Merz und jenem Merz, der jahrelang als Projektionsfläche der Merkel-Frustrierten und Vorzeigekonservativen durch die Säle und Hinterzimmer der Republik gegeistert ist. Wer ist dieser Merz, der Kanzler werden will, eigentlich wirklich? Vor allem ist er nicht so berechenbar. In seiner Eigenständigkeit und Eigensinnigkeit erinnert er mehr an Gerhard Schröder als an Angela Merkel. Mit seinem Pragmatismus und seiner Liebe für Kontinuitäten erinnert er mehr an Helmut Kohl, als seine Fans wie seine Feinde es sich wünschen würden. Die zeichnen das Wechselbild einer neuen »konservativen« beziehungsweise »rechten« Licht- oder Finstergestalt, die den Bogen der Geschichte zurückbiegt oder überspannt in die wahlweise schreckliche oder gute alte Zeit.

Manche Merz-Jünger wünschen sich einen Heiland, der die von Helmut Kohl 1982 versprochene »geistig-moralische Wende« endlich vollzieht, der den Linkstrend der 68er zurückführt in eine wie auch immer geartete bürgerliche Normalität und die Grünen als Verirrung der Geschichte wieder vertreibt. Doch der real existierende Merz ist so nicht. Das bemerken gerade manche mit Schrecken, andere mit Erleichterung. Ob dieser Real-Merz die AfD schrumpft und für die CDU Wahlen gewinnen kann, ist noch offen.

Jedes Wochenende schreibt der neue Parteivorsitzende die »Merz-Mail«. Meistens zu Hause in Arnsberg, manchmal vielleicht in seinem Wohnsitz am Tegernsee. Eigentlich immer allein, wie es heißt. Die »Merz-Mail« ist ein Newsletter, der an alle Interessierten bundesweit kostenlos verschickt wird. Die Abonnentenzahl steige gerade, wird erzählt, genaue Zahlen sind nicht zu bekommen. Aufregend ist die elektronische Depesche nicht immer. Anfang Februar 2024 wurde die »Merz-Mail« bundesweit bekannt. Die *WELT* hatte daraus zitiert mit dem Tenor, der CDU-Vorsitzende könne sich nach der nächsten Bundestagswahl eine Koalition mit den Grünen vorstellen. Es war ein Stich ins Herz seiner treuen Fans, sind doch die Grünen für viele nicht nur der »Hauptgegner« (Merz), sondern auch der emotionale Fluchtpunkt aller politischen Sortierungen.

Warum macht er so etwas, fragten die Wahlkämpfer in den ostdeutschen Bundesländern Sachsen, Thüringen und Brandenburg. Warum ausgerechnet jetzt diese unnötige Diskussion um Schwarz-Grün? Wer den »Merz-Mail«-Text genau liest, stellt fest, dass nur Selbstverständlichkeiten erzählt werden. Da die CDU nicht mit der AfD zusammenarbeiten werde und es wahrscheinlich für ein Bündnis mit der FDP nicht reiche, müsse unter Umständen nach der Bundestagswahl auch mit SPD und Grünen koaliert werden. Doch solch ein Pragmatismus trifft auf eine antigrüne Gefühlslage im Osten, gegen die schwer anzukommen ist.

Im Nachhinein lässt sich eine Strategie hineinlesen. Es sei gut, dass Merz das einmal klargestellt habe, dass man im Fall der Fälle auch mit den Grünen könne. Im anstehenden Wahljahr müsse man das dann ja nicht dauernd wiederholen. Merz' Kritiker sagen, die Debatte aufzumachen, sei in jedem Fall grundverkehrt gewesen.

Was aber als Ergebnis dieser medialen Welle um die »Merz-Mail« bleibt, ist ein Einblick in seinen Führungs- und Kommunikationsstil. Er habe einen herausragenden politischen Instinkt, erzählt ein politischer Kenner, gegen dieses Merz'sche Bauchgefühl sei aber oft keine Beratung, keine noch so intensive Strategiesitzung und kein freundschaftliches Gespräch gewachsen. Er liege aber halt auch oft richtig. Das heiße nicht, dass er nicht auch mal seine Meinung ändere, er sei durchaus ein lernendes System, so Merz-Vertraute. Doch ob da die Gespräche in der Skatrunde im Sauerland oder der Austausch mit seiner Frau Charlotte am Frühstückstisch den Ausschlag geben oder doch die Präsidiumssitzung der CDU, das wisse man nie so genau.

Merz telefoniere zu wenig, das ist der Nenner, auf den sich die Kritikpunkte seiner Kommunikation bündeln ließen. Doch auch das soll sich gebessert haben. Inzwischen ruft er zu Geburtstagen die wichtigsten Führungsleute an. Er, dem die Partei eigentlich viel näher liegen müsste als der spätberufenen Christdemokratin Merkel, war noch weniger gut vernetzt, als es die einstige Kanzlerin lange war. Überall in der CDU kommen neue Leute in die Spitzen, in den Landesverbänden, in den anderen Parteiorganisationen. Anders als es ein junger Merz vielleicht gemacht hätte, sammelt der alte Merz nun nicht eifrig Handynummern ein. Es scheint einigen manchmal so, als meine er, er habe das nicht mehr nötig. Und vielleicht stimmt das sogar.

Arrogant wirke Merz manchmal, meinen manche, andere sagen, sein öffentliches Bild sei völlig verschieden von dem Eindruck, den man in persönlichen Begegnungen gewinne. So weit, so normal. Friedrich Merz sagt selbst über sich, er sei in allem, was er tue, sehr angewiesen auf gute persönliche Beziehungen. »Ich brauche einen emotionalen Zugang zu den Menschen, mit denen ich gerne arbeiten möchte.« Möglicherweise erklärt das, warum er weder mit Kanzler Scholz noch mit Kanzlerin Merkel wirklich gut kann und konnte. »Ich kann mit reiner Rationalität, mit dem kompletten Abtrennen der Beziehungsebene, schwer umgehen«, sagt er. Das sei auch prägend in der Freundschaft zu Wolfgang Schäuble gewesen. Nicht alle Merz-Kritiker waren Merz-Gegner, sie wollten vor allem pragmatisch mit dem Profil und der Person in die Bundestagswahl ziehen, der ihnen am ehesten das Kanzleramt verheißen konnte. Nicht mehr und nicht weniger. Würde also eine konservativere Ausrichtung, ob man sie nun gut oder schlecht findet, der CDU die Mehrheit zurückbringen? Das war zu entscheiden. Und würde ein Merz mit seiner Biografie, seiner Anti-Merkel-Geschichte, seinem abrufbaren neoliberalen BlackRock-Image und seiner Alter-weißer-Mann-Identität der ganzen Partei nützlich und dienlich sein oder ein Klotz am Bein?

Am Ende des Hürdenlaufs war die Partei erstaunlich geeint und überzeugt. Merz hat die programmatische Grenzverschiebung ohne parteiinternen Bürgerkrieg vollzogen und er hat die Sorgen gegenüber seiner Person weitgehend verschwinden lassen. Es war der Parteitag im Mai 2024, der die Versöhnung von Merz mit seiner Partei besiegelte, und es war die Berufung zum Kanzlerkandidaten im September, nach einer Einigung mit CSU-Chef Markus Söder und der Zustimmung von NRW-Ministerpräsident Hendrik Wüst, die den Vorlauf vor dem eigentlichen Rennen beendete.

Merz könnte in einer in Deutschland so noch nie da gewesenen zweiten Karriere als Politiker Kanzler werden. Zum einen, weil die zerbrochene Regierung und der sie führende Regierungschef eine derart miserable Performance abgeliefert haben, dass das Wahlvolk geradezu verzweifelt nach einem alternativen Kanzler sucht. Da werden, wie die Umfragen zeigen, Konzessionen gemacht, und die Zustimmung fliegt Merz bisweilen mehr zu, als es manche für möglich gehalten haben.

Zum anderen bekommt Friedrich Merz kräftigen Rückenwind von den Zeitläuften. Noch vor fünf Jahren wäre ein Kanzler Merz deutlich schwerer vorstellbar gewesen, weil sein Profil und seine Themen sich nicht in der Weise aufgedrängt hätten, wie sie es jetzt tun. Corona- und Klimakrise hätten Merz weitaus weniger gelegen. Die Fragen der aktuellen Agenda aber – die Wettbewerbsfähigkeit Deutschlands und der drohende Sicherheits- und Wohlstandsverlust – passen auf die Kompetenzzuschreibung von außen wie die Selbstverortung von Friedrich Merz. Auch insgesamt fühlt sich der Kosmopolit Merz in einer Zeit, die die Geopolitik wiederentdecken muss, deutlich mehr zu Hause, als wenn der innenpolitische Fokus die Debatten beherrschen würde.

In seinem Büro hängt ein großes Bild, das zunächst von Urlaub kündet. Ein Sandstrand mit blauem Meer und strahlendem Himmel. Bunte Strandkörbe lassen an Erholung denken. Ablenkung vom Politikstress? Keineswegs: Das Foto wurde am Strand von Tel Aviv aufgenommen. Der Fotograf heißt Jörg Wanderer und stammt aus dem Hochsauerland, ihm hat Merz das Kunstwerk abgekauft. Es ist eine politische Botschaft. Der CDU-Partei- und -Fraktionschef war unter anderem schon zu einem Solidaritätsbesuch bei Israels Premier Benjamin Netanjahu. Er hat auch Frankreichs Staatspräsidenten Emmanuel Macron getroffen. Er war lange vor Scholz zu Besuch bei Wolodymyr Selenskyj in der Ukraine. Dem langjährigen Vorsitzenden der Atlantik-Brücke gefällt das internationale Parkett, diese Vorliebe scheint derzeit mehr gebraucht zu werden denn je. Und Merz wäre trotz Donald Trump ein Amerikafreund.

Seine Widerborstigkeit und seine Unwahrscheinlichkeit sind eine Art Antwort auf die allgemeine Frustration über die Politik und ihr politisches Personal. Merz ist natürlich nicht wirklich Antiestablishment, aber tatsächlich kann er mit diesem Image spielen. Ein Multimillionär mit Privatflugzeug, der Englisch sprechend in Shanghai und Midtown Manhattan die angesagten Restaurants besser kennt als im Prenzlauer Berg und in Kreuzberg, sei zu abgehoben für die Deutschen, kolportieren seine Gegner. Aber mit diesem radikalen Gegenentwurf zur real existierenden Berliner Blase lässt sich vielleicht eben doch auch punkten.

Merz wird im Jahr der Bundestagswahl 70 Jahre alt, dem alten Hasen mache man so leicht nichts vor, sagen sie in seiner Fraktion. Und das ist Gefahr und Chance zugleich. »Friedrich Merz gibt es nur als Paket«, meint ein ehemaliger Politiker über ihn. Das verändert man nicht mehr von außen, das gibt es auch nicht in Teilen. Sondern nur komplett, Stärken und Schwächen inklusive.

Ausblick: »Wer so weit gekommen ist, muss über irgendwelche Eigenschaften verfügen«

Der Sinn von Familientreffen wird von vielen infrage gestellt. Man begegnet entfernten Cousinen, mit denen man sich gut versteht oder auch weniger, relevant fürs eigene Leben ist das nicht. Was soll das also? Als Ende September 2024 im Leibniz-Saal der Berlin-Brandenburgischen Akademie der Wissenschaften in Berlin Friedrich Merz zusammen mit Angela Merkel und Markus Söder einmarschierte, begleitet von Standing Ovations, da begann so etwas wie ein Fest einer politischen Großfamilie, das die Beobachter staunend zurücklässt. Ist das Politik oder ist das echt?

Der CDU-Chef Merz und Kanzlerkandidat der Union lädt zu einem nachträglichen Geburtstagsempfang für Angela Merkel ein. Kaum einer in der CDU hat Merkel schärfer kritisiert als er. Er ist vor allem wegen ihr und im Widerspruch zu ihrer Politik 2009 aus der aktiven Politik ausgestiegen. Sein seit 2018 gestartetes Comeback war eine unmittelbare Reaktion auf ihren Verzicht auf den Parteivorsitz der CDU. Und es besteht kein Zweifel daran, dass Merz seit seiner Wahl 2022 die programmatische Erneuerung der Partei in expliziter Absetzung zu Merkels Linie vor allem in der Migrationspolitik betreibt. Merz' mögliche Kanzlerschaft ist nicht ohne Merkel zu verstehen.

Mit »liebe Angela« wird die ehemalige Kanzlerin von Merz begrüßt. Und mit »lieber Friedrich« antwortet die so lange omnipräsente Konkurrentin, die sich zu diesem Zeitpunkt aus der Öffentlichkeit fast vollständig zurückgezogen hatte. Der Höhepunkt der Feier zum 70. Geburtstag von Merkel war, als sie dem frischgebackenen Kanzlerkandidaten, den sie schon 2002 verdrängt hatte, den sie oder ihre Leute 2018, 2020 und 2021 an der Spitze verhindern wollten, sozusagen ihren Segen gab. »Ich wünsche dir für die nächsten Monate alles Gute und viel Erfolg!«

Was wird Friedrich Merz für ein Kanzler sein, wenn er gewählt wird? Wie wird er regieren? Wird er das Land verändern? Kann er das überhaupt, obwohl er doch noch nie ein Regierungsamt innehatte? Angela Merkel, die 16 Jahre Regierungschefin war, wurde das Amt zunächst auch nicht zugetraut. »Sie kann es nicht«, wurde zu Beginn ihrer Regentschaft geschrieben. Und auch, wenn man ihre Regierungszeit kritisch sieht, wird man nicht behaupten können, dass sie das Amt nicht ausgefüllt hätte. Merkel ist wie Merz keine Person eines – im engeren Sinne – Partei-Establishments. Sie kam erst mit 35 Jahren in die Politik, Merz ist zwölf Jahre ausgestiegen. Es ist eine gemeinsame und auch verblüffende Stärke, dass sie keine reinen Parteisoldaten und Politikjunkies sind und waren.

Merkels Äußerungen im *SPIEGEL* aus Anlass der Veröffentlichung ihrer Memoiren klingen zunächst leicht abschätzig, vielleicht aber auch nur trocken-norddeutsch. »Wer so weit gekommen ist, muss über irgendwelche Eigenschaften verfügen, die ihn dazu befähigen«, antwortet sie auf die Frage, ob sie Merz das Amt zutraue. Ihre eigentliche Haltung zu Merz drückt sie aber in einer Passage in ihrem gerade erschienenen Buch *Freiheit* aus. Es ist ein überraschender Absatz. Es schimmert Respekt durch für den ewigen Rivalen. Merkel konstatiert bei Merz eine gewisse Ähnlichkeit zu ihr, vielleicht sogar Ebenbürtigkeit. »Es hatte mir gefallen, dass auch er machtbewusst war«, schreibt Merkel über ihre Anfangsjahre in der Politik. Das ist für sie nach all den Zerwürfnissen doch ein beachtlicher Satz. Dieses Machtbewusstsein und der daraus resultierende Gestaltungswillen sind das, was ihn zum Kanzler befähigt. Merkel attestiert es ihm. »Wir wollten beide Chef werden.« Das sei das Problem gewesen, so sagt sie, nicht mehr und nicht weniger.

Merz kann Chef. Das haben allein schon die Jahre nach 2022 gezeigt, in denen er Fraktion und Partei geführt hat, ohne dass in den eigenen Reihen Grabenkämpfe ausgebrochen wären. Aber sein eigentlicher »skill« ist seine Erfahrung in großen Unternehmen und seine internationale Vernetzung. Es gibt in Deutschland eine große Skepsis gegenüber der Politik, die Wirtschaft und ihr Führungspersonal werden aber mindestens ebenso kritisch betrachtet. Merz wird als Kanzler seine ökonomische Kompetenz und auch seine Führungsfähigkeit, die aus der Wirtschaft kommen und nicht aus der politischen Exekutive, nicht verstecken. Der Manager Merz wird auch im Kanzleramt sichtbar sein. Dem *STERN* sagt Merz auf die Frage, was er könne, was der Amtsinhaber Olaf Scholz nicht vermöge: »Ich weiß, wie Restrukturierungen in großen Unternehmen funktionieren.« Die Journalisten spotten: »Das klingt in den Ohren der Deutschen sicherlich fantastisch.«

Als Armin Laschet, der langjährige Parteifreund, 2021 zum Konkurrenten von Friedrich Merz wird, spielt er diese Karte hart aus. Der Landesvater gegen den Topmanager. Auf dem virtuell durchgeführten Parteitag soll entschieden werden, wer nächster CDU-Vorsitzender wird. Laschet hält die bereits erwähnte emotionale Rede mit der Bergmann-Plakette seines Vaters in der Hand. Er beschwört den Gemeinsinn in schweren Zeiten. In diesem pathetisch aufgeladenen Moment wagt er den direkten Vergleich: er oder ich, Merz oder Laschet: »Die CDU und das Deutschland, das ich vor Augen habe, braucht keinen CEO, keinen Vorstandsvorsitzenden«, erklärt Laschet mit Emphase. Merz war nie »Chief Executive Officer« (CEO) oder Vorstandsvorsitzender, seine Kritiker werfen ihm auch das vor. Doch die Botschaft von Laschet war gesetzt. Ein Boss aus der Wirtschaft, wie Merz einer war, ist der Falsche. Es brauche »einen Mannschaftskapitän, der führt und zusammenführt«. Es braucht Laschet, so die Botschaft. Merz hingegen, so ist der Subtext, steht für eine Ich-Gesellschaft, die nur den Erfolg des Einzelnen im Sinn hat. Natürlich hat das weder mit Friedrich Merz und seinen Einstellungen zu tun, noch mit seinem Lebensweg. Aber die Zuschreibung hat funktioniert. Sie funktioniert immer wieder.

Wenn Merz Kanzler wird, dann auch, weil die Menschen in der aktuellen Lage gemerkt haben, dass ein CEO vielleicht doch gar nicht so schlecht wäre. Jemand, der den Dampfer flott macht, bevor es wieder auf große Fahrt gehen kann. Dabei ist Merz gar nicht der Neoliberale, für den ihn manche halten wollen. In ihm stecke »zu viel katholische Soziallehre«, hat jüngst ein FDP-Spitzenpolitiker gemeint und sich so von ihm abgrenzen wollen. Merz ist sogar Mitglied in der Kolpingsfamilie, das ist so etwas Ähnliches wie eine katholische Gewerkschaft. »Die Leute mitnehmen«, das sei die Fähigkeit jedes guten Unternehmenslenkers, so formuliert es Merz und meint sich.

Dennoch, wer Schlüsselworte für eine nahende Kanzlerschaft Merz' sucht, wird Begriffe wie Leistung und Erfolg finden. Olaf Scholz hat seinen Wahlkampf 2021 mit den Begriffen Respekt und Gerechtigkeit gewonnen. Die Grünen haben plakatiert: »Bereit, weil Ihr es seid.« Die Ampelregierung war dann als selbst ernannte Fortschrittskoalition aus ihrer Sicht innenpolitisch erfolgreich, vor allem in den gesellschaftspolitisch aufgeladenen Konfliktthemen: Sie hat das Werbeverbot für Abtreibungen aufgehoben, das Selbstbestimmungsgesetz eingeführt und Cannabis legalisiert. Je nach Sichtweise mit großem Gewinn oder größerem allgemeinen Kollateralschaden.

In der CDU gibt es Leute, die meinen, mit diesen Kulturkampfthemen ließe sich die Wahl gewinnen. Das Gendern an Schulen etwa verärgere die Leute, heißt es dann. Das ist die Sache von Merz nicht, durchaus auch zur Enttäuschung einiger, die den Kampf gegen die Wokeness für spielentscheidend halten. Dass er sich einen Mentalitätswandel in Deutschland wünscht, ist sicher richtig, aber er hat bei ihm weniger mit Geist und Moral zu tun als mehr mit Wohlstand und Chancen für die nächste Generation.

In gewisser Weise ist Merz kulturell damit anschlussfähiger an breite Schichten der Bevölkerung, weil er in seinem politischen Denken den Kulturkampf nicht so sehr bedient. Seine Haltung zu

Homosexualität war früher anders als heute, das kann man kritisieren, er ist damit aber auch sehr mainstreamig und sozusagen lernfähig, eben nicht ideologisch. Kulturell ist er in diesem Sinne nicht »konservativ«, sondern eher bildungsbürgerlich, vor allem ohne politische Agenda. Er liest viel und alles, hat in Sitzungen immer mal wieder einen Buchtipp parat, wie seine Parteifreunde berichten. Mit seiner Frau absolviert er gern regelmäßig Konzertbesuche. Neulich habe er in einer Pause, weil ein Termin abgesagt wurde, spontan einfach die nahe gelegene Andy-Warhol-Ausstellung in der Neuen Nationalgalerie besucht. Seine Mitarbeiter und das Personal staunten nicht schlecht.

Friedrich Merz ist moderner, als viele glauben«, sagt Armin Laschet heute. »Wir hatten immer auch inhaltliche Auseinandersetzungen, aber auch Übereinstimmungen«, so Laschet. »Schon als ich Integrationsminister war, fand Merz durchaus gut, was wir bei U-3-Plätzen in Kitas, frühkindlicher Bildung und Sprachförderung vor der Schule anpackten.«

Die Wahl von Merz zum Parteichef scheine getrieben zu sein von der »Sehnsucht der alten westdeutschen Männer-CDU«, schreibt Eckart Lohse, getrieben von der Sehnsucht, man könne die Zeit zurückdrehen. Das scheint aber auf Merz nicht recht zu passen. Merz ist gar nicht so sehr »alte CDU«, sondern ein ziemliches Unikat, schlecht einzusortieren, ungeschmeidig – mit allen Vor- und Nachteilen, die das birgt.

Sein persönliches politisches Programm orientiert sich in diesem Sinne mehr an Gerhard Schröder, es ist fokussiert auf Wirtschaft und Prosperität. Er selbst spricht von einer Agenda 2030 in Anlehnung an das Reformprogramm des SPD-Kanzlers. In wirtschaftlichen Dingen ist er pointiert und in gewisser Weise radikal. Gefragt nach der größten Veränderung, die er als Kanzler anstoßen wolle, sagt Merz dem *STERN*: »Wir müssen eine echte Arbeitsmarktreform machen.« Dazu gehöre, eine Grundsicherung für wirklich Bedürftige einzuführen, den Namen »Bürgergeld« zu tilgen und Anreize für Arbeit zu schaffen. Und wie will er mit dem Widerstand in der Bevölkerung umgehen, wenn er Leistungen des Sozialstaats kürze, wird er gefragt. Er sei der festen Überzeugung, dass die Mehrheit der Bevölkerung seine Linie teile. In diesen Fragen ist er sehr klar und wenig vermittelnd.

Zu seinem Markenzeichen gehört die Steuer- und Finanzpolitik. Wird Kanzler Merz die Steuererklärung auf einem Bierdeckel einführen? Der Bierdeckel sei heute eine App auf dem Handy, sagt er. Die Idee, Steuervereinfachungen für große Teile der Bevölkerung durchzusetzen, bleibt sein Anliegen. Inwieweit die Umsetzung gelingt, wird, wie bei vielem, von Koalitionen abhängen. Dazu gehört die Sanierung der Staatsfinanzen. Die Debatte wird vom Begriff »Schuldenbremse« geprägt. Merz hat angedeutet, da nicht dogmatisch zu sein, doch diese diskursive Öffnung wird von beiden Seiten des politischen Spektrums missgedeutet. Während die einen ihm nun vorwerfen, die grundgesetzliche Verpflichtung zur Haushaltsdisziplin schleifen zu wollen, proklamieren die anderen, Merz sei nun wie sie bereit, die Schuldenbremse zugunsten von generell mehr Schulden abzuschaffen. Beides stimmt so nicht. Doch tatsächlich wird die größte Herausforderung der kommenden Regierung genau das sein, den Investitionsbedarf in Infrastruktur und Militär zu sehen und zugleich den Finanzhunger des Staates einzudämmen.

Das zweite bestimmende Thema seiner möglichen Regierungszeit, zumindest des Anfangs dieser Legislaturperiode, wird die Zuwanderungspolitik sein. Hier gilt das Diktum von Jens Spahn: »Entweder die bürgerliche Mitte löst das Problem der illegalen Migration oder umgekehrt, die illegale Migration löst die bürgerliche Mitte auf.« Die CDU unter Führung von Merz hat sich hier zu einer Abkehr von der bisherigen Politik entschieden. Das ist nicht ohne Risiko in einem Land, das sich auch mal für seine Willkommenskultur gefeiert hat. Merz weist in einem Gespräch auf diese Ambivalenz hin. »Ich möchte auf der einen Seite, dass wir ein offenes, liberales, freundliches Land sind«, erklärt er der *FAZ*. »Aber wenn es um den Schutz unserer Bevölkerung vor Überforderung, mehr noch vor Kriminalität geht, dann ist ›Law and Order‹ die richtige Antwort.«

Eine große Leidenschaft hat Friedrich Merz für die Außen- und Sicherheitspolitik. Die internationalen Beziehungen, China, USA, Russland und die Europäische Union, das waren die Gassenhauer, mit denen er als gefragter Redner geradezu auf Tournee ging und zu Gast war auf Kongressen, Tagungen und in vielfältigen Gesprächsrunden und Kreisen. Inwieweit er jetzt im Kanzleramt angesichts von Donald Trump im Weißen Haus und dem russischen Angriffskrieg in der Ukraine sowie der instabilen Lage im Nahen Osten in diesem Politikfeld selbst sichtbar sein und wirksam gestalten können wird, ist vielleicht am wenigsten vorhersehbar.

Er hat bereits im Vorfeld Kontakt nach Paris, Warschau und Mar-a-Lago (Trumps Residenz in Florida) geknüpft. Es ist wahrscheinlich, dass zumindest in der öffentlichen Wahrnehmung der Rhetoriker Merz, der weitläufig und kommunikativ erscheint, einen Unterschied machen wird, im Vergleich zu dem international eher weniger strahlend sichtbaren Vorgänger. Als einen Claim für seine Strategie auf internationalem Parkett hat Merz sich die Formulierung des Historikers Andreas Rödder angeeignet. Es brauche eine »wertebasierte Außenpolitik« und eine »Selbstbehauptung des Westens«, aber keinen »erhobenen Zeigefinger«, so gibt Merz die Thesen des Buches wieder, das der CDU-Vordenker jüngst vorgelegt hat. Als eine »Handlungsempfehlung« lobt Merz Rödders Thesen.

Wie realistisch aber sind die ganzen Programme, die sich die CDU unter Friedrich Merz gegeben hat? Wie umsetzbar sind Vorhaben und Ideen angesichts der real existierenden Gegebenheiten? Aller Wahrscheinlichkeit nach werden Koalitionen nötig sein. Es herrscht eine Trägheit von Systemen und Strukturen in Deutschland und Europa, die Reformen und Entfesselung schwierig machen. Schließlich sind überall Kompromisse nötig, die die Unterscheidbarkeit und Wirkungsmächtigkeit einer neuen Regierung und ihres neuen Kanzlers abdimmen. An den Rändern lauern mit der AfD und dem Bündnis Sahra Wagenknecht (BSW) Populisten, die eben diese Mühen der Ebene für nichtig erklären. Ein Kanzler Merz, so wie seine Vorgänger, muss und wird diese Mühen auf sich nehmen.

Angela Merkel sagt, »irgendwelche Eigenschaften« müsse Merz schon haben, sonst wäre er nicht da, wo er heute steht. Sein rhetorisches Talent, seine Freude an der Debatte, sein ökonomisches Verständnis, aber auch seine Widerborstigkeit, seine Unberechenbarkeit, seine Lernbereitschaft haben ihn an die Schwelle des Kanzleramtes getragen. Im Kanzleramt wird er noch viel mehr brauchen. Der Kanzler Merz wird ein anderer sein als der Merz, den wir bislang kannten.

Dank

Das Besondere an einem Buch über Friedrich Merz ist, dass es für eine Biografie zwar schon reichlich Material gibt und dass die Länge seines Lebens auch durchaus schon einen Rückblick gerechtfertigt erscheinen lässt, wir aber zugleich möglicherweise erst an einem ungewöhnlichen Anfang seines Werdegangs stehen. Die Lebensgeschichte des CDU-Vorsitzenden und Unions-Kanzlerkandidaten ist vor der Perspektive einer denkbaren Kanzlerschaft von größter Bedeutung und ebensolchem Interesse. Insofern hat dieses Buch etwas Vorläufiges. Es ist ein journalistischer Text mit Recherchen, die auch tief in die Vergangenheit reichen, aber es ist gewiss noch nicht eine historische und gründliche Aufarbeitung dieser ungewöhnlichen Lebensgeschichte.

Für das Buch habe ich verschiedene Archive, Datenbanken und online verfügbare Materialien verwendet. Außerdem habe ich Literatur gesichtet und genutzt, die im Wesentlichen im Anhang angegeben ist. Besonders danken möchte ich Michael Borchard, dem Leiter der Hauptabteilung »Wissenschaftliche Dienste/Archiv für Christlich-Demokratische Politik« bei der Konrad-Adenauer-Stiftung, und seinem Team. Der Besuch im Archiv für Christlich-Demokratische Politik in Sankt Augustin und die zur Verfügung gestellten Archivalien haben mir sehr geholfen. Und es schlummern dort noch viele Geschichten mehr, die ich hier nicht erzählen konnte.

Außerdem habe ich für das Buch mit zahlreichen Zeitzeugen gesprochen, Freunden, Wegbegleitern und auch Kritikern von Friedrich Merz. Ihnen allen gebührt ein herzlicher Dank. Ohne die offenen Gespräche und das Vertrauen, das mir entgegengebracht worden ist, hätte das Buch nicht entstehen können.

Bei der Durchsicht des Manuskripts haben mir Renate Resing und Clemens Escher geholfen. Meine Familie hat mich während der Schreibphase wach und fröhlich gehalten. Allen mein herzlicher Dank.

Durch die vorgezogenen Neuwahlen des Bundestags im Februar 2025 ist mein Zeitplan für dieses Buch gehörig durcheinander geraten. *Cicero* und meinem Chefredakteur Alexander Marguier danke ich für das journalistische und kollegiale Umfeld, das mir in meiner Arbeit geholfen hat. Ich danke dem Verlag Herder und besonders meinem Lektor Patrick Oelze für seinen intellektuellen Rat und sein sorgfältiges und kluges Lektorat.

Ich wünsche anregende Lektüre.

Berlin, den 1. Dezember 2024

Volker Resing

Lebenslauf Friedrich Merz

Geboren 11. November 1955 in Brilon

1981 Heirat mit Charlotte Merz, geb. Gass; zusammen hat das Paar drei Kinder.

1976–1982 Studium der Rechtswissenschaften in Bonn; Abschluss erstes Staatsexamen

1982–1985 juristisches Referendariat, anschließend Richter auf Probe beim Amtsgericht Saarbrücken

1986–1989 Syndikus beim Verband der Chemischen Industrie

1989–1994 für die CDU Abgeordneter der EVP-Fraktion im Europäischen Parlament

1994–2009 direkt gewählter Abgeordneter des Deutschen Bundestages für den Wahlkreis Hochsauerlandkreis

1998–2000 stellvertretender Fraktionsvorsitzender der CDU/CSU-Bundestagsfraktion

2000–2002 Fraktionsvorsitzender der CDU/CSU-Bundestagsfraktion

2002–2004 stellvertretender Fraktionsvorsitzender der CDU/CSU-Bundestagsfraktion

1986–2021 Tätigkeit als Rechtsanwalt in unterschiedlichen Kanzleien

2009–2019 Vorsitzender der Atlantik-Brücke

2016–2020 Aufsichtsratsvorsitzender der BlackRock Asset Management Deutschland AG

2019–2021 Vizepräsident des Wirtschaftsrates der CDU

Seit 2021 erneut direkt gewählter Abgeordneter des Deutschen Bundestages für den Wahlkreis Hochsauerlandkreis

Seit Januar 2022 Vorsitzender der CDU Deutschlands

Seit Februar 2022 Fraktionsvorsitzender der CDU/CSU-Bundestagsfraktion

Seit September 2024 Kanzlerkandidat von CDU und CSU für die Bundestagswahl 2025

Literatur

Alexander, Robin: Die Getriebenen. Merkel und die Flüchtlingspolitik: Report aus dem Inneren der Macht. München 2017.

Alexander, Robin: Machtverfall. Merkels Ende und das Drama der deutschen Politik. Ein Report. München 2021.

Bösch, Frank: Macht und Machtverlust. Die Geschichte der CDU. München 2002.

Bollmann, Ralph: Angela Merkel. Die Kanzlerin und ihre Zeit. Biografie. München 2021.

Bröcker, Michael: Jens Spahn. Die Biografie. Freiburg 2018.

Bubrowski, Helene: Die Fehlbaren. Politiker zwischen Hochmut, Lüge und Unerbittlichkeit. München 2023.

Buchter, Heike: BlackRock, Eine heimliche Weltmacht greift nach unserem Geld. Frankfurt am Main 2015.

Falke-Ischinger, Jutta/Goffart, Daniel: Der Unbeugsame. Friedrich Merz, die Union und der Kampf um die Macht. München 2022.

Jacobi, Claus: Im Rad der Geschichte. Deutsche Verhältnisse. München 2002.

Kohl, Helmut: Berichte zur Lage 1989–1998. Der Kanzler und Parteivorsitzende im Parteivorstand der CDU Deutschlands. Düsseldorf 2012.

Kohl, Helmut: Mein Tagebuch. 1998–2000. München 2000.

Langguth, Gerd: Das Innenleben der Macht. Krise und Zukunft der CDU. Berlin 2001.

Langguth, Gerd: Angela Merkel. Aufstieg zur Macht. München 2007.

Lau, Mariam: Die letzte Volkspartei. Angela Merkel und die Modernisierung der CDU. München 2009.

Lohse, Eckart: Die Täuschung. Angela Merkel und ihre Deutschen. München 2024.

Merkel, Angela: Mein Weg. Angela Merkel im Gespräch mit Hugo Müller-Vogg. Hamburg 2004.

Merkel, Angela: Freiheit. Erinnerungen 1954–2021. Mit Beate Baumann. Köln 2024.

Mertes, Michael: Zyklen der Macht. Dynamik und Stagnation, Aufstieg und Niedergang in der Politik. Bonn 2021.

Merz, Friedrich: Neue Zeit. Verantwortung. Demokratie und Soziale Marktwirtschaft im 21. Jahrhundert. Berlin 2000.

Merz, Friedrich/Glos, Michael: Soziale Marktwirtschaft im 21. Jahrhundert. Antworten der Wirtschafts-, Finanz- und Sozialpolitik auf die neuen Herausforderungen. München 2001.

Merz, Friedrich: Nur wer sich ändert, wird bestehen. Vom Ende der Wohlstandsillusion. Kursbestimmung für unsere Zukunft. Freiburg 2005.

Merz, Friedrich: Mehr Kapitalismus wagen. Wege zu einer gerechten Gesellschaft. München 2008.

Merz, Friedrich/Clement, Wolfgang: Was jetzt zu tun ist. Deutschland 2.0. Freiburg 2010.

Resing, Volker: Angela Merkel. Die Protestantin. Leipzig 2009.

Resing, Volker: Die Kanzlermaschine. Wie die CDU funktioniert. Freiburg 2013.

Rinke, Andreas: Das Merkel Lexikon. Die Kanzlerin von A–Z. Springe 2016.

Schäuble, Wolfgang: Erinnerungen. Mein Leben in der Politik. Mitarbeit Hilmar Sack und Jens Hacke. Stuttgart 2024.

Schwarz, Hans-Peter: Helmut Kohl. Eine politische Biographie. München 2012.

Stoiber, Edmund: Weil die Welt sich ändert. Politik aus Leidenschaft. Erfahrungen und Perspektiven. München 2012.

Walter, Franz/Werwath, Christian/d'Antonio, Oliver: Die CDU. Entstehung und Vielfalt demokratischer Geschlossenheit. Baden-Baden 2011.

Zolleis, Udo: Die CDU. Das politische Leitbild im Wandel der Zeit. Wiesbaden 2008.